U0080614

井上篤夫 著
林文娟 譯

瑞昇文化

我所不知道的「孫正義」

孫正義（Soft Bank軟體銀行社長）

我和本書作者井上篤夫先生第一次見面是在一九八七年，時至今日，我和他已經認識有二十多年之久。當時我只知道他是專訪過比爾・蓋茲（Bill Gates）的一位作家。從那個時候開始，井上先生便以相同的視角持續觀察我的一舉一動。

《孫正義都不知道的孫正義》這本書收錄了雜誌連載的部分文章，我作為一位讀者，也對此書感到滿分期待。對於井上先生採訪的那股熱誠，我更是打從心底感到驚訝。因為他不但親自去拜訪了對我影響最深遠的福岡小學恩師，還多次前往我的母校——美國加州大學柏克萊分校（University of California, Berkeley），甚至也造訪了我祖父生長地——韓國大邱來蒐集相關資訊。

因此我才能發現這個連我都不知道的另一個「孫正義」，我本身也相當享受這樣的樂趣。

而這一次將雜誌內文集結成冊，我自己也相當興奮，想知道這本書到底能呈現出何種風貌的孫正義。

第二部

第一部

序　預知夢

二〇〇四年元旦。

新的一年揭開序幕。

孫跟往常一樣很晚才就寢。隔天早上十點，他精神奕奕地起床，之後就一如往常般先打開家中的電腦。

他回覆了好幾封電子郵件，接著開始上網搜尋情報，確認加入Yahoo! BB的用戶人數。

在吃過妻子所準備的美味年糕湯後，孫便前往家中地下室的高爾夫球室，選擇奧古斯塔（Augusta，美國名人賽的知名比賽場地）的場地，打出71桿的成績。

而三歲大的愛犬蝴蝶犬莫克則是緊跟在孫的身旁。

孫從圖書室眺望庭院裡那棵巨大的櫸樹。

「今年終於能夠擴展公司的業務涵跨範圍了。」

二〇〇三年末，日本的寬頻網路（高速網際網路）用戶已經多達一千四百萬人。而 SoftBank BB 和雅虎（Yahoo！）所攜手合作提供的寬頻網路綜合服務—— Yahoo! BB 的市場擴大則是有顯著的業績成長，儼然已成為現今日本國內最多人使用的寬頻網路服務項目。

自從在二〇〇一年九月開通了網路商用服務之後，在大約一年後的二〇〇二年九月底順利達成一百萬連接線路；二〇〇三年二月初並提升至二百萬連接線路；二〇〇三年八月達到三百萬連接線路，接著終於在二〇〇四年三月突破了四百萬連接線路。從提供這項服務以來，歷經約三十個月的時間，就成功達成四百萬連接線路的這項高標。

此外，公司也在街頭舉辦名稱為「陽傘部隊」的入會活動，並打出「世界最便宜、最快速」的宣傳口號，在短時間內將服務內容擴散出去讓更多人知道。

然而在推廣這項網路服務的過程中並不是一路順遂。因為即便在前年的二〇〇三年初順利突破二百萬連接線路，但仍然還是有困難存在，像是能否達成收支平衡、技術問題的準備是否充分，以及能否提供確實的服務，公司的營運呈現在大霧中行走的不穩定狀態。

「因為已經突破二百萬用戶數，看來這片大霧已經漸漸散去。」

依照這樣的情勢發展，就算用戶數不再增加，一年間也能增加九百億日圓左右的現金流量，表示這個事業已經開始賺取到足夠的利潤。

那麼孫是否就滿足於這樣的現況呢？

孫的臉上浮起一絲的笑意。

「希望用戶還是能再往上增加至五百萬、六百萬、七百萬，甚至達成更高的目標。」

孫確實掌握了之後的營業方向。

「接下來的狀況會變得很有趣，希望能夠持續擴展網路的應用項目，也要穩定提升連接線路的技術，並逐步擴充能夠搭載的項目。這些服務項目內容就會成為日後引領時代的潮流。」

從孫的話語當中能感受到他想要提升網路環境基礎建設的意圖，他正在思考該如何從這樣的產業中持續挖掘出更多的可能性。

二〇〇四年的正月，還沉浸在新年喜悅氛圍的孫與家人在自家度過了一個放鬆的年假。

在去年的最後一天，他則是觀賞了《紅白歌合戰》，以及之前擁有橫綱頭銜的曙太郎和鮑伯・薩普（Bob Sapp）的個別對戰賽事。

到了一月二日，他則是興奮地看了自己最喜愛的著作——司馬遼太郎的《龍馬行》所改編的十二小時連續劇。這五卷錄影帶都是他親自錄影，並手寫標示劇名。

「今年的這部戲拍得真不錯，感覺有拍出大河劇的磅礴感。」

孫一邊在享受《龍馬行》的劇情，而他自己也是跟坂本龍馬一樣，早一步預料到新時代即將到來。

數位資訊社會絕對會是之後的潮流走向。以人類的歷史來看，從農業社會到工業社會，接著會進化為資訊社會。而真正的數位資訊社會，則是指一天二十四小時、一年三百六十五天，時時刻刻不論身在何地都能接觸到網路的狀態。

「這就跟轉開水龍頭隨時有水流出來一樣，是能夠享受極致地無所不在（沒有界線）的社會，因為這樣的時代總有一天終究會到來。」

這樣的想法可說是網路基礎建設的主要精神，因此孫才會率先展開寬頻網路事業。而這也是世界首次百分之百以ＩＰ（網路位置）所打造出的網際網路環境。

如此一來，整個日本就能透過ＩＰ來做連結，在此之前沒有任何一個人，或是哪個國家順利實現這樣的構想，不過由孫所率領的軟銀集團，卻將這樣的想法成功化為現實。

「只要能達到全ＩＰ的這個精髓目標，最後一哩路不論是ADSL（利用原先的金屬纜線來達到高度通訊的服務。藉由拓寬往下方向的頻帶幅度，並縮減往上方向頻帶幅度的方式，讓至少一對的電話線頻帶幅度能夠用來連接隨選視訊（ＶＯＤ）的模式）、光纖網路、無線網路，或是無線ＬＡＮ就都是可行的選項。」

就如同孫所說，這些選項都有可能會發生。不論連接末端是個人電腦、電視，或者是手機、家電、汽車也好。

「秉持這樣的理念，就能夠打造出每個人不論在任何地方，都有機會能夠接觸到電腦的，無所不在的網路社會。並由軟銀來實現這樣構思多年的網路基礎建設計劃，因此要具備一定的長遠眼光。」

此時的孫則是義無反顧地挑戰NTT的經營模式，可說是現代版的桶狹間之戰＊，而他選擇的是信長所採取的奇襲戰術。然而到最後孫能否順利拿下勝利呢？

「我已經寫好了獲勝的劇本。所以現在只要照著劇本的內容一步一步去演，好好地去布局就好。這真是有趣到不行。」

不過到底要到何時才能獲得勝利？

「就是要一步一步去累積實力，因為畢竟這條路還相當漫長。即便獲得一時的部分勝利，或是認為情勢會有好的發展，但還是有可能會面臨到其他的狀況。所以還是得踏實大步往目標邁進，只要獲得一部分的勝果，那就必須要將這樣的勝利再擴大，一定要努力不懈拿下全方位的勝利。」

孫正義是在一九五七年出生。而這個時候的他已經描繪出明確的人生藍圖。

＊桶狹間之戰：日本戰國時代，織田信長在桶狹間以寡敵眾，採取奇襲戰術打敗今川義元的歷史上知名戰役。

現在的他正值四十歲的人生決勝負階段。他選擇在這個時候將網路基礎建設作為賭注，就這樣持續地度過了四十四歲、四十五歲以及四十六歲的這三年時間。

「在人生顛峰的這個階段，在各方面會有必須退一步的情況，以及面臨到被迫參與競爭的場面。」

而剛好在這個時候確立了寬頻網路的相關技術，於是孫便決定投入三千數百億日圓的資金。

「人力、商品、資金。這些與IP相關的技術人員，現在都將我們公司當做是世界上一流的網路基礎建設公司，而我們當然也會想盡辦法去延攬這些人才。服務項目則以雅虎、億創理財（E*Trade Financial Corporation，現在的SBI証券）為首，以能夠提供各種服務項目的公司來作為顧問團。而這樣的情勢走向對我來說是相當幸運的，簡直可以說是為了面對現在的狀況，才讓我經歷了之前那樣的人生。」

到了五十歲的時候，就必須讓軍隊獲得連續性的勝利。六十歲的階段則是要讓軍隊征服東西南北，將勝利的場面持續下去。

「勝利的連鎖效應會持續出現。」

等到了六十歲的年紀，就得要在某種程度上進行世代交替，開始將那些不足之處給慢慢地填補起來。

「以事業層面來說，希望能夠將集團相關的經常利潤以一兆、二兆、三兆日圓來清楚計算，然後再將經營權交棒給下個世代。」

孫以軟銀的創始者身份已經開始在譜寫第一階段的樂曲。

「作為一個企業家，我必須想辦法讓集團持續運轉達三百年左右的時間，因此才需要考慮到各項因素來四處布局，因為我就是創造軟銀集團DNA的那個設計者。」

在自己六十歲準備交棒前，至少要讓集團旗下的子公司到達數千家的規模，營業額也要提升至數十兆日圓的程度。

「將企業擴大到如此規模，再交棒給下一個經營者是我應盡的職責，在達到此目標之前，公司的業績高低起伏都要在誤差範圍之內，這都只能算是過程階段。不論股價是高是低，公司是否有獲利或是呈現虧損狀態，這都算是在預估的誤差範圍內。這就是我想表達的想法。」

孫的眼光放得相當深遠。

我（井上篤夫）與孫正義這位企業家是在一九八七年十月十六日首次見面。

雖然是一九九〇年所採訪的雜誌撰文內容，不過當時的孫就已經如此斷言。

「資訊產業會成為異軍突起的產業，個人電腦市場以及大型市場也會一舉躍升成長至十倍之多。」

那個時候的孫已經預知數位資訊社會總有一天會到來。

當時的電腦產業規模還很小，而且還處於大多數人使用大型桌上型電腦的時代。電腦則以硬體設備為主角，軟體只能算是玩具和附屬品。

「所以那時候才會有個人電腦、盒裝軟體的各種名稱出現。不過到頭來這些都還是屬於數位資訊產業的範疇。我希望能有機會成為網路基礎建設的提供者，讓集團晉升為數位資訊產業的龍頭企業。這是我一貫不變的初衷。」

在我與孫陸續有所接觸的這二十多年來，即便公司出現任何的變化，他的中心思想仍舊沒有偏離這樣的主軸。

而我又為何會對這個男人如此感興趣呢？

這讓我想起了孫曾經說過的一段話。

「男人不能光是聰明就好，如果欠缺持續努力往下挖掘的那股傻勁，男人是無法成長茁壯的。」

因為男人的人生是從挫折中展開。

孫正義是父親三憲和母親李玉子所生的四個兒子當中的次男，他是在昭和三十二（一九五七）年八月十一日在佐賀縣鳥栖市五軒道路無番地＊出生。

其住家周邊都是戰前從韓國、朝鮮來到日本的居民所搭建的軍營住宅區塊，沒有所謂的土地權狀和門牌號碼。至於鳥栖則是沒有特別出色的產業，是以農業為主的寧靜鄉鎮。

正義是在日韓裔的第三代（現在已歸化為日本籍）。

據瞭解孫家其實是來自中國，之後才到韓國定居，並在祖父時代從韓國的大邱移居至日本九州。

以族譜來說，大部分的孫家人幾乎都具備有武將和學者身份。

他的祖父孫鐘慶是在筑豐炭田擔任礦工來維持一家的生計。

而他的父親——三憲先後經歷賣魚商人、養豬業，有時候還會私釀燒酒，想盡辦法來工作養活家人。之後並陸續接觸小鋼珠店、小吃店，以及不動產業等職業，一步一步地築起家族經濟資產的基礎。

「不只是我的父親，就連母親都像蜜蜂那樣早晚不停地在工作。」

孫的腦海裡浮現早年在鳥栖生活的那段記憶。

幼小的正義坐在祖母李元照拉著的推車上。

「因為要到附近蒐集剩飯作為家畜的飼料，黏呼呼的剩飯剩菜很噁心，但還是要用手碰觸那些黏呼呼的東西。祖母努力硬著頭皮這麼做……，我也很努力幫忙……。」

孫現在還清楚記得祖母為了養豬，而到處去蒐集剩飯，再將這些飼料搬上推車的那副辛苦工作模樣。

祖母曾經這麼跟正義說。

「不管遭遇任何挫折，或是生活過得再辛苦，絕對不能因此而憎恨他人。」

孫到現在仍然記得最喜愛的祖母經常掛在嘴邊的這一句話。

*無番地：沒有土地登記資料的土地。

「小時候聽到這句話時，雖然也曾經有過『難不成要感激他人』的叛逆想法……，不過最近開始覺得越來越能夠體會這樣的想法。」

因為看到祖父母與父母拼命努力工作的樣子，而讓正值少年時期的正義下定決心。

「總有一天一定要讓家人過好生活，即便身陷泥沼，還是得想辦法脫離這樣的困境。」

孫一家人後來離開鳥栖，正義轉學到北九州市的引野小學就讀。

正義雖然在小學內的成績名列前茅，但是卻將教科書一直放在學校裡，因為他沒有書包，他只有提著便當和運動鞋去學校。

當時鄰居的小朋友會相約去附近爬山，或是沉迷於踢足球的樂趣當中。

然而這位小學二年級的少年，在這一整年當中卻都不曾外出遊玩。

到底是發生了什麼事情？

原來他只顧著用功讀書。

因為小學裡的一面牆上貼著一張圖表，只要自己溫習一頁的筆記內容，那個人就能得到一個櫻花的印記。

在此之前從來沒有獲得任何一個櫻花印記的正義少年，某一天他想著如何讓自己得到最多的櫻花印記來貼滿整面牆。

所以當正義得知不管內容為何，只要好好唸書就能獲得櫻花印記的這項情報時，他就開始拚了命地努力讀書。

不過他的父母從來就沒有開口要他去唸書：

「不要一直讀書，要是只顧著讀書，會變成什麼都不會的人。」

就連家族所有人都外出旅行時，正義仍然獨自一人留在家中讀書。

「這個孩子是怎麼了？」

家中所有人都覺得有些不對勁。

但其實理由很簡單，就只是正義想要得到粉色的櫻花印記罷了。不過實際上他很不喜歡單純只是背誦的讀書方式，他真正感興趣的是美術和繪畫等課程，還曾經一度想成為能夠在白色畫布上作畫的畫家。

然而卻唯獨只有父親三憲對這樣富有創作力的兒子是大加讚賞。

「看著你的表現，我真的覺得你的潛力無限。」

「什麼意思？」

「我是想說你該不會是天才吧！」

父親又接著說下去。

「簡直是日本的第一名！」

「你一定會成為有頭有臉的人物！」

這樣的稱讚方式簡直已經超越了哄小孩的程度，可說是最高層級的父親孝子了。

「真了不起！」

他用盡全身的力氣在讚許自己的兒子，而這也讓兒子不知何時，也產生了自己總有一天會達成目標的自信心。

「只要我願意做就能夠做出一番成就，但是我並不滿足於一般的標準。該不會我真的是天才啊！」

他那只要萌生自信心，就會持續往前衝的個性越來越鮮明。

然而此時的正義所擁有的卻只是仍然模糊的夢想以及自信心罷了。

身為韓國人的自己，究竟是否能被日本社會給接受呢？

於是正義就在九州僅次於La Salle高中的升學名校——久留米大學附設高中過著平凡高中生活，然後他在高中一年級的暑假與祖母一同前往雙親的祖國韓國旅行。等到他返回日本後，這次則是提出想要到美國加州進行短期留學的想法。

此時的正義少年心中到底在盤算些什麼呢？

1 男人的出發

一九七三年一月二十七日，美國與南、北越以及南越臨時革命政府在越南簽訂巴黎和平協約。然而原本美國應該是「有尊嚴撤退」，但卻毀棄約定並展開了持續約二年的越南戰爭。

而就在那一年的夏天，有一名少年則是第一次前往美國進行語言學習的進修課程。

少年對於不曾造訪過的美國，雖然抱著相當高的期待感，但是就在他踏出羽田機場的出關口後，原先情緒高漲的情緒卻瞬間降溫了不少。

因為他必須一個人離開朋友，獨自走向外國人出關口。

「為什麼只有你一個人和大家不一樣啊！」

其中一個朋友這麼說，少年卻假裝沒聽到。

因為當時的日本人和外國人是有區分不同的出關口。

對正義來說，這是在提醒他平常幾乎從不在意的非日本裔身份的那個瞬間。

原本應該是懷抱著遠大夢想而出發前往美國的自己，但卻被迫在此時認清這個殘酷的事實。

他進入到機艙後，興奮的朋友們都還在喧鬧聊天，而正義卻不知在何時已閉上眼睛熟睡，甚至還開始打呼。

這個少年的情緒反應未免也切換得太快了。

「睡得真好！」

飛機終於抵達了美國舊金山機場。

第一次看到的加州天空真的是相當廣闊，一整片藍天彷彿都能穿透似的，和日本的天空完全不同。

正義深深吸了一口氣。

這個動作，讓正義因為剛到達美國的緊張感和時差所導致的頭昏現象一下子就消失不見，他也已經完全忘卻了在羽田機場的出境閘門所受到的屈辱。

而語言學習的課程則是借用知名的加州大學（UC）柏克萊分校教室來上課。

不過由於英文的L與R的發音困難，明明是正義在日本已經學過的單字，但他試過好多次，卻都還是無法好好發音。

其中像是「Macdonald」（麥當勞）的這個單字，不能唸成「makudonarudo」的日式英文發音，而是必須以類似「makuda・noru」這樣完全不同的讀音方式來發音。

很難想像之後不論是在美國與世界各地會議的大批觀眾面前，都能以流利英文發表演說的孫，在這個時期的英文能力卻僅只有這樣的程度而已，因為他的確經常被老師提醒要注意英文發音。

當時在美國居住的第三代日裔——Victor Ohasi老師，雖然並非正義班上的指導老師，但仍是在各方面給予正義相當大的協助。

除了上課以外，一行人也遊覽了舊金山市內、優勝美地國家公園（Yosemite National Park）以及大峽谷國家公園（Grand Canyon National Park）等地。不過正義卻認為比起到處觀光，他其實對購物中心與高速公路還比較感興趣。

「好龐大的規模！我想要更瞭解美國的一切。」

此時的正義覺得自己的煩惱頓時變得好渺小。

雖然說一九七〇年代的加大柏克萊分校，因為反對越戰，校內時常爆發大大小小的抗議活動。不過以學術性的角度來看，這所大學的確是全美排名數一數二的學校，而且有許多得到諾貝爾獎的學者都是來自這所大學。

上完一整天的課之後，正義與一群朋友走在校園內。

他的耳邊傳來某一處學生大聲演說的聲音，一旁還有年輕人在打鼓。甚至還有裸著上身躺在草皮上看書的女學生，感覺每個人都很享受自己的學生生活。

而在他們經過中央圖書館時，還聽到了薩瑟塔（Sather Tower）傳來的鐘聲，這座鐘塔是柏克萊分校的校園重要地標。即便在寬廣的校園中迷路，只要看到這座鐘塔就能知道自己的所在位置。

正義在校園中與各式各樣的人相遇，大家的膚色和年齡都不同，美國真的可以說是人種的大熔爐。即便之前已經從教科書上接收到這樣的情報，但是親眼見識到真實情景，還是讓正義的內心產生一番衝擊。這時睜大眼睛觀察四周動靜的正義，卻突然被一名壯碩的男子給叫住。

這個人到底要跟我說什麼？雖然自己的英文程度不好，但總算還是搞懂了對方說的不是英文。這個男人穿著鮮豔的襯衫，頭上綁著頭巾，而且很激動地一直跟正義說話。

就因為在校園當中，每個人都是所謂的夥伴關係，所以能夠自由向往來人群宣揚自己的理念。而這就是美國人的行事風格。

他們完全不會在意對方是否與自己為同樣國籍，而是想要以人與人的接觸來相互碰撞彼此的想法。

正義就這樣大大地伸展著雙臂從薩瑟塔經過。

正義內心湧現了十足的勇氣。

即便現在美國深陷越戰的漩渦當中，但是自己能夠來到美國真的是太好了。正義不禁這麼認為。

結束了四個星期語言學習課程而返回日本的正義，曬得黝黑的臉上浮現驕傲的神情，他開口這樣說。

「我不想要繼續讀高中了。」

家中的所有人當然都是激烈反對。

「以你這樣的年紀要去工作還太早！」

親戚們提出這樣的忠告。

「好不容易才能進去就讀，還是先讀完高中再做決定。」

事實真的是如此嗎？

「因為我是韓國人，即便去上大學，日本社會也不會認同我這個人。」

正義已認清事實。

「但是如果在美國闖出一番事業，這樣在日本也會得到好的評價。」

正義的腦袋裡已經有了相當明確的目標。

「人生很短暫，如果不趁著年輕時行動，將來一定會後悔。」

因為正義在柏克萊所看到的藍天是如此的廣闊無垠。

「人的一生是有盡頭的，所以更應該要照自己的想法去生活。」

在薩瑟塔前方的大型圖書館入口處尚未開門前，總有許多珍惜時間的學生在用功唸書。

應該要學習美國人那樣相信自己的未來，朝著目標來努力奮鬥才對。

「既然生在人世，我想要以那樣的方式活著。」

導師阿部逸郎只說了要正義在九月的運動會結束後再離開學校。

「老師，謝謝您。」

老師是希望正義能留下高中時期的美好回憶，這份心意讓正義內心感受到一陣溫暖。內心極為感動的正義，拼命忍住不要讓淚水流下。

（男人不能輕易流淚。）

然而正義卻讓母親傷心落淚，因為母親很擔心自己往後會再也見不到兒子了。

「去了美國之後，就不太能回來了，不是嗎？」

雖然說正義是個話一說出口，就不會輕易改變心意的人，但其實內心對此也是感到相當煩惱。更讓人難熬的是父親才剛因為重病吐血。

「你要拋下生病的父親不管，只顧著自己的將來嗎？」

「你難道不明白母親內心的落寞心情嗎？」

「家人都遭受如此苦難了，你還要堅持一個人去美國嗎？」

正義陷入跟坂本龍馬一樣的處境當中。

龍馬因為看穿保守的土佐藩能力有限，於是便離開了。即便脫藩是屬於重罪，而且還會連累到親人。

但是他知道自己有非做不可的事要去完成。

因此若是自己對於現在是否要去美國一事而猶豫不決，那就無法開拓更寬廣的人生道路。為了更高尚的目標，有時候還是必須犧牲某些人的淚水。

正義心裡想著自己總有一天會有能力來報答家人的養育之恩，但是現在必須要朝著那一片新天地前進。

然而即便所有的親戚都持反對意見，但是躺在病床上的父親三憲，卻是認同正義想法的第一人。

「我只要求你一年一定要回家一趟，還有就是只能和東方的女人結婚。」

因為十二指腸潰瘍而入院休養的父親躺在病床上這麼說。

正義一方面掛心父親的病情，但是他的眼光卻也已經比常人還要放得更加深遠。

整個世界呈現混沌不明的狀態。

因為第四次中東戰爭而引發的石油危機，連帶使得日本出現搶購廁所衛生紙等物價激烈上揚的社會現象。

美國由於激進派的行動過於激烈，這也導致後來發生了加州報業大王赫斯特（Randolph Apperson Hearst）的孫女——派翠西亞（Patricia Campbell Hearst），在柏克萊的家中被綁架的事件。

一九七四年二月，正義踏上前往美國加州的旅途。

當時就讀久留米大學附設高中的同學們，則是在市內的石橋運動中心為正義舉行了送別會。

「加油！」

大家以果汁和零食來祝福正義的未來，最後所有人一起合唱了電視劇《年輕人們》的同名主題曲。而其中一句歌詞是「一直在身旁的你要離開了……」，這讓正義不禁紅了眼眶。

出發當天家人到福岡機場送行。

「你一定要回來喔！」

母親拍著正義的背，哽咽地這麼說。

「一定會。」

正義刻意不帶情緒地回答。

隨著飛機升空，正義的腦海裡浮現了許多回憶場景，一下消失一下又再次出現。

不過他也知道自己不能再這樣繼續感傷下去了。

正義進入位在美國舊金山郊外的聖名大學（Holy Names University）內的語言中心（ELS）就讀。這所大學是在一八六八年所創立的羅馬天主教學校，社會福利學、經濟學等科系都相當出名。於是正義便在這裡開始死命地研讀英文。

「你是日本人嗎？」

被其他人這麼問，正義已經能夠用英文來回答，因為他在這裡完全都不說日語，所以英文才能進步如此神速。

在大學的校園內有一道很長的石階，階梯的終點則是有教堂陽台。天氣好的時候還能從這裡看到里士滿・聖羅浮大橋（Richmond-San Rafael Bridge）、金門大橋（Golden Gate Bridge）、海灣大橋（Bay Bridge），以及聖馬刁市（San Mateo County）的四座橋。

另外還能看到在遠方有許多高科技企業進駐的矽谷（Silicon Valley），但此時的正義並不曉得這個地方會決定他日後的命運。

而面對著遠處太平洋的另一端就是日本的所在位置。

千里迢迢從日本來到這裡的正義，心裡懷抱著「成為企業家」的遠大夢想。

「我會征服天下！」

七個月後的一九七四年九月，正義進入位在舊金山南端的戴利城（Daly City）的四年制高中——聖拉蒙提高中（Serramonte High School）的二年級就讀。

2 跳級生

或許可以說那位少年在當時已經敲響命運的大門了。

於是這道門便微微地敞開。

一九七四年八月九日，美國總統尼克森（Richard Milhous Nixon）因為水門事件（Watergate scandal）而辭職下台。

十月十四日，長嶋茂雄留下「巨人軍永遠不滅」的這句名言後，便從棒球場上引退。

在當年新學期開始的九月，加州陽光逐漸變得毒辣的某一天早上。

場景是在舊金山南端的戴利城境內公立高中——聖拉蒙提高中（一九九四年廢校，現在是用來培養電腦工程人員，以及開放給成人學校使用。在我到訪當地時，那些年輕人還都很認真地在學習電腦相關知識）。

穿著短袖的 polo 衫搭配牛仔褲的長髮少年，臉上帶著緊張神情，面向著校長室敲門。

「有什麼事嗎？」

校長安東尼．托爾西羅看著眼前這個長相平易近人的矮小少年。托爾西羅校長由於在大學時代是相當出名的美式足球選手而擁有壯碩體格，也因為他的大嗓門和親切個性，還有臉上總是帶著笑容，所以很受到學生們的歡迎。

校長帶著笑容讓少年進到校長室內。

「我有事想跟校長說。」

在美國名字改成 John Son 的孫正義少年，是被編入聖拉蒙堤高中的二年級班級。

在剛開始上課的那一個星期，正義對所有事物都感到相當新奇。因為班上的每一個年輕人，都長得一副好像是好萊塢電影中的演員長相，年輕女學生的身上都散發出閃耀的青春氣息。而孫也能跟這群相處愉快的同學們毫無隔閡地交談，這簡直就像是只能在夢裡才會看到的美國留學生活。

然而漸漸地孫卻突然發現這樣的學習模式，好像和自己所預期的有所出入。那就是學習的內容與自己的程度不相符合。不是課程內容太難，而是太過簡單。

「現在可以直接讓我就讀三年級嗎？」

校長眼鏡的底端發射出光芒，他臉上的笑容消失了。

「以你過去的就學經歷來看……，你在日本似乎沒有高中畢業。」

「沒錯，因為讀到一半就想要來美國留學。」

「但是——」

校長頓時也不知道該說什麼似的。

「你一年級不是都還沒唸完嗎？」

四年制的聖拉蒙堤高中一年級相當於日本的中學三年級程度，所以才會將在日本完成中學學業的孫編入高中二年級的班級。

「但是我想盡快進入大學就讀。」

校長對於孫脫口而出的想法感到吃驚。因為他不像東方人那樣的低調，態度上相當積極。

於是隔天孫就進入高中三年級的班級內就讀。

他在上課的一個星期中的五天時間裡，不論是吃飯、上廁所，都是緊握著教科書不放，努力地在學習著。

看到孫如此認真的校長，就決定首開先例讓孫從三年級跳級為四年級，而孫則是一刻不閒地展開了新的計劃。那就是他突然去報名了能夠取得大學入學資格的檢定考試。

在美國，沒有讀完高中就直接去讀大學的情況很稀鬆平常，但是能在三個星期內完成高中學業，並通過困難的檢定測驗的例子可說是少之又少。

一旦通過檢定測驗，即便年齡未滿十八歲，同樣也能取得高中畢業的資格，而且還能參加大學考試。但是必須全部通過數學、物理、化學、歷史、地理、英文的六個科目考試，其中只要有一個科目不及格，就要全部再重考一次。

然而校長並沒有一開始就否決孫的這個想法，他認為這也的確是個能探索自身能力的一個方式。不過即便校長幫忙寫推薦書，但是以這名少年的英文能力來判斷，校長還是覺得孫要通過檢定測驗的可能性應該不高。

不過還是有一個人堅信孫會通過檢定測驗。

那個人就是孫正義他自己。

檢定測驗是一天考二個科目，預計要進行三天時間。

早上九點測驗開始。

孫看到考卷上的試題時，內心感到一陣愕然。

因為這完全有別於日本的考題形式。桌面放著一大疊的考卷，一般的學生看到這樣的情況應該也會嚇到，因為考卷的數量居然多達數十張。

「這個……」

如果換作是其他人，肯定會對於自己的莽撞行事感到後悔。不過孫要是今年在考試中落榜，就必須再等到明年才有考試機會。

（我沒有多餘的時間再等一年。）

孫現在只能硬著頭皮去貫徹自己的想法了，要保持堅強的意志，這一點任何人都做得到。

於是他便下定決心要來面對眼前的這個難題。因為人生只有一次，孫想要成為能夠在人類歷史上留下些什麼的那個人。要是只懂得墨守成規，跟其他人做著相同的事情，那怎麼樣都不可能在歷史上留名。

就算是有著滿滿野心的孫，在這個時候也只能在內心祈禱。而他在向誰祈禱呢?他並不是向神明祈禱，應該說是向自己的命運祈求好運。

於是做好心理準備的孫便向監考人員提出使用字典以及延長作答時間的要求。

「不好意思，我們無法對你有特別的例外。」

孫正義臉上的表情瞬間一沉。在這種情況之下，沒有人知道孫內心的強韌度到底足以承受多大的壓力。

「那我自己去爭取……」

孫本人已經記不太清楚當時是否有完整說出這句話。那時孫就這樣走了出去。

他走進了職員室。

雖然他的內心充滿了熱情，但是他的腦袋卻也不會因此失去冷靜。這就是這位少年與生俱來的傑出天賦。

職員室內的老師們好奇的看著他，等到他說明完這一切的事由之後，也有些老師對孫抱予同情。在這種時候就能明顯感受到美國人那種率直的態度，現場的氣氛也瞬間開始出現變化。其中一位老師還幫忙打電話給教育委員會。

接到電話的教育委員長並不在乎少年的主張正確與否，但是卻因為他的那份熱情而給予了特別許可。

當然這樣的事態轉變，以現在的觀點來說是相當不合理的做法，孫笑著這麼說。不過當時的孫姓少年真的很努力，他心想不管要付出任何代價，他都得度過眼前難關。因為他將之所以會到美國的這一切目的，都寄託在這次的檢定測驗上。

雖然說延長考試時間的要求被接受了，但卻沒有直接訂出一個最終的交卷時間。對方表示要讓孫自己決定何時交卷。

意思就是在孫知道如何解題之前，他都可以在不必擔心時間不夠用的狀態下來好好作答。

但由於這些都是為了美國學生而出的考題，所以內容當然會有許多光看單字卻無法推斷意思的艱澀英文語詞。

可以說孫的苦戰奮鬥才正要開始。

如果是美國的學生，當然就可以在讀完文章之後，就能夠瞭解問題所要求的內容為何。但是對於孫來說，光是要先看懂題目的意思，就要花上他一段時間了。而且更困難的是他還必須以正確的英文來作答。

即便不是正確的英文——但還是得想辦法寫出答案。試題內應該也隱藏著答題陷阱。不曉得自己寫的答案是否正確，孫很努力地在作答，還不時盯著試題內容看。

到了下午三點，作答時間結束。

其他的考生都已經離開教室，就只剩下孫一人還在獨自奮鬥答題。

等到他完成第一天的考試時，時鐘上的指針顯示已經是深夜的十一點。

監考人員也顯露出疲憊神情，但還是打起精神跟孫這麼說。

「Well done.」（你表現的很好）

孫臉上帶著微笑小聲地這樣回應。

「謝謝。」

之後他便帶著那混沌不清的腦袋回到住宿處。

收音機的廣播裡傳來海灘男孩（The Beach Boys）的高人氣流行歌曲。

接著是第二天的考試。美國歷史這個科目，孫幾乎是以直覺在作答，這一天他仍舊是在深夜十一點之後交卷。

到了最後一天的第三天考試，孫拖著疲憊的身軀，終於完成了最後的物理考試科目的作答。

這時已經是深夜十二點，日期來到了隔天。

二個星期後——。

孫的住宿處處收到了來自加州教育委員會所寄來的信件。

考試的結果到底如何？

孫忐忑不安地打開這封信。

數學成績接近滿分，物理也拿了不錯的分數。

至於英文、化學、歷史、地理等科目的分數就不是那麼好看。

不過就在下個瞬間，他看到了這樣的文字。

「ACCEPT」（合格）

孫興奮到不禁大叫。

「萬歲！」

原本想說若已經拼命努力到這地步還不行的話，也就只好放棄。如今他終於能放下心中的那一塊大石。這位少年很討厭為自己找理由，所以他相當高興自己能夠堅持信念到底。

如此一來，孫只花了三個星期的時間就完成了高中學業，並順利成為了大學生。

不過在聖拉蒙堤高中的教務處卻是這樣記載著「一九七四年十月二十三日，Jung-Eui Son Withdraw（退學）」。

對此，教務處的其中一人是這樣說明的。

「即便他不是我們學校的畢業生，但我們仍然以有孫先生這樣優秀的人物曾經就讀我們學校而感到光榮。」

3 人生的衝擊

來到美國之後隨即進入語言中心就讀的正義，二、三個星期後，他認識了留著一頭長髮，身材纖細的日本美女，她的名字是大野優美。

正義第一次看到她時，瞬間有種怦然心動的感覺。

「她長得好可愛！」

而就在兩人第二次約會時，正義在心中就已經做出決定。

「適合成為我妻子的人就只有優美小姐。」

雖然當時正義連對方的手都沒牽到，但他卻萌生了這樣的直覺想法。

「外表看起來楚楚可憐，但是內心卻是無比堅強。沒想到我會如此幸運，能夠認識這樣出色的女性。」

正義就連在走廊上看到優美，都會不自覺地心跳加速。之後兩人習慣性地一起去圖書館唸書，其實應該算是一半時間在約會，一半時間在讀書。

兩人就連去學生餐廳吃飯都是形影不離的狀態。

不過優美剛認識孫時的第一個印象，似乎認為對方是「看不出年紀的奇怪傢伙」。

正義在語言中心經過半年的學習課程後，接著他就進入了聖拉蒙堤高中就讀。

而優美則是去唸了聖名大學。她比正義還要大二歲，要是正義按常規地讀高中，兩人就必須分開三年時間。

「希望能趕快再和她一起讀書。」

其實可以說是因為如此，才讓正義產生了如此強烈的跳級學習想法。

因為這正是足以決定他日後人生的青春藍圖。

孫用興奮的語氣與優美通電話。

「我也會去那所大學就讀。」

然而接下來還有一個能決定孫之後的人生走向、更具衝擊性的境遇正在等著他。

人生必然會出現意想不到的境遇，或許可以看作是一個幸運會帶來另一個幸運。而他與優美的相遇，應該可以說是自身的幸運所牽引而來的另一個幸運。

某一天孫去了經常會去的喜互惠（Safeway）超市時，購買了一本名為《Popular Electronics》的科學雜誌。他被雜誌內所刊載的一張圖片給吸引了目光。那是張由英特爾公司（Intel Corporation）所發表的 i8080 電腦晶片的放大照片（因為以8位元的0與1作為單位來處理的8位元微處理器首次出現在市場上，連帶讓筆電產品上市，而達到今日普及的狀況）。

「那是我人生中最感動的時刻。」

如此微小的零件或許能夠徹底改變人類的未來——孫這麼一想，那張照片就好像能發射出無限的能量，而且那能量的來源是朝著自己在向外噴射。

「那個感覺就好比是接觸到令人感動的電影和音樂，兩手的手指會不自覺產生有電流通過的酥麻感，這樣的感受會讓人不禁熱淚盈眶。」

當光線反射到這樣的幾何學模樣會產生炫目的光線，這也讓孫認定了電腦終究會成為超越人類的知識生命體。

「這是人類所有的發明當中最強大的發明，整個散發出絕美的光芒。我心想這個發明或許是人類終於要開啟超越知識生產活動可能性的那道門。」

在孫六、七歲時，當時的電視上有播放《原子小金剛》的卡通。當中也曾出現茶水博士將明亮燈泡一個一個熄滅的電腦操作畫面。

「在此之前，我對電腦就只有這樣的印象。」

現在這個微小的生命體正散發出耀眼的彩虹光。

於是正義便將那張照片剪下，並放在資料夾中收藏。

他將資料夾放在背包裡隨身攜帶，可說是寸步不離地在保管那張照片。不論是去上廁所或是去任何地方都會帶著它，晚上甚至還會將照片放在枕頭底下再睡覺。

不過由於他相當寶貝那張照片，所以在半年時間內，那張照片就變得殘破不堪。

孫也是在這個時候，產生了想以任何形式與電腦有所連結的想法。

此時，有個跟他一樣遭遇到人生衝擊的美國年輕人站了出來。這個人和孫同樣都是對單一晶片微處理器的電腦產生了興趣。

他就是比爾·蓋茲，也就是微軟公司（Microsoft）的創辦人。他是一九五五年出生在美國華盛頓州，日後成為世界排名第一的資產家，同時也是電腦界的天才人物。

一九七四年，在蓋茲讀大學二年級時，他仍然記得手中那本《Popular Electronics》雜誌所帶來的那股內心感動。

蓋茲是這樣描述當時自己內心的衝擊感受。

「我相當感動，因為個人電腦零件將會徹底改變人類與電腦之間的關係。」

當時有篇一般讀者幾乎不太會注意到的小篇幅報導。內容是在說明有一家在美國新墨西哥州阿布奎基（Albuquerque）的 MITS 公司將三百五十萬美金的電腦組裝零件，製作成名為 Altair 電腦的新聞報導。

而蓋茲在看到這篇報導之後，他就立即說服了同樣擁有天才頭腦的保羅．艾倫（Paul Allen）。其實艾倫和蓋茲是在高中時代認識的，那時他們就讀於西雅圖的名校湖濱中學（Lakeside School），當時正是 PDP-10 的電傳打字機也設置分時系統（time-sharing）的時期。之後兩人就對電腦這項產品相當著迷。

「這正是將 BASIC（針對初學者所設計出的程式語言）輸入微電腦的時候，所以一定要趕快有所行動。」

於是兩人之後的行動便成為二十一世紀初的今日現代歷史神話。而就在那一年的二月與三月，蓋茲與艾倫兩人就關在哈佛大學的學生宿舍裡的小房間內埋頭苦幹研究。

當時兩人忙到連吃飯的時間都沒有，每天就過著只吃漢堡配可樂，累了就直接趴在桌上睡覺的生活，這段期間可說是兩人在電腦草創期的青春歲月。

「那時覺得當下是決定性的關鍵時期，不對，應該說是我們決定時代的瞬間，提早一年或是延遲半年都是不被允許的。」

兩人最終還是合作開發出了程式物件所使用的 BASIC 語言，於是電腦的戰國時代就這樣子揭開了序幕。

而這個時候的比爾・蓋茲才十九歲，保羅・艾倫是二十二歲。

到了隔年的一九七五年，艾倫辭去了原本在漢威聯合國際（Honeywell International）的工作，蓋茲也從哈佛大學輟學。兩人轉移陣地到阿布奎基，並在這裡創立了微軟公司。

他們此時和一手創立蘋果公司（Apple Inc.）的史蒂夫・賈伯斯（Steve Jobs）、史蒂夫・沃茲尼克（Steve Wozniak），則是並列在最前線位置（一九七六年兩人合夥創立了蘋果電腦）。

還有創辦昇陽電腦（Sun Microsystems）的史考特・麥克里尼（Scott McNealy）、甲骨文公司（Oracle）的拉里・埃里森（Larry Ellison），這些人都算是和孫正義屬於同個世代的年輕人。

這些人都是在十六歲到十九歲階段，就站在單一晶片微處理器電腦最前線的年輕武士。

這樣的時代走向，讓人不禁想起孫正義相當尊敬的坂本龍馬。龍馬就猶如出現在幕末志士們眼前的那艘黑船，隨著時代大浪朝著明治維新的目標前進。而對於孫以及蓋茲來說，那艘黑船就是指在與單一晶片微電腦衝擊性相遇的那一刻起。

這一切真的可以說是歷史上的必然。

之所以會引爆這一波的數位資訊革命，背後的力量就是那股內心的感動情緒。

一九七五年九月，孫進入聖名大學就讀。

「一定要努力讀書。」

這個男人對於決定的事絕對不會有半點偷懶。

孫首先要做的事就是去購買住家的木門。因為美式的木門大小直達天花板，所以他就到家具店購買了沒有把手的一整片大木門。等到木門運送至房間後，他就先將木門擺放在二個鐵櫃的上頭，這樣就打造出一個特大號的桌子。

接著他將教科書、字典、參考書等物品都放在桌面上，並將三個地方的燈光都照向桌面。

「啊！」

他大喊一聲之後就開始用功讀書。

他在吃飯和洗澡時都在讀書，就連在泡澡時，雙眼還是離不開教科書。

不只如此，他甚至在開車時都還在讀書，他會先將教材錄音起來，邊開車邊聽耳機學習。

等紅燈時他也會因為覺得「太浪費時間」，而隨手翻閱教科書。

他會將教科書放在方向盤上，一邊看書一邊開車。變成綠燈時，後方駕駛還會按喇叭提醒他要趕快開車，孫只好慌忙地腳踏油門前進。

就連走在校園裡，孫的裝扮也有別於其他人。

他背著黃色的後背包，裡頭放了所有的教科書。

他還自己改造了身上的棉質長褲，在長褲上縫製大口袋，用來放入十五支的原子筆，口袋裡不但有筆和直尺，甚至還裝有計算機。

因此在課程與課程之間的休息時間，就會聽到他身上發出一堆聲響地走在校園內。

「那個人有問題嗎？」

有個打扮怪異的男人穿梭在校園內。

這個想要踏進單一晶片微電腦世界的年輕人，以自己的方式在努力讀書。

4 與眾不同

一九七五年十月一日，拳擊重量級世界冠軍——穆罕默德・阿里（Muhammad Ali）與喬・佛雷澤（Joe Frazier）展開對決，阿里強悍的攻擊，讓他在第十四回合獲得壓倒性的勝利。

『I' m the greatest.』（我是最棒的）

至於另外一個偉大的男人孫正義，則是在此時化身為「讀書的拚命三郎」。

正義這個人簡直跟超人一樣，那時他的平均睡眠只有三小時，最長也不過只有五小時。

「那時候努力讀書的程度直逼二宮尊德，用盡全力只專注在讀書這件事上。」

孫述說著自己過去的回憶。

那麼為何將自己比喻為二宮尊德呢？

因為在以前的日本小學校園中某處，一定都會設有背著木柴一邊讀書的少年銅像。二宮尊德是所有日本人都知道的務實農家子弟，他那因為家貧而必須珍惜每個時刻來讀書的少年努力姿態，就彷彿是青年孫正義的寫照。

然而就在聖名大學考試前夕，孫卻患了嚴重的感冒症狀。病毒肆虐的流感讓他身體發高燒，整個人躺在床上無法動彈，完全失去食慾。孫的嚴重病情就這樣持續到了考試的當天，不過此時他的內心卻有些許的雀躍感。

有別於大部分學生都害怕考試的心情，孫卻反倒顯得異常興奮。

而同樣染上感冒的優美，則是躺在床上發出悲歎聲，看著因為考試而感到開心的正義。之後成為孫太太的優美撩起一頭長髮，雖然覺得正義這個人很可靠，但心中對於這樣樂觀的正義卻感到無話可說。

之後正義在這次的考試則是獲得了最高分的全A成績。

不過在考試結束後，他的身體狀況持續惡化，因為遲遲無法退燒，所以只好去了醫院一趟。

幫正義看診的醫師臉上顯露出不悅的表情。

「你難道沒有感覺到自己的病情很嚴重嗎？」

孫的在校成績相當出色。

他還在多位成績優秀的學生當中榮獲校長獎。

能有如此優異的表現，他是留學生當中的第一人。

當時親手將校長獎頒發給孫的艾琳．伍華特校長是這麼形容那段回憶。

「我們都以孫先生為榮。」

而這間聖名大學又被稱之為「小型大學」，這是一所提供廣泛領域知識學習課程的一所大學。校訓所追求的精神為榮譽（Honor）、崇高（Nobility）與勇氣（Courage），而校徽則是取自於中世紀的徽章，直接繼承了聖名修女會的徽章，以橢圓形環繞十字架與百合花來象徵耶穌與聖母瑪利亞的聖名。

在孫入學四年前的一九七一年，這所大學才開始採取男女混合式的教學，也剛好在這個時候才對外招收外國學生。

在一九七五年的當時，學生人數為八百人，一個班級平均有十五到二十人左右的學生。

因為就在那個時候，一股巨大的社會改革風氣吹進了大學校園內，所以在孫入學前，整個校園風氣產生了強烈的變化。一改原先必須穿著天主教系修女服裝的嚴格規定，開放為可自由穿搭自己想穿著的服裝。

另外，為了讓校園風氣更加開放，學校也不再強迫學生信仰宗教，而是採取讓學生自己決定是否對宗教有興趣的辦學方針。而在那個時空背景下，要讓美國的老師和學生去接收不同文化其實不是件簡單的事。

在一九九〇年與孫就讀同所大學的後輩——川向正明，對此也發表了他的看法。

「那是一所風氣相當自由的大學。不論你來自哪個國家，大家都能相處得很融洽。」大學裡有開設經濟學、歷史學、政治學等十五項的專門課程。當中最受日本學生歡迎的則是社會福利系。

而我也請教了已經離開教職的瑪格麗特・科克女士，她對於孫這個學生還留有清晰的印象。

課程時間是在星期一、三、五的早上八點。

她是在一九七五年到七六年間教過孫的會計學老師。

當時孫穿著橡膠拖鞋以及特製棉褲，從校園內教堂旁的一百零八層階梯往下走。之後急忙進到教室內的孫，一如往常選擇坐在教室的最前排位置上。

「他在班上相當顯眼，因為他的眼神中散發出光芒。」

班上的學生來自日本、印尼、墨西哥以及美國等地，在這個二十人的班級當中，孫是最引人注目的學生。

而讓科克女士最印象深刻的是，孫在課程結束後，還會抓著她提出自己的疑問。

「因為我想從事商業經營。」

科克女士在三十多歲快接近四十歲時，以兼課教師的身份才剛來到這所大學工作，所以當她看到這位給她留下深刻印象的學生時，其實心裡也很驚訝。

在課程中所學到的東西，一定要實際應用在現實生活中，就是因為如此認真專注，所以孫才會給科克女士留下深刻印象。而這個學生到底是朝著什麼目標在努力呢？

「將來我想利用電玩遊戲來從事商業活動。」孫這麼表示。

而科克女士這個時候當然不會知道，此刻的孫會成為電玩遊戲的關鍵人物（之後的孫開始從事從日本輸入遊戲機的商業活動，而他在這個時期已經產生了這樣的想法）。

校園內學生餐廳的前方是住宿生能夠放鬆心情的場所。

雖然餐廳內也有小型的廚房，不過業者似乎沒有好好善用這些器具。

就是這樣的想法，而讓孫與友人的商業頭腦開始運轉。

「我們想提供學生便宜又健康的宵夜，所以想要租借這個地方。」

正義向學校的教務處取得了許可。

而且也在校園內發放了傳單，所有準備工作都已經完成。

以商業活動的條件來說，這個場地相當出色。他們雇用了兩名學生來顧店，一天的營業時間為二小時。

店內提供炒麵，以及外觀看起來與韭菜炒豬肝很相似的蒙古烤肉、餛飩湯等便宜的餐點，在口味上也獲得不錯的評價。

工作內容是空間打掃和準備食材等瑣事，一天要花費四小時，每個小時所支付的時薪為二．五塊美金。

不過雖然這樣的宵夜提供服務在校園裡帶起風潮，但卻也因此意外導致了問題發生。那就是和孫合夥的友人居然謊報營業額，孫因為很相信對方，內心因此受到極大打擊。不管任何事情，一旦與金錢有所牽扯，即便彼此是朋友關係，還是會有問題發生。

於是只維持了半年時間左右的「孫食堂」，便宣告停業，不過對孫而言，也不失為一次好的學習經驗。

有鑑於此，從這個時候開始，孫在自己的經營哲學中加上了一個原則。

那就是：因為不可能一個人從事商業活動，所以必須要謹慎選擇合作夥伴。

而早在孫前往美國前，他就展現了自己總有一天要開啟一番事業的強烈決心。

他認為自己所學習的知識要是無法應用在商業活動上，那就算讀再多的書也派不上用場。

當孫還是高中生時，因為拜讀了日本的麥當勞社長——藤田田撰寫的《猶太人賺錢術》一書而大受鼓舞，為此他還獨自一人從九州前往東京，就是想要與藤田先生見上一面。

而藤田則是答應讓這個莽撞的少年進入社長室，並親自向孫提供有幫助的意見。

「如果我還年輕，我不會想要從事與食物相關的買賣行為，而是應該會選擇從事與電腦相關的商業活動。」

孫來到美國後，在看到單一晶片電腦而感到驚訝不已之時，他就拿出這本由藤田撰寫的書來回反覆閱讀了好幾次。

「賺錢是好事，因為金錢沒有乾淨與骯髒的分別。」藤田如此篤定地這麼表示。

孫從這本書中所得到的啟示是跳脫了日本傳統的儒教倫理束縛，打破一直以來認為「斂財是骯髒」的既有觀念。

孫正義不到兩年的時間就修完聖名大學的課程，他決定要將自己高中一年級夏天曾經短期留學的加大柏克萊分校作為轉學的第一志願。因為只要通過考試，就能直接進入就讀三年級，於是正義便打電話給該校的經濟系秘書。

接著經過教授會的會議討論過後，所得到的回應是對方決定讓正義成為第一位以此方式入學的學生。只要之後的大學教務處的入學手續不要出問題，就可以讓正義拿到合格入學的資格。

能夠從原先的聖名大學轉學至加大柏克萊分校的學生，只佔了全體學生不到百分之十的人數。因為正義心中所想的，就是怎樣都要想辦法到名門大學的加大柏克萊分校就讀。

一九七七年，正義順利進入加大柏克萊分校的經濟系就讀。同一年，和正義交情匪淺的優美，則是同樣轉學到加大柏克萊分校的天文物理系。

而這個時候的比爾・蓋茲則是已經從哈佛大學輟學，並在阿布奎基創辦了微軟公司。

5 發明王

加州的陽光可以釀造出芳醇的紅酒，這片土地也能孕育出天才。從舊金山跨越港灣大橋，就能立即抵達對岸的柏克萊大街，這裡就是加州大學的柏克萊分校。

在一八六八年創立的柏克萊分校是美國極具代表性的國立綜合大學，其教學資源可劃分為十四個學系以及專門學校，校內學生來自世界一百個以上的國家。

而且從風光明媚佔地面積達五百公頃（五百萬平方公尺）的校園之內，還可以直接眺望舊金山灣的風光。

除了自然環境以外，校園內的設備也比日本的規模大上許多，其圖書館內的各個學系藏書數量也是世界上首屈一指。

而孫正義之所以在為數不多的美國大學中，選中加大柏克萊分校，不僅僅是因為這所大學是世界上培養出最多獲得諾貝爾獎人才的學校，其自由奔放的校園風氣也是他決定的關鍵。

在柏克萊有許多個性不盡相同的人在此聚集。

即便是距離孫就讀當時已經過了四分之一個世紀時間的現在，這所大學仍舊保有當時的校園風氣。當我看到坐在草地上一群談笑風生的女大學生，以及穿著披風的謎樣男子時，我真的是感到相當驚訝。

而在校園的周邊則是有一整排販賣迷幻圖案T恤與焚香的攤販，街道上充滿活力氣息。

孫的男同學當中有好幾位人格特質濃厚的人物。其中一位同學的右側頭髮和鬍子相當茂密，但卻將左側的頭髮和鬍子都給剃個精光，然而他的數學成績卻總是名列前茅。

「這個公式不對。」

這名男同學經常直接指出教授的錯誤。

雖然孫也會指出講義的疏漏處或是公式錯植的內容，但氣勢上遠不及這名男同學。

有一次還看到有男性打扮成蜘蛛人的裝扮，正在攀爬建築物旁的圍牆。

其中最讓進入加大柏克萊分校就讀的孫感到欣喜若狂的則是學校的電腦設備。

因為學校的電腦教室是二十四小時都開放給學生使用，而且每棟建築物都設有遠端裝置，數百台的電腦整齊排列的樣子相當壯觀。

而孫當然也徹底利用了這樣完善的電腦設備。

當時孫特別用心在學習數學、物理、電腦以及經濟學科目，他在這四個科目的成績都是特優的A。A是只有班上成績排名前百分之五的人才能拿到的分數。即便他在語言方面落後他人，但在其他科目上，他也比其他人還要取得更多的學分。

美國的大學是屬於容易入學但很難畢業的制度，據說只有百分之二十五左右的學生能順利從大學畢業。一旦取得的學分不夠，或是成績只有C，就會收到大學所發出的強制退學通知。如此一來，就必須被迫輟學，或是轉學到別的大學就讀。

而且針對教授的教學評分標準也相當嚴格。到了學期末會進行「教授評鑑」，學生會以無記名方式給予教授評價。評分標準在於課堂上的講義內容準備是否完整，給予學生分數的標準是否公正等，以五十個項目一到七分的給分方式來給予評鑑。

而最後的評鑑結果會透過電腦來處理，製作成印刷品在大學生協會中販賣。評鑑的數據資料也會提供給學生，作為選擇課程的考慮因素。要是教授準備的講義或是考試內容達不到一定的標準，就必須承受學生的批評。

因此，無法引起學生興趣的教授就會被迫離開這所大學。

在美國的大學裡，用功和不用功讀書的學生表現有相當大的落差。用功讀書的學生一旦認真起來，就會以完全不會輸給孫那樣的程度來拼命唸書。

至於教授也是會用粉筆在黑板上寫下重點，口沫橫飛地認真講解上課內容。校園內的教授和學生，每一天都必須保持繼續戰鬥的姿態。

而在背後支撐孫繼續在加大柏克萊分校努力打拼的人，就是他的女朋友優美。

不過就在某一天，孫卻做出讓優美大感意外的一件事。

那就是他要優美不要再向家裡拿錢，孫自己也會拒絕家中的金援。

這番意想不到的言論讓優美不禁睜大雙眼。因為在這樣的言論背後，所代表的是孫想要跟女朋友結婚的迫切想法，而且當時正義臉上的表情相當認真。

「如果要結婚就勢必要負責妳的生活。」

雖然是有欠考量的發言，但或許是孫此時的內心，已經嗅到了自己之後的成功之路。

因為他決定在大學畢業後，就要以企業家的身份來開創新的人生。不過要一畢業就獲得成功，真的有那麼容易嗎？以一般的學生來說，實在很難達成這樣的目標。

然而孫卻很堅信自己一定能做得到，即便這個目標有一定的難度在。只不過如此一來，就一定得在就學階段開始做好準備。

而且孫還必須自己賺取生活費，他不得不面對眼前的這個殘酷現實。

在孫前往美國前，父親三憲就已經入院休養，所以他一直很在意父親之後的身體狀態，以及親人的生活情況。但仔細想想，自己目前尚在柏克萊就學，正處於未來還沒有定數的階段，這讓他不禁懷疑自己是否有能力拒絕家中金援，完全靠自己能力來過活，而且還是在他已經決定不去兼職打工的狀況下。

當時的孫每個月會收到家中二十萬日圓的生活費，對家人來說也是龐大的一筆支出。

（自己到底該怎麼做才好？）

因為他只允許自己一天只能挪用五分鐘時間來做讀書以外的事。

如果只是這樣短暫的時間，就不需要另外找理由來說服自己。

再加上孫已經習慣了在柏克萊的生活模式，的確有那個空間來針對時間做彈性的規劃。

而當時孫腦中所浮現的想法非常驚人。

那就是他在思考是否有每天只要花費五分鐘時間，一個月就能為自己賺進一百萬日圓以上金錢的工作。

『It's foolish.』（你簡直是在癡人說夢）

這樣的想法讓孫的友人不禁這樣嘲笑他。

如果是在嗜酒成癮、走私大麻盛行的奧克蘭（Oakland），或是高犯罪率的舊金山，或許還存在這樣危險的工作。然而孫怎麼可能對這樣的兼職工作有興趣。日本的留學生如果想要打工，通常都只能選擇到餐廳裡洗碗、清掃街道等勞力工作，或者是以觀光客為對象的導遊工作。

然而再怎麼努力工作，勞力工作總是有它的極限在。因此孫只好朝著能徹底運用頭腦工作的方向去思考。

話雖如此，孫卻也沒有足夠的資金以及擁有相關的人際關係。

「有了！」

孫突然靈光乍現。

唯一的辦法就是發明東西，接著取得專利後販賣。

在日本被稱為「經營之神」的松下幸之助，也是從一家地方小工廠開始起家，其構想出的一轉二燈座與腳踏車燈的發明，則是讓他成為世界電器王者的第一步。而松下先生也是孫相當尊敬的人物。

「既然已經有這樣的前例，那我就來構思發明好了。」

雖然聽起來像是異想天開的想法，但當下只剩下這個辦法，孫也就不再繼續迷惘。於是孫便開始行動。

剛好柏克萊境內有許多家的大書店，而其中的古書店每年都會收到優秀學生畢業時不要的大量舊書，因此孫便趕緊去街上的書店買了許多關於如何取得發明專利的書籍。

孫本身當然沒有發明東西的經驗。他在小學時因為喜歡繪畫，所以才會對創造力相關的事物特別感興趣。然而發明這件事終究不能與其相提並論。

什麼樣的發明物品才能取得專利，孫在抓到要領之後，終於展開了一系列的實踐行動。

「從今天開始要達成標準作業量。」

孫自己對這樣的想法完全不是在開玩笑，因為這畢竟是有可能實現的人生規劃之一。

不曉得發明大王愛迪生（Thomas Edison）是不是一天都會構思出一個發明？如果真的能做到這樣的程度，那真可說是神之手了。

孫將自己手寫的英文發明構思筆記——Idea Bank，作為每天的日記，認真記錄了超過二百五十種以上的發明構想。雖然無法達到每天構思一種發明的程度，但是當中卻也誕生了偉大的發明。

「因為整整花了一年的時間來構思，所以我非常有自信。」

每天將便宜的鬧鐘設定為計時五分鐘後鬧鈴響起，所催生出來的發明都具備有孫式的獨特風格。

在這當中孫也摸索出在發明這條路上的三大方法。

首先是問題解決法。

這是指有問題或是困難產生時，能夠解決問題的方法。

譬如說斷面為圓形的鉛筆，放置在桌上很容易滾落至地上，所以就必須針對「鉛筆滾動徒增困擾」來思考解決方式。因此才會想出「為了不讓鉛筆隨意滾動，最好將斷面更改為四角或是六角形狀」的問題解決對策。

這就是所謂發現問題之後，再利用三段論證法來思考解決方式的方法。

孫就連上廁所也在構思發明，他思考該怎樣讓不乾淨且冰冷的馬桶有些改變。於是孫便利用他經常吃的漢堡容器保麗龍而發明出馬桶墊紙。雖然是現在堪稱實用的發明，但是對之後想以世界為對象，而從事商業買賣行動的這一號人物來說，這樣的發明能否為自己開創先機，老實說孫自己還是有些猶豫。

這就是「必要為發明之母」的第一種形式。

第二種方法則是水平思考。

這是指顛覆式的創意。也就是試著將原本的圓形改成方形、紅色的東西改成白色，以及將大的東西改成小的東西。

在孫發明當中的新式紅綠燈就有運用到這個概念。他思考平常都是以顏色區分的紅綠燈訊號，是否能改成以形狀來表示。於是他便發明出配合顏色變化成○△□的燈號，這樣能幫助不容易判別顏色的人輕鬆辨別紅綠燈訊號。

第三種則是組合式方法。

就是將既有的東西做組合，像是將收音機結合錄音機所研發出的卡帶式收錄音機。

在美國努力不懈的孫，之所以能夠創造出大量發明，正是運用了第三種方法。採取這個方法，孫就能設計出一連串有計劃性的發明。

對孫而言，他所做的事就是如魚得水一般，或是可以將孫形容為振興現代企業界的雷龍，因為他總是默默地朝著目標前進。

而年輕的發明王孫正義，最後終於設計出令人讚嘆的大發明。

6 破天荒

十九歲——正值青春的這個年紀。

大部分的學生都是在忙著讀書、運動和約會，但是在人生的這個十九歲階段，到底該追求的是什麼呢？

在大學三年級的孫的內心當中，卻早已抱持著常人無法想像的理念。

那就是他自己構思出的「人生五十年計劃」生活模式。

不論發生任何事，自己都必須在二十幾歲的這個時期創立一番事業，然後打響名聲。

這應該可以說是只有少數的年輕人才會擁有的野心。不過孫的下一個信念更是驚人。

因為他下定決心要在三十幾歲時，至少存到一千億日圓的必要資金。這或許可以算是誇大的妄想，但是孫的計劃卻沒有到此為止。

到了四十幾歲，他就必須做出勝負的一大賭注——也就是開創一番龐大的事業。在五十幾歲的時候要讓大事業步上成功的軌道，而六十幾歲時則是要將經營者的這個身份交給下一個人。

這就是一個十九歲年輕人所描繪出的人生藍圖。真可以說是破天荒且超出所有人想像範圍之外的青春構圖。

孫也為了要達成這樣的目標，而來徹底思考自己該怎麼做。

「每天都要構思出一項發明。」

雖說是相當驚人的想法，不過孫也努力地一步步去實踐了。

接著他透過組合式方法，終於構思出了一項大發明。

孫在英文單字卡上，試著將所有能聯想到的名詞都寫下來。

譬如說「橘子」、「鐵釘」、「記憶」等名詞，隨意寫下所有能聯想到的名詞。

等到單字卡完成到三百張的程度，接著就以抽撲克牌方式抽出三張單字卡。

而這三張單字組合，就意味著可能會有新商品誕生。

藉由意思完全不相干的無意義名詞組合，來創造出獨特的創意發想。

舉例來說，與法國詩人蘭波（Arthur Rimbaud）並稱十九世紀詩人的法國詩人勞特拉蒙伯爵（Comte de Lautréamont），就是將乍看之下無任何相關性的裁縫機和雨傘，透過組合方式激盪出獨特的創意，進而促成超現實主義運動的開端。

一開始的階段，孫只能不斷地抽取單字卡，但有鑑於這樣的做法不夠有系統性，因此他便萌生了是否能透過電腦進行此項作業的想法。

利用電腦來執行這個動作，那麼自己所追求的發明目標，也會變得更有效率也更簡單。

所謂名駒能奔千里，但若是騎士不具備能駕馭這匹馬的技術，那又怎樣能讓馬跑得快？因此為了要讓名駒發揮名駒的價值——騎士就必須成為厲害的騎士。

於是孫便長時間都待在二十四小時開放的電腦教室內研究對策。

學生們在電腦教室內相互討論有疑問的部分，彼此交換情報。餓了就吃麵包喝牛奶，累了就進到睡袋裡稍作休息。

孫的思考方式相當獨特，因為他並不是將電腦當做是計算工具，而是將它視為具備「創造力」的機器來加以利用。

因此要先製作出電腦的程式，接著再一個一個輸入所需要的物件。

然後再將這些物件的創新程度以十分為滿分，規模程度則以五分為滿分，至於和物件相關的自我知識部分，則是以三十分作為滿分來輸入數值。接著加入此物件是否容易與發明物產生連結等要素，將合計約四十分的要素條件也輸入至電腦程式內。

「這是首次有學生運用電腦思考出如此有創意的構想」，就連教授都感到十分驚訝。

之後孫則是將這一項作業作為大學電腦課程的自由課題報告，教授甚至還給予了A（雙重特優）的評分。

從三百個物件當中抽取出三個物件，這樣就會產生數百萬種組合方式。接著再利用電腦針對各種組合來分析各項的指數分數，最後按照分數高低來排列。

就是因為孫很瞭解電腦這一匹名駒，所以他才能夠在一開始就找出有效的方法，而且孫只有五分鐘的時間。因為決定一天只花五分鐘來做這件事情，因此他只會將心思放在那些分數比較高的物件組合上面。

「這個看起來好像很有趣！」

能讓孫產生這樣想法的組合不斷出現。

還能透過自己本身的獨到見解以及偏好，來幫助篩選出可行性較高，並且條件較好的排列組合項目。

在此之前，孫一直都是辛苦地以單字卡及寫筆記的方式，來讓發明物變得更有趣。

而且孫的判斷方式也相當獨樹一格。

「要從這些組合當中找出最有可能的項目。」

他從二百五十個選項當中挑出一個組合，雀屏中選的是「具備發音功能的電子翻譯機」構想。這是由語音合成器、字典、液晶螢幕的三個要素所組合出的項目，而之後也由日本的夏普（SHARP）將之商品化，成為電子記事本的原型商品。

一九七八年，比爾．蓋茲將微軟 BASIC 引進日本，正式開啟了電腦時代。

緊接著孫便以加大柏克萊分校大學生的身份，發表世界上第一台帶有發音功能的電子翻譯機構想，企圖打造出擁有完整輸入式鍵盤的口袋型電腦裝置。

然而孫如果要靠自己的力量來製作出試作品，光是要讓機器透過電腦系統發出聲音，前後就得花上十年到二十年的研發時間。如此一來，他的人生五十年計劃勢必就會走上失敗一途。

「我要成為一名企業家。」

他認真思考是否有可以讓事情順利進行的好計策。

他心想與其靠自己負責所有的事，還不如召集各領域的頂尖人才一起合作來提高效率。

因為人的一生畢竟時間有限，還是得想辦法來有效利用。

接著孫開始有所行動。

他先取得大學的研究員名冊，接著利用學生會館的公共電話來一一與物理學以及電腦科學的教授和助教聯絡。

問及語音合成器這個領域時，有一個相同的名字一直被提到。

孫立即前往拜見在加大柏克萊分校附屬研究所中，最出名的宇宙科學研究所的佛雷斯特·摩薩博士，他同時也是語音合成器這個領域的世界權威。

走上柏克萊校園中的緩坡，會看到一座周圍被許多綠蔭樹木所環繞的小山。那裡不但是學生們慢跑的路徑地點，宇宙科學研究所也座落在那座山上。

「抱歉打擾了。」

臉上帶著緊張的神情，穿著燈芯絨外套，打著領帶的年輕人敲了敲研究室的大門。

面對著電腦的摩薩博士停下正在敲打鍵盤的手，轉過頭來看著敲門的那個人。

「請進。」

雖然沒有事前通知要見面一事，摩薩博士仍友善地邀請學生入內。

這位英文名為約翰的學生，用著一口流利的英文來介紹自己所發明的，具備發音功能的電子翻譯機產品。

他熱情地講解首先要製作出具備九國語言的翻譯機，接著再安裝語音合成器的發明構想。

摩薩博士對今日有如此成功表現的孫感到開心，他甚至還向筆者開玩笑地表示，要將研究所的名稱改成『孫正義大樓』。

「其實我當時並沒有覺得這樣的創意特別吸引人，不過對方卻表示想要將這樣的產品放在機場和報攤等地方販售，我覺得這樣的想法相當獨特。」

摩薩博士當年四十八歲，已經成為世界權威的他，仍是靜下心來傾聽一位學生具有龐大野心的計劃內容。

摩薩博士對於這個不曾有人提出的提案感到吃驚。

「雖然你親自來向我說明……」

摩薩博士當時的工作相當繁忙。

擦去額頭上汗水，不習慣領帶裝扮的孫拚了命地向對方說明自己的想法。

「我想使用老師您所開發的語音合成器，所以勢必要借助老師您的力量。」

摩薩博士靜靜地聽著年輕人的想法。

我沒有錢，所以不能給您昂貴的製作費和成功報酬，即便如此您還是願意幫忙嗎？等到試作機完成，賣給公司後，會再以契約方式支付金錢報酬。

孫的這番提案真的是超乎一般人想像。

不曉得摩薩博士是否會拒絕這樣不符合常態的條件。

答案卻是否定的。此時這位世界級的學者，選擇將這一個賭注押在這位首次見面，但卻渾身充滿熱情的年輕人身上。

仔細想想，要是當時孫選擇拜訪的人物不是這位摩薩博士，或許孫往後的人生就會出現與現在完全截然不同的境遇。

7 一期一會

「有一位客人說了很奇怪的話。」

年輕的白人服務生臉上一副快要哭出來的表情，快速走向店經理陸弘亮。

在此之前這家店完全沒出現過問題。

奧克蘭是鄰近柏克萊的一個中部城市，雖然以前有些區域的治安不是很好，不過近年來已經發展成為柏克萊近郊的商業中心。

從舊金山行經 BART（高速鐵路）只要花費十分鐘就可以到達奧克蘭。而為了緩和港灣地區的交通擁塞情況，於一九七四年搭建完成的 BART 分為五條路線，舊金山與對岸的東灣之間有海底隧道連接。

而在奧克蘭相當受歡迎的冰淇淋專賣店，其店名取為相當簡單的「Mary's Ice Cream」，是加大柏克萊分校畢業生的吉姆．布萊德列，於一九七一年在奧克蘭附近的湖濱（Lakeshore）所創立的店鋪。店內有二十二張桌子，能容納一百人入內消費。除了販賣冰淇淋以外，還提供總匯三明治等餐點，成為年輕人喜歡聚會聊天的地點，週末則是會營業到深夜一點。

陸在就讀加大柏克萊分校時是窮苦學生，一開始是先在店內幫忙洗盤子，一路打拼到現在成為夜班的店經理（現在這家店已經改名為其他的冰淇淋店家，但是味道仍是傳承舊有口味）。

「那位客人說要是不按照他的點餐內容出餐，他就不付錢。」

陸的身高有一百八十七公分，外表看來體格壯碩。他既然得知店內有客人刻意對冰淇淋餐點找碴，當然不會就這樣忍氣吞聲。

「對方是怎樣的人？」

「對方說日語，應該是日本人……」

陸一聽說對方是日本人，頓時對此人產生高度興趣，因為他在大學裡幾乎沒看過日本人。更何況在奧克蘭怎麼可能會有態度如此狂妄的日本人出現？

而且在此之前，每天都會有三千名顧客上門消費，但是卻從沒有一個客人提出過這樣前所未有的要求。

（怎麼會有這樣討人厭的傢伙！）

陸的內心瞬間湧起厭惡之情。應該是最近前往美國西岸遊玩的日本觀光客所提出的無理要求。但是也不能因此打破買賣者之間存在的默契，而且這家店可是在奧克蘭被評鑑為最好吃的冰淇淋店家。因此陸對於自己身為店經理是感到相當有榮譽感的，不論是多麼無理的顧客要求，他有自信都能夠立即妥善處理。

真是有趣，陸覺得自己收到了一張戰帖。

而那位年輕的顧客很明顯就是東方人的面孔。

對方的要求是「希望能製作出會凝固的奶昔」。

「我瞭解了。我們會做出客人你所想要的奶昔，要是你不滿意商品，那麼不付錢也沒關係，但是請你下次不要再到本店來消費。」

陸小心翼翼地按照客人要求來製作出這杯奶昔，接著讓服務生端去給那位客人。

陸看著客人喝下奶昔，不放過客人臉上的任何一絲表情變化。

體格壯碩，穿著圍裙的陸稍微彎下身來，禮貌地這樣詢問日本客人。

「味道如何？」

「沒想到這麼好喝。」

那個男人——孫正義臉上帶著微笑。而在他身旁的女友優美則是露出不好意思的笑容。

這就是孫與之後會成為自己第一位商業合作夥伴的陸弘亮，兩人首次見面的情景。

自從兩人在一九七七年的奧克蘭冰淇淋專賣店認識之後，孫與陸弘亮之間的友情就一直延續至今日。

一九五四年十一月三日出生於台灣台北的陸弘亮，在高中時期還是相當活躍的快速球投手。現在則是成為在美國與中國都相當受到矚目的連鎖品牌——UT斯達康（UTStarcom）的社長。

有一位能夠說日語的對象，對陸來說真的是別具意義的一件事。

他的母親是出生在日本的華僑，陸雖然在台灣出生，但由於他在六歲時就跟著雙親來到日本，因此他的日語就跟母語一樣流利。

他從東京的都立城南高中畢業後，就靠著舊金山親戚的協助而前往美國，之後進入名校加大柏克萊分校的土木工程系就讀。他也是其中一位懷抱著美國夢的年輕人。

陸雖然在日本接受教育，而且說得一口流利的日語，但是來到美國之後還是無法那麼快就學會英文。這一點是所有的日本學生共通的煩惱，只不過陸仍然是努力學習英文，因此他在美國完全沒說過日語。

而且他在進入加大柏克萊分校就讀後就沒有再遇到過日本人。

在冰淇淋專賣店裡偶遇孫正義，可算是他來美國後第一次和人說上日語。

過了幾個月後的加大柏克萊分校的校園內。

那個一邊在看書一邊穿越人群，身上背著雙肩包，腳上踏著橡膠夾腳拖的男人就是孫正義沒錯。

陸弘亮不加思索地向對方搭話。

「你不是那個……」

「你是冰淇淋專賣店的店經理？」

彼此開始向對方自我介紹。

「你也是這裡的學生？」

「難道你也是嗎？」

兩人用日語交談，陸是比孫還要大二屆的學長。

知道彼此都是加大柏克萊分校的學生後，瞬間讓兩人之間的親切感提升了不少。

之後孫便經常帶著女朋友優美一同光顧冰淇淋專賣店。

一九七七年的年底，孫向陸提出了這樣的想法。

「要不要一起工作？」

「什麼工作？」

「我有一些很不錯的想法，所以想要開家公司。」

「你說什麼？」

陸懷疑自己聽到的這句話。

因為陸一直以來都在打工賺學費和生活費，期盼自己能在畢業後進入頂尖的公司內工作。加大柏克萊分校的土木工程系是全美國排名第一，所以這裡的畢業生到哪裡都能輕鬆找到不錯的工作。孫雖然現在只是個學生，但卻提出想要開公司的想法。

因此陸並沒有直接回答孫的提問。

因為他不能相信這個年輕人居然會擁有如此荒唐的想法。

真是個行事大膽的年輕人，明明什麼都沒有，卻還能說出要創立事業的大話。他心想自己應該頂多只能接受和對方一起經營冰淇淋專賣店的要求。

然而孫的這番話語當中卻充滿了罕見的魄力，仔細想想他的這番話似乎也不是完全不可行。

不過對方比自己年紀小，而且還正在讀大學。

「要我為他工作很怪，我不喜歡這種感覺。」

陸對此提議感到迷惘。

陸知道孫想要放膽去嘗試的，是陸連想都沒想過的事情。

「這樣的想法很創新。」

他說的是能夠成功的企業。

「這個男人應該不會騙人。」

就在兩人多次懇談過後，陸的態度終於有所軟化。

這與自己一直以來所抱持的未來方向，簡直是一百八十度大不相同。但是他對於孫的那份熱情以及創新想法相當感興趣，即便被對方欺騙，應該也能及時踩剎車。

因此陸設下了停損點，先給自己二年時間作為期限。

公司取名為 M SPEECH　SYSTEM INC。M 是佛雷斯特．摩薩博士的縮寫，這也是在孫人生當中所創立的第一家公司。

不只摩薩博士和陸弘亮，其實參與此次公司企劃的所有人都比孫還要年長。

孫並組成一個以語音合成器權威——摩薩博士為中心的研發團隊。雖然公司剛成立，但是陸已經感受這有多麼了不起。這個工作團隊將專注於有發音功能電子翻譯機的開發作業。

目標是藉由販售專利而獲取資金，再用這筆資金去開創更大的事業。

陸弘亮因為孫的那股熱忱，而與孫一同踏進了夢想的道路上。

不，這並非只是夢想，因為孫所說的每一句話都有現實的立足點。他就是因為有自信能獲得勝利，才會決定創立這番事業。

好吧！就為這男人的生存之道賭上一把。

至於孫所開給陸的年收金額則為二萬美金（大約五百萬日圓），相當於當時畢業大學生第一份工作的年薪。

「對了，你付得出薪水嗎？」

孫的臉上滿是笑容，挺起胸膛點了點頭。

公司一開始的會議是在孫租借來的奧克蘭惠特摩的公寓裡進行。

孫先在紙上畫出公司的組織圖。

然後將陸的職務名稱以日語標示為「雜務」。

「我負責雜務？」

陸提出疑問。

「因為你什麼事都要做。」孫爽快地回答。

陸之前只有從孫的口中聽過大略的公司籌備計劃，但是孫卻要他訂定出三年後的計劃。

沒想到孫會提出這樣的要求，不過對做任何事都很認真的陸來說，他還是全力以赴開始去思考三年後的計劃。但他難以預測當時的政治情勢走向，翻譯機這項商品的未來性也充滿不確定性。

陸弘亮苦笑著回想起當時的情景。

「那時我真的是拚了命在思考三年後的計劃，因為這是我的工作。不過我現在已經完全忘了當時的計劃內容了。」

這就是掌握未來的首次經驗嘗試。

陸從那一天開始便天天往返孫的公寓。

然而陸卻一天比一天還要感到不安。

因為他擔心公司是否真的能付得出月薪。

8 紀念日

孫是個神出鬼沒行蹤不定的人。

除了會在大學的課堂上現身，一到下課時間他就會去找摩薩博士，此外他還必須參與每一次工作團隊的會議，也就是這股行動力和熱忱，讓研發計劃逐漸成長茁壯。

無論如何，如果不能跟上行動力相當強的孫的腳步，身為公司經理的陸弘亮就無法掌握研發計畫的最新進展。

某一天，陸終於忍不住向孫表達將自己的家作為辦公室來使用的提議。

當時的陸已經用存來的打工錢，買下奧克蘭鬱金香大道的一間房屋，頭期款為八千美金，絕對不是一筆小數目，那是他向銀行借貸後才購入的。陸不但性格篤實，而且還是個反應機靈的人。他將空下來的房間租借出去，藉此收取租金作為償還銀行的貸款，並將客廳當做公司的辦公室來使用。

陸的住家距離加大柏克萊分校要二十分鐘車程，佔地一百二十平方公尺，裡面有三個房間，雖然空間不大但卻擁有絕佳的設計品味。客廳有擺放布料沙發，以及一張咖啡桌，擺設相當簡單樸素。雖然稱不上是標準的公司辦公室空間，不過作為這群擁有龐大野心及活力的年輕人聚集地點來說已經相當足夠。

第一個月的發薪日，陸從孫手中收到一張寫有一千八百美金的可兌現支票。

「啊！」

他不禁大叫出聲。

支票拒付。

在美國，比起現金、銀行匯款，更常使用支票來支付薪水。支票必須拿到銀行去兌換現金，要是金額不足就會出現支票拒付的情形。

孫所開出的支票居然無法兌現。

如何能允許這樣的情況發生？

——一般人應該都會這麼認為。

但是陸知道孫不會是明知道支票拒付還刻意開支票的男人，他很相信孫的為人。

不過到了下個月的發薪日，支票仍舊是處於拒付的狀態。

居然連續二次的支票拒付。

陸不由得一陣苦笑。

因為孫這個人——完全不會去在意自己的銀行戶頭裡到底還剩下多少錢。他的眼前浮現了孫為了公司事務到處奔走的模樣。

孫絕對不是在欺騙我，陸的心中重新燃起對孫的一種難以言喻的敬畏感。

而且之後孫就再也沒有積欠薪水了。

之所以會領不到薪水，有可能是孫的銀行戶頭已經沒有足夠的金錢，因為孫根本不會關心戶頭存款的詳細數字。他一定是將一千八百美金當做是一百八十美金，當時的孫雖然很能精確掌握大的數字，但是他打從一開始就沒有很在意準確的詳細數字。

孫如此異於常人的思考方式，似乎到現在也完全沒有任何改變。他常常是在沒有攜帶足夠金錢的狀態下就衝出家門，悠然地走在大街上，而且他原本就沒有隨身攜帶錢包的習慣。

當時還尚未完成有發音功能的電子翻譯機商品，但是孫已經取得單一語音合成器零件在日本的獨家販售權，這也是孫朝著目標實踐的第一步。

一旦將語音合成器進行組裝，就有可能製作出這樣的商品。

譬如說配合顧客的出入，會自動發出「歡迎光臨」、「謝謝光臨」的播放音。這樣就能夠提升顧客的信賴感，並強調店家的商品質感，而且也不必像從前那樣要一次又一次去播放錄音帶。

就在摩薩博士將與美國國家半導體（National Semiconductor）展開語音合成器的專利契約交涉後，沒想到居然順利地取得了販賣許可。

〈語音合成器內部有晶片裝置（積體電路），要不要和我們簽訂契約？只要交付現金，我們就會將晶片寄送到貴公司。〉

因為在舊金山有個由日本人移民所打造出的日本人大街。於是陸便立即前往這條日本人大街，將所需的書面資料翻譯成日語，接著發送給日本各公司。

之後很快就得到對方的回應，有二十到三十家的大廠，接二連三來洽詢有關二百美金到三百美金的晶片裝置，相當受到市場上的歡迎。

孫感覺打了一劑強心針，沒想到得到的回應居然比想像中還要來得踴躍。

「你去簽定契約吧。」

陸弘亮這麼表示。

「那我就去日本。」

於是孫便立即飛往日本。

不帶有任何猶豫。

他立即就展開行動。

這是孫一貫秉持的行動準則。

孫這次出遠門，至少有三到四個星期不會回來，這也讓陸不禁感受到一陣壓力。

因為孫不在美國的這段時間，陸就必須代替孫去大學上課，因為對孫而言，陸的確是個會拋頭顱灑熱血的至親好友。

（我果然沒看走眼，全盤信任孫正義這個人是對的選擇）

事情出乎意料地順利，M SPEECH SYSTEM INC 很快就有了個成功的開始。

然而還是有新的試煉在等著他們，因為在這當中隱藏著不為人知的陷阱。

那就是美國國家半導體對於將日本販賣權轉讓給孫的這一件事感到後悔。

這家公司向孫發出「如果無法取得敝公司的日本法人——日本國家半導體（National Semiconductor Japan）的同意權，那就無法在日本進行販賣動作」的通知。

這一番話語很明顯就是推託之詞，目的就是要封鎖孫一行人的行動，真可說是既卑劣又狠毒的手段。

那是因為對方很懂得找出像孫這樣還不太瞭解商業行為的人的弱點，對方就是看準了孫對於契約相關知識仍一知半解的這一點。

由於孫還是個學生，所以不熟悉商界的運作模式。而且他也不知道商界當中有不少有經驗的狡詐人物。

即便孫主張自己與日本國家半導體之間的契約正當性，此次雙方的交涉仍是各執一詞。雖然取得獨家的販賣權，但卻無法正式簽訂契約。

最後雙方終究還是沒能達成共識，而孫也罕見地以強硬的口吻這麼說。

「那就隨他們去吧。」

於是孫決定從語音合成器的買賣當中抽身。

這一次的教訓也讓孫體認到契約的重要性。

如此一來，孫就必須想辦法趕緊完成有發音功能的電子翻譯機商品。

有些人會因為一次的挫折就垂頭喪氣，但也有人對挫折完全不在意。這個時候孫依然將賭注放在有發音功能的電子翻譯機身上。

至於恰克．卡爾森（Chuck Carlson）則是在摩薩博士的推薦之下，對孫的構想產生興趣，因此才會加入這個工作團隊的陣容之中。

恰克是加大柏克萊分校的教授，他曾經參與阿波羅太空船搭載微電腦的企劃，同時也是硬體設備的設計者。他採用孫的創意，只花了四個月的時間就完成了硬體設備。

但由於當時的語音合成器的體積很大，不太適合隨身攜帶，因此必須想辦法將其小型化易於攜帶。而且商品本身也要具備讓許多人可在機場等地使用的條件，因為這是孫之所以構思出這項商品的基礎概念。

「這個創意在當時是相當創新的做法，約翰（孫）相當清楚該如何掌握市場走向來提升銷售量。」

由恰克教授進行硬體的設計，法蘭克．巴威則是負責軟體規劃的部分。孫也經常在恰克教授工作結束後，到對方家中討論整個計劃執行的細節。

之後則是由工程師亨利．希塔克斯接手處理恰克教授所留下的後續事宜。當時工作時薪五十美金的亨利，也為孫今日的成功感到意外且開心。

在一九七八年九月二十三日的中午時分，孫開著中古愛車保時捷914，急忙趕往宇宙科學研究所。

他去拜訪了摩薩博士。

摩薩博士臉上浮現柔和的笑容，伸手指向隔壁房間。

他看到恰克教授正努力在組裝零件。

今天一定要完成德語版試作機，因為已經落後了原訂的計劃時程。

因此孫才會在今天來到研究所，接著孫向恰克教授打了聲招呼。

「今天狀況不錯，機器已經能夠運轉了。」

恰克教授這麼回答。

然後他開始敲打著試作機的黑色箱型鍵盤。

『Good Morning』

液晶螢幕上首先顯示出英文單字。

接著按下寫有「翻譯」的按鍵，畫面就會從英文變換為德文。

『Guten Morgen』

機器發出德語的發音方式。

孫感到興奮不已。

「太棒了！」

孫拍了拍恰克教授的肩膀。

真是值得紀念的一天。

然而今天卻應該還存在著另一個值得紀念的意義。

孫大叫一聲。

今天是和優美舉行結婚典禮的日子。

孫看了一眼手錶。

現在早就已經過了約定好的下午二點。

優美這位溫柔女性其實有她強勢的一面，因為她的出生地是在日本的火之國——熊本。

9　結婚進行曲

優美在法院一直等到下午兩點。

等到葉子都落下來了。

一九七八年九月的加州瀰漫著秋意，丘陵地區已經是一整片鮮豔的楓葉美景。

孫開著愛車保時捷９１４全力衝刺。

車子下坡抵達 Stadium Rim 後右轉，穿越大學的北門衝向位在市中心的柏克萊法院，他甚至因此接連闖了好幾個紅燈。

因為一直等不到人，所以優美擔心孫是否還塞在車陣中，或是不小心發生了意外。

雖然距離柏克萊法院只需要十五分的車程，但此刻對孫來說，這段時間卻像是有一小時、兩小時之久。

由於美國的法官除了要裁定違規停車等輕微罰則以外，也要負責辦理結婚的登記手續。法院這樣的規定方式本身並沒有錯，但也讓人深刻體認到美國以公平正義作為判別基礎的思想根基。

孫就連在法院前停車都停不好（我造訪時為了要找停車位還花了不少時間）。即便是孫在這樣的時刻也難免會感到焦慮。

看到孫終於出現在眼前的優美，這下才放下心中的那塊大石。

今天對兩人來說是個特別的日子。

「到底發生了什麼事？」

孫的內心湧現出終於順利抵達目的地的安心感，以及責怪自己怎麼會忘記如此重要的日子的複雜情緒。

孫低著頭道歉。

「真抱歉。」

因為試作機完成，所以一時忘了約定的時間。

優美露出吃驚的表情，但也不想再責怪對方。

因為對優美而言，這並不是什麼值得大驚小怪的事。

孫只要專注於某件事，就很容易忘了其他的所有事。他在讀書時也會散發出一股生人勿近的專注力氣勢，因為優美一直在孫身邊看著這樣的他。

他還曾經因為邊走路邊想事情太認真，而因此整個人撞上了電線桿。

孫擁有異於常人的專注力，而且他每天都還會空出五分鐘時間來構思發明。所以要是這樣的高專注力能夠發揮效用，那麼就算是短時間，也一定能獲得不錯的成果。

比爾·蓋茲一旦開始專注地去思考某件事，他的身體就會微微晃動，甚至會忘了眼前其他人的存在。

或許可以說是天才具備有異於常人的思考模式，不，正確來說應該是這些人從一開始陷入思考模式就有別於一般常人。

優美比任何人都還要瞭解孫這樣的個性。

孫慌張地想要推開法院厚重的大門。

這時候是下午剛過五點。

法院的大門已經鎖了起來。

「快開門！」

孫大聲叫喊。

接著一名腰間配著手槍的胖胖黑人保全突然出現。

「我們今天要在這裡舉辦結婚典禮，可以幫我去通知法官嗎？」

孫死命地拜託對方。

「法官已經回去了，你們改天再來。」

孫失望地垂著肩向優美道歉。

「對不起，對不起！」

於是孫只好先預約一星期後的九月三十日下午三點的結婚典禮。

在九月三十日當天，孫準備進入大學附屬的宇宙科學研究所之前，又再次提醒了自己不要忘記時間。

（今天絕對不能再遲到了。）

他看著手錶。

這時候的試作機也已經完成，但是孫對於這樣的成果並不滿意。他思考該如何將這項商品以具體的方式來推廣至世界各地，因此便與夥伴們展開熱烈討論。

結果等到他意識到時間時，卻也已經過了下午三點。

看來這一次優美說什麼也不會原諒自己了。

優美站在法院前面。

「你真的是只要專注於某件事，就會忘了其他的事。」

孫與優美一起進到法院內。

他與櫃台小姐搭話。

「雖然已經過了約定時間，但還是希望法官能幫幫忙。」

櫃台小姐啞口無言，因為再怎麼少根筋的情侶，都不應該錯過自己的結婚宣誓時間。再說這位年輕人已經是第二次遲到了，一般來說怎麼可能會錯過與法官的約定。

然而櫃台小姐最終還是禁不過孫如此認真地苦苦哀求，於是便允許兩人到法院內等待回覆。

孫不安地環顧四周。

然後他和一星期前態度冷淡的黑人保全對上眼，他的臉上揚起笑容。對方似乎也知道孫很努力在拜託法官的這件事。

然後櫃台小姐回來了。

「法官願意通融一次。」

於是孫與優美沿路張望經過的各個小房間，來到了法院的二樓。

穿著長袍的法官在一個類似小型法庭的房間內等待著兩人，接著就這樣詢問兩人。

「見證人呢？」

「什麼？」

孫不懂法官說的這句話是什麼意思。

因為結婚必須要有在誓約書上簽名的兩位見證人在場，兩人居然都沒有注意到這個程序。與其說是過於大意，應該說是他倆根本不瞭解美國的結婚手續過程。就算現在要叫陸弘亮趕來也已經來不及了。

孫一動也不動地呆滯在地。

「請等一下，我馬上叫人來。」

孫走出小房間。

他一把抓住了黑人保全。

「你可以幫幫我嗎？我想請你擔任我們的結婚見證人。」

保全爽快地答應了這個請求。

接下來孫就去拜託櫃台小姐。

「可以啊。」

對方展現美國人的爽朗性格同樣也答應了。

然後法官就開始宣讀結婚誓約書上的宣言，孫與優美舉起右手宣誓。

接著法官敲了敲木槌向兩人祝福。

黑人保全和站著的白人櫃台小姐也給予兩人祝福。

最後兩人走出法院，孫與優美都帶著愉悅的心情，因為兩人的內心都充滿感動。

一開始兩人是在聖名大學相遇，之後一起度過了充實的大學生活，不論順境逆境，優美一值都陪伴在孫的身邊。最後兩人都選擇成為對方的人生伴侶，想起這一路上的風風雨雨，也讓優美不禁濕了眼眶。

接下來兩人坐上保時捷９１４。

「我們去蜜月旅行吧。」

「要去哪？」

孫的臉上帶著笑容。

發動車子踏上旅程，加州的微風吹撫在臉頰上讓人感覺心情愉快。

孫打算就這樣一路開車到想要去的地方。

這輛載著新婚妻子優美的車，就這樣越過港灣大橋，看著右手邊的舊金山，孫朝著１０１高速公路的南下方向行駛而去。

經過矽谷地區後轉到十七號線，接著行經聖塔克魯茲（Santa Cruz），再沿著一號線ＰＣＨ（太平洋沿海公路）南下方向前進。

ＰＣＨ是沿著美國西海岸最美麗的海岸線所搭建而成的公路。

一路上綿延不斷的海岸線風景也格外有氣氛。

優美臉上綻放出絕美笑顏。

孫的祖母所贈送的戒指在優美的左手無名指上閃閃發亮。

那個時候孫二十一歲，優美則是二十三歲。

10 契約成立

在孫與優美結婚前的前年一九七七年夏天，孫將寫有發音功能電子翻譯機發明商品的宣傳文字書信，寄送給日本五十家的家電製造商。

孫也預定前往造訪有回信的Canon、歐姆龍（OMRON）、卡西歐（CASIO）、松下電器產業（現在的Panasonic）、夏普等十家公司。

於是孫就利用大學的暑假期間和摩薩博士一起回到日本。

而當時還沒上小學的孫的弟弟——泰藏，現在仍然對那個時候發生的事情記憶深刻。因為那時孫與摩薩博士就在家人的面前，針對發音功能電子翻譯機的機器原型來進行產品說明會。

「那時哥哥在機器上輸入『你好』，機器就會說出『hello』，真的是讓在場的所有人都嚇了一大跳，父親也感到很驚訝。」

孫用包袱巾將機器原型給包覆起來，他就這樣手拿著機器從九州出發前往東京，還可以看到孫的手會不自覺地微微顫抖。

他對這個商品有絕對的自信。

孫所發明的可是世界第一台發音式電子翻譯機。

而且還擁有日語和英語的雙向翻譯功能。

雖然這項發明還不足以直接就商品化，但不諱言這仍是個相當嶄新的構想。

只是不曉得孫的機器原型是否真的實用。因為要提升機器的實用性，對方的企業就必須先具備有能夠將電子機器縮小、變輕薄以及降低售價的技術。

而在當時有販售電子計算機的相關企業——夏普與卡西歐，則是都具備有比 SONY 和松下還要卓越的技術。因此孫堅信自己能透過這兩家公司來實現自己對此項商品的理想。

最後孫決定選擇夏普作為合作廠商。夏普在日本是首家開發出電子計算機商品的企業，當然也是電子技術的先驅者，就是所謂的領頭羊角色。所以這家公司才會成為孫心目中的第一首選。

不過在這個時候卻遇到了難題，那就是孫是否要從心目中第一首選來率先發動攻勢。孫有自己的一套交涉哲學。

然而如果要和大企業交鋒，盡力地讓對方認可自己的發明物，就必須要同時與各種不同的對象進行交涉，對孫而言，這也是自己首次要面臨到的難關。因此他的內心才會感到如此不安。

他雖然是個行事大膽之人，不過到了這個階段，凡事都還是得小心為上。

對方會突然提出什麼問題？當對方一開始就不願意讓自己提問時，會如何拒絕自己？針對這些有可能出現的狀況，孫都徹底在事前進行過演練。最後孫決定先經過一陣暖身運動後，再向心中的第一首選展開進攻動作。

結果第一家公司和第二家公司所表現出的都是相同的態度。

「如果商品可以再稍微修正，公司就會考慮看看。」

雖然說孫已經做好心理準備，但是這樣的情勢發展也讓孫開始感覺氣餒。第三家要拜訪的公司，則是在孫心中有不錯評價的其中一家企業。然而這家企業卻表現出高傲的態度，孫在失望之餘，也記得自己當時對這家企業有嗤之以鼻的感受。

「這種公司怎麼可能理解我的發明。」

孫接著前去拜訪 Canon，對方看到以摩薩博士為中心的研發團隊，就對這項商品產生信心，對方在看到機器的原型後，則是對商品產生了高度的興趣。

緊接著孫前去拜訪了也是心中理想企業之一的卡西歐來進行交涉。

然而出面接待的課長以及副課長最終還是拒絕了這項商品。

（或許我不應該對這家公司抱有如此高的期待？）

不過孫很快就重新打起精神。

不能因為這樣就生氣，無論遭遇到任何困境，都不該讓自己陷入憤怒的情緒當中。孫懂得如何控制自己的情緒變化。

然而這時的孫卻也只能嘗到苦澀的失敗心情。

之後孫是這樣形容當時的這段回憶。

「其實卡西歐的反應讓我大感意外，因為當時負責接待的課長真的是一副愛理不理的樣子，態度相當惡劣。」

從此之後，孫就再也沒有拜訪過卡西歐這家公司了。

到了隔天，孫則是造訪了大阪阿倍野區的夏普產業機器事業部。

心情雖然緊張，但孫仍舊保持鎮定地打開包著機器原型的包袱巾。然後帶著幾位下屬前來交涉的部長說了這句話。

「要是商品化的過程順利，這樣的商品應該很有未來性。」

對方的一句話就直搗核心，這讓孫在瞬間不知道該說什麼話才好。

他自己也知道商品化的這個步驟都還是未知數，但就是因為如此，才需要繼續探索實現目標的可能性。

對方不像其他家公司那樣表現出否定態度。如果能夠再經過幾次的溝通，相信對方應該能夠接受自己的想法。只要願意花時間，就一定能取得對方的認可。

其實孫正處於相當危急的處境。因為他是以學生身份到日本出差，一旦有大學學分不及格，那麼這一切的努力就會完全化為烏有。而且他還必須在這段停留在日本的時間內，以這項商品分出勝負。當然對方也不會有讓孫說明自身處境的機會。

不過這次的交涉還是有轉圜的空間。

接下來孫就要施展出很有他個人特色的行動。這也成為他日後經營者哲學當中的基礎。

射人先射馬——這句話是在比喻要達到目標，從周邊環境下手會是比較好的方式。以日本人的思考模式來說，應該都會選擇同樣的攻擊方式。

然而這位年輕人卻選擇突然對「人」發動攻擊。

他拿起公共電話打給大阪的專利代理人協會。

原來他是想要對方幫忙介紹熟悉夏普公司的法律專利事務所。

真的無法預測幸運之神何時會降臨，因為孫在打了好幾通電話之後，才終於透過人脈找到了原本在夏普專利部門工作的西田法律專利事務所的西田專利代理律師。

孫為了要瞭解發明是否值得取得專利一事，而立即前往法律專利事務所，此外也需要對方幫忙介紹夏普公司內部的重要人物。

「那麼我應該要和哪個人進行交涉？」

孫一開始就單刀直入地提問，西田則是推薦當時在夏普擔任技術本部長一職的佐佐木正專務。

「可以請你幫忙打電話給對方說『應該和我見個面』嗎？」

佐佐木當時是夏普中央研究所的所長，他負責指揮電子計算機、液晶、太陽能電池等商品的開發工作，是一位被稱之為「扶植日本電子產業之父」的大人物。而對於孫來說則是人生中其中一位的「大恩人」。

由於西田已經確認過翻譯機的確具備取得專利的價值，所以他理應不會拒絕孫所提出的要求。

孫的作戰策略獲得成功。

「佐佐木專務回覆說願意和你見面。」

孫的內心無比雀躍。

但表面上仍舊保持冷靜的孫，卻也沒忘了要西田幫忙處理翻譯機取得專利的手續。

孫總算是能和認同自身想法的人見面了。

明天終於要和佐佐木專務面對面了。

孫小跑步回到飯店，接著便拿起電話打給在老家的父親三憲。

「夏普的佐佐木專務願意和我見面。」

對當時的孫而言，佐佐木簡直是遙不可及的人物。

「老爸可不可以也跟你一起去？」

父親語帶興奮地這麼問。

孫因為這句話感到振奮。

「好啊，老爸你跟我一起去跟對方打聲招呼。」

到了隔天，三憲從九州來到大阪。

然後孫帶著父親前往位於奈良縣天理市的夏普中央研究所。

「這是我兒子發明的機器。」

因為三憲曾經在小鋼珠業界闖出一番名號，因此很懂得如何與對方交談。所以他才會在一開始就對著佐佐木說出這番展現內心真誠感受的話。

孫謹慎地將包覆機器的包袱巾給打開。

就在孫開始說明商品內容時，佐佐木臉上的表情立刻變得嚴肅起來。

佐佐木看到了這個機器的未來性，或許他也同時看出了孫這號人物的無可限量潛力也說不定。

佐佐木銳利的眼神閃閃發亮。

「真是有趣！」

相當瞭解電腦軟體的佐佐木認為這是個跨時代的發明物，孫也向對方表明這個機器確實還有加以改良的必要性。

六十多歲的佐佐木雖然覺得孫的外表還很稚嫩，但還是能看出對方所隱藏的強烈企圖，因為他展現出有別於時下一般年輕人的務實想法。

佐佐木先生還記得，當時那個年輕人臉上認真的表情以及眼神。

「他前陣子向其他公司推薦這項發明，但卻只得到對方冷淡的回應，一開始看來很沮喪，不過就在他開始以試作機來進行說明之後，他的態度就有所改變。他堅持著自己的信念。我知道他不是為了想要賺錢才來這裡。」

佐佐木覺得這樣的年輕人真的很少見，也認為自己必須去培養這樣的年輕人。

對於從年輕時就抱持「夢想是開發新產品的第一步」想法的佐佐木來說，孫就是那個擁有夢想的年輕人。即便對方還是個學生，但卻能夠展現出對於經營面的務實態度，佐佐木對這樣的孫很是讚賞。

「那就以這個男人的熱忱作為賭注吧！」

佐佐木相當欣賞孫這個人。

於是夏普就立即支付了專利契約金的四千萬日圓。

終於簽下了第一份契約。孫看著父親三憲臉上開心的神情，這也讓自己的喜悅倍增。他的父親也是同樣的心情。

而且佐佐木還委託孫負責開發德語版、法語版的翻譯軟體。

這份契約的契約金總計約為一億日圓，題外話是當時孫很喜歡將這個金額換算成美金，稱其為「一百萬美金合約」的呈現方式。

因為這些錢是孫與大企業合作的第一步，而且這也是孫在日本出生以來，首次靠著自己努力所獲得的金錢報酬。

這是孫充滿青春汗水、智慧與努力的心血結晶。

11 正義的驕傲

那麼父親三憲看到正義在商場上如此成功，內心有什麼感受呢？不曉得他一開始是如何看待自己的兒子。

三憲將兒子取名為「正義」，這樣的命名其實蘊藏了父母對兒子的期待。希望兒子成為正義的人。

而正義也沒有違背父親的盼望，從小到大都是光明磊落的一個人。因為他畢竟是繼承孫家血脈的傳人。正義的祖父鐘慶是來自於韓國大邱，大邱是位在韓國東南部的城市，同時也是二〇〇二年的世界盃足球（World Cup）的舉辦場地，盧泰愚前總統等許多的政治人物都是來自於大邱。

孫鐘慶在十八歲時前往日本九州，他在筑豐的採礦場工作，之後則是以小作農夫身份移居至佐賀縣鳥栖。其中鹿兒島本線與長崎本線都會行經鳥栖車站，而正義的出生地則是位在車站的北邊。

鐘慶與來自江原道的李元照結婚，兩人生下了七個孩子，其中的長男就是孫正義的父親三憲。孫家是個有榮譽感的家族，據說他們的祖先是高麗將軍——孫幹，擁有武家崇高的血統，而祖父鐘慶則是第十九代的子孫。

正義聽說，撫養自己長大的祖母李元照，雖然也是來自高階背景的家族，但李家因為擔任友人的借貸保證人而落得破產下場。

因為父母要出外工作經常不在家，所以正義是由祖父母來負責照顧，而這樣的背景也成為影響正義人格養成的重要因素。

三憲與沉默寡言的祖父不同，是個凡事不拘小節且個性開朗的人，這可能是來自他自認不同於他人的那股自信感，因為他想過著和其他人不同的生活，然後再從這樣的生活方式中找尋自我價值，而這個部分當然也大大影響了正義的想法。

那就是不管是任何一件小事，都得要去創造出與眾不同的價值。正義也繼承了三憲這樣有創造性的一面。

正義相當尊敬那個即便生活並不寬裕，但仍舊打造出一番事業的父親。

而且孫也有展現出「我是第一．五代傳人」的那股氣勢，即便他並不是繼承父親事業的第二代傳人，但是也頗有表達出自己從父親身上繼承許多東西的尊敬之意。

父親也對取名為正義的這個兒子感到驕傲。

「做對的事總有一天會得到回報，就跟你的名字一樣。」

接著將年代回溯到很久之前。那時還在上幼稚園的正義，還是個開朗直率的小孩。

但是有一天卻發生了對小孩來說相當屈辱的一件事。

「滾開，朝鮮！」

同一所幼稚園年紀較長的小孩丟了石頭過來。

石頭直接砸中正義的頭，他的頭上直冒鮮血。

（為什麼？）

正義流下斗大的淚珠，他不懂為什麼自己要受到這樣不平等的對待。

他知道自己的祖父母來自韓國。

但那有什麼不可以？

祖父母來到日本這個異鄉，而且拼命地想要活下去。這不是件很激勵人心的事嗎？為什麼我要感到羞恥呢？

祖母總是面帶微笑，以溫柔的態度對待自己。

「正義，記住我們一定要對工作的人表達感謝之意，對他人抱持感激之情。」

為何不能對來自韓國的祖父母感到驕傲呢？為什麼不能當著日本人的面前說出口呢？

年幼的正義即便遭受被石頭砸傷的屈辱，他仍是告誡自己，絕對不能將這件事說出口。

雖然試著想要遺忘這些不好的回憶，但是長大之後的孫，不曉得為何這老舊的傷痕，總是會在下雨天時隱隱作痛。

而那些丟擲石頭的小孩，是否有注意到這樣的行為造成了自己多大的傷痛呢？

然而即便內心因此受了傷，正義還是沒有捨棄自己的光明面。

正義少年仍是保有天真爛漫的性格順利地長大成人。

父親三憲則是很認真地多次對正義灌輸「你是天才」的想法，因為三憲認為這個孩子就是與其他人不同。與其說是個性不同，倒不如說是一開始想要追求的目標就有別於他人。這並非父親的自誇，所以正義久而久之也開始覺得自己或許真的是天才。

因為只要是孫說出口的事，他就會奮不顧身地去實踐。

一旦自己做出決定，就會努力朝著目標前進，就連父親也無法控制住這樣的自己。

有一次正義不知為何跟祖母大聲說話。

「正義，沒有奶奶就沒有今天的你，你怎麼可以用這態度說話（頂嘴）」，父親出聲斥責。

「那我之後就不要和奶奶頂嘴了。但你之後也不可以跟奶奶頂嘴。爸爸你也頂撞過奶奶吧？說實話難道你就從來沒有和奶奶大小聲過嗎？」

就算是面對父親，正義仍然堅持自己的正道，完全不會因為自己的小孩身份，就對父親有所退讓，這就是少年正義所秉持的想法。

因為三憲態度曖昧的回應方式，正義甚至還因此追著父親到二樓。

三憲回過頭去，正義臉上的神情無比堅毅，這讓他不禁眼眶泛淚。

「真是神明保佑！」

韓國人經常在內心祈禱，他直覺認為這孩子簡直是上天所賜予的恩惠。

這孩子其實不是自己的孩子，而是要為社會服務的人——因此父親決定一定要讓正義接受良好的教育。

即便三憲從來沒有督促正義去讀書，但正義的在校成績仍是名列前茅，唯獨只有音樂科目不是特別突出。

正義在學校不只是成績優秀，他也展現出天生的領導氣質。

同學都相當崇拜他，都叫他是「安仔」（當時的名字是安本正義）。

而且他對班上同學都很親切，對待每個人都一視同仁，不會有差別待遇。在小學的求學過程中，他總是會挖掘出一個又一個的「問題」，等到確定「問題點」後，要是對方對此持不同意見，他就會想辦法持續與對方溝通，直到雙方產生共識。

「我在小學時期學習到很多人生的道理，像是不能單純只是要其他人服從命令，而是要讓彼此產生共同的目標，藉此激起雙方的夥伴意識。」

而孫這樣的想法在之後也有運用在商場上。

「我認為要讓彼此架構起夥伴關係，併購方式就是最棒的擴大經營手法。」

而當時在北九州市立引野小學擔任導師的三上喬，則是努力想要去提升班級的凝聚力。正義是擁有領導性格的人，這個部分多少也受到三上的影響，正義當時還因此萌生想要成為老師的想法。

那時正義跟父母這麼說。

「我想成為小學老師。」

「嗯，這應該有點困難。」父親說。

「為什麼？」

「因為老師是公務員，只要國籍不是日本，就沒辦法當上老師。」

「只是想要教導小孩知識，為什麼和國籍有關係？」

父母兩人都對正義所提出的這個問題露出為難的神情，因為這件事所牽扯的不只是正義個人的問題。

「那我要歸化成為日本人。」正義咄咄逼人地跟父親這樣說。

「正義，你現在或許還沒注意到，但是爸爸一直覺得你是個天才。小學老師確實是個讓人尊敬的職業，不過你還是適合朝其他領域去努力會比較好，因為你現在還不曉得自己的人生方向在哪。」

正義因為無法接受父親的這番說法，所以他整整一個星期都沒再和父親說過半句話。

因此正義最終還是沒有跟激發自己想成為老師的關鍵人物——三上說出自己內心的想法。

而當時的三上則是不曉得正義是韓國籍的這件事。

在三上班上的正義以及其他學生都會彼此交換溝通筆記本，當時交換的筆記本數量有八本之多。

筆記本上的內容相當多元，其中正義所吐露的是自己因為社團活動太忙，所以沒辦法去醫院照顧生病的母親的煩惱。

『我媽媽現在住進了年金醫院，身體狀況相當不好。但是我卻無法坦率地向她說出「身體要趕快好起來」這樣的話，我知道媽媽為了這個家付出很多，而且也很擔心媽媽。只是，即便我的喉嚨很想說出「媽媽妳會沒事的」之類的話，但我還是因為感到害怕而說不出口。我到底該怎麼做才好？

我很掛念媽媽的身體狀況，而年金醫院的探病時間是到傍晚六點。

但由於要參加學校的活動和練習足球，所以每天都要拖到五點半才能離開學校。

如果是練習足球到一半就離開，我又會覺得對其他人感到抱歉。

只要我一連好幾天都沒去醫院看媽媽，哥哥們就會說我是「無情的人」。

每次被他們這麼說我都感覺特別難受。

老師，我該怎麼做才好？』

另外在封面寫有「愛的口袋」的筆記本內則是有正義所寫的詩。

『友情』

友情是在彼此呈現赤裸裸的自己時出現。

友情是——男人之間的友情是在彼此掌握對方的弱點時出現。

友情是——一個人活得像個人時的證明。

友情不等於同情。

就是因為想要為對方挺身而出，以及相信對方，才能真正擄獲對方的心！

正義也寫下了其他首詩。從這些詩句當中不難看出小學六年級的正義內心所產生的各種複雜情緒。從這個角度出發，日後正義與陸弘亮之間的友情，以及對摩薩博士所產生的信賴，或許就是從這個時候開始萌芽的。

『眼淚』

你曾經流淚嗎？

「你這個人」

「你這傢伙」

眼淚是多麼珍貴

你知道嗎？

因為這是能展現人類感情

最重要的東西。

說到淚水

「眼淚」

流淚會讓你感到羞愧嗎？

每個人都是想流淚但卻不允許流淚。

對人們來說，眼淚就是這樣的東西。

「就像白潤的珍珠。」

「眼淚是如此尊貴。」

所以說你還要感到羞愧嗎？

「難過時」

「沮喪時」

還有

「不想認輸時」

你的眼淚很自然地就會落下。

即便如此，你還是感到羞愧嗎？

這當中也有相當殘酷的淚水。

那就是

「遭受核子彈攻擊而苦不堪言時的眼淚」

「因為黑人遭受差別待遇時的憤怒眼淚」

「美萊村大屠殺」

世界上的所有人在現在以及未來，都還會繼續哭泣。

為了要承受這些悲劇後果，眼淚絕對是不可或缺的產物。

即便如此你還是覺得羞愧嗎？

「眼淚就是代表這些意義的東西」

多愁善感的正義少年，在詩句中提到了核子彈攻擊、黑人差別待遇，以及越戰中所發生的美萊村大屠殺＊。

這是充滿正義感的少年最直接的情緒表現。

那就是他重視友情且厭惡差別待遇。

富有同情心的正義少年，就是因為自身的開朗沉穩個性，而受到相當多友人的喜愛。

＊美萊村大屠殺：越戰時美軍於1968年3月16日在越南廣義省的美萊村（My Lai）進行的屠殺事件。此次的屠殺行動一直被掩蓋，直到事發一年多後，幾個美國士兵在信中提到部隊的暴行才被揭露出來。這場大屠殺的確實死亡人數至今仍有爭議，但據美方估計，遭屠殺的平民約在400人至500人之間。美國軍事法庭因美國陸軍中尉威廉・凱利下令開火，而判處其終身監禁，但後來因為在美國總統尼克森介入下，他只服刑軟禁三年半。另有25人被起訴，但全都無罪釋放。

12 憧憬

一九七〇年三月三十一日，日本赤軍挾持了『淀』號班機。九名罪犯在韓國首爾的金浦機場釋放了乘客之後，接著飛往平壤流亡至北朝鮮。

四月，披頭四樂團（The Beatles）發行了《順其自然》（Let It Be）這一張專輯之後宣告解散。四月十日，保羅・麥卡尼（Paul McCartney）正式發表聲明離開披頭四樂團，保羅之所以選擇退團，是因為想要有多一點時間陪伴家人。還有一種說法是因為約翰・藍儂（John Lennon）和小野洋子結婚而導致保羅退團。

緊接著在十一月二十五日，創作出《假面的告白》、《金閣寺》等多部膾炙人口作品的作家——三島由紀夫，以及楯之會四名成員佔領了東京市之谷的自衛隊駐屯地發動政變，之後便切腹自殺身亡。時代就此開始產生了極大的變化。

這一年正義進入中學就讀，不曉得他有沒有注意到整個社會氣氛的激烈變化。但其實正義卻也被這時代的大渦輪給打中了。

進入中學就讀的正義很快就加入了足球社，這個心想無論如何都要練好足球技巧的少年，腳上穿的是特製的釘鞋。

七〇年代的人氣動畫《巨人之星》是改編自川崎昇與梶原一騎所創作的熱血棒球漫畫，內容描述星一徹和星飛雄馬父子之間的熱血故事，吸引了許多少年的目光。

因此漫畫中的主角星飛雄馬就成為了全日本少年的憧憬對象，當然正義少年也不例外。星飛雄馬因為在身上安裝了特製輔具來鍛鍊身體，因而成為締造傳說的投手。於是正義就以成為足球界的星飛雄馬為目標在努力著。

（我一定要變得跟星飛雄馬一樣優秀）

這個凡事只要下定決心就會勇往直前的少年，就連在前往學校的路上，都在想著要如何鍛鍊自己的下半身肌肉。

到了第二學期，孫家人因為想給正義比較好的升學環境，於是便舉家搬到教育資源較足夠的福岡市內，由此不難看出父母對正義所抱持的莫大期望。因此正義便轉學到位在城南區的城南中學，這裡的許多學生都順利考取了名校——修猷館高中。

不過由於這所中學沒有足球社，所以正義只好加入劍道社。剛轉學來的正義不只男同學，就連女同學也都相當歡迎他。

正義自己卻不是很在意受不受歡迎的這件事——。

不過當他在練習時，總是會有其他人的目光在注視著他，因為正義身上所散發出的男子氣概深深吸引著女同學的心。他戴上劍道的防備器具，化身為揮動竹刀的劍士，透過劍術來磨練少年滿是鬥志與劍心的精神。

從北九州轉學來的正義的說話語調則是和博多腔有所不同。

像是「怎麼了？」，北九州腔會說成「怎樣了？」，博多腔則是「怎麼樣了？」，彼此之間存在著微妙的差異。

而「那裡有什麼」，正義卻是說成「那邊有什麼」。

所以女生同學會一直對著正義反覆開玩笑地說著「那邊？」二字。

即便如此，正義的臉上卻還是保持著微笑。

就是因為這樣，少女們才會感覺到這位個性自然的坦率少年所散發出的內心藏有不為人知一面的神祕感。而這些人當中，應該也有人對這樣的正義少年抱持仰慕之意。

而正義那充滿正義感的個性，到了中學生的階段更是越加明顯。

在國文的課堂上，老師不小心將安本正義的名字唸成「安木正義」。

正義雖然沒有因此生氣，但也不打算就這樣悶不吭聲，所以他以冷靜的態度來表示抗議。

「老師，你說錯了，應該要想清楚再說出口。」

雖然老師無視於正義的抗議，但是二年三班的四十五人學生全都支持正義的這個舉動。

（安本的表現真帥氣！）

因為從來沒有一個學生敢對著老師毫不畏懼地說出自己的想法。

女生同學紛紛都以崇拜眼神盯著散發出男子氣概的這位少年。

在某一天的放學後，有女學生遭遇了某件事。

同行的同學急忙跑回學校求援。

當時教室內就只剩下正義一個人。

「快來人！」

趕到現場的正義大聲斥責了不良少年。

「住手！」

正義挺身而出代替女學生遭到毆打，也因為他的犧牲，才讓這整件事劃下句點。

正義經常和朋友玩在一起，他們會騎著腳踏車到室見川上游的脇山來釣沙塘鱧＊（Dark Sleeper）。

＊沙塘鱧：體色暗綠色，可因棲息環境而變化，可長至15公分長，生活於淡水中。

古賀一夫是當中會一起釣魚的朋友，他和正義的交情好到可以輪流在對方家過夜。

「今天晚上要不要來我家住？」

正義打電話問對方。

「好啊。」

古賀這麼回答，他在吃完晚餐後就去了正義的家。

正義的房間內除了擺放著教科書和參考書之外，整體而言沒有過於醒目的特色，但很難讓人不注意到牆壁上那張女演員岩下志麻的大海報。岩下參與過《影之車》（松本清張的著作）等戲劇演出，大多出現在社會寫實類的電影當中，在當時她是個二十九歲的成熟女演員。

而正義少年則是相當憧憬這位散發出穩重氣質的女演員。

正義和古賀兩人一邊聽著音樂，一邊聊天到三更半夜。

當時正義其實很熱衷於某件事，那就是打保齡球。由於他習慣在一大早就去打保齡球，還因為這樣好幾次上學遲到。這可說是非常符合一旦專注於某事物，就會奮不顧身往下一跳的正義少年風格的一則趣聞。

正義在中學二年級時參選學生會長，古賀則是負責幫忙正義一起繪製宣傳海報。

等到升上中學三年級後，正義就開始認真讀書。他原本在北九州的中學都是獲得全部科目五分滿分的成績，但是一轉學到福岡的中學名校後，成績就退步為全部科目僅得二分的程度。

於是正義決定向全校成績最好的同年級學生——三木猛義來請教讀書方法。

「怎樣才能把書讀好呢？」

三木的回答是「只要去森田補習班（森田修學館）上課就可以了」。雖然正義不太想要去上補習班，但最終他還是選擇了能最快達成目標的那條捷徑。

然後正義與母親便前往森田補習班詢問入學的細節。森田讓康館長看著正義的成績單，然後這麼說。

「我們不能收成績只有這個程度的學生，你們還是去找其他家補習班好了。」

想當然爾，正義不會就這樣投降認輸。

那麼該怎麼做才好？

正義決定向友人三木猛義的母親利子尋求幫助。

「阿姨，您可不可以幫我去跟森田老師拜託讓我入學。」

利子看著臉上帶著認真神情的正義，心想自己應該要幫助這個孩子。於是利子便帶著正義再次來到森田補習班。

「他是我兒子的朋友安本，他是個很乖巧的孩子，還請老師多多幫忙。」

森田因為敵不過對方的這股熱忱，所以便承諾會讓正義入學。

而獲得補習班入學許可的正義就拼命地唸書，雖然一開始還跟不太上森田補習班的教學進度，但是一陣子過後，成績就逐漸有顯著的提升。

之後正義跟利子說了以下的這段話。

「我能順利進到補習班都是多虧有利子阿姨您的幫忙，要是我沒有遇到三木同學，我很有可能就這樣變成逞兇鬥狠的不良少年了。」

正義用了逞兇鬥狠如此重的形容詞。

轉眼到了要畢業的時候，正義和同學們都決定了之後要報考的學校，各自要踏上不同的人生道路。

但是正義的內心卻仍然感到不安。

因為他面臨到一個他迫切需要解決的問題。

那一天正義和古賀等友人一同前往天神遊玩。

由於途中開始下起雨來，所有人因此來到天神西通的古早味甜點店。但是正義沒有像其他人一樣拿起饅頭來吃，而是開口這樣說。

「其實……」

朋友們都將視線集中在正義身上。

「之前一直沒跟你們說過，但也很猶豫到底要不要說出來。」

正義表情嚴肅地這樣說。

「我其實是韓國人……」

正義謹慎思考要如何繼續說下去。

「我因為很害怕大家知道這個事實後會對彼此造成傷害，所以一直沒辦法跟大家說出口，真的很抱歉。」

朋友們雖然內心感到吃驚，但是對這件事卻什麼話都沒有說。

然後終於有人開口了。

「雨好像停了。」

「走吧。」

一群少年就騎著腳踏車離開。

冷風吹在臉頰上好舒服，每個人的臉上都帶著愉悅的表情。

13 革命志士

孫正義相當崇拜戰國武將。

他從祖父那得知自己的祖先是高麗將軍的孫幹，從那個時候開始，他不只是去鑽研自己祖國的歷史，也對日本的歷史開始產生高度的興趣。

尤其是在各個時代發光發熱的武將們喚起了正義的好奇心，其中最吸引正義注意的是織田信長、豐臣秀吉以及德川家康等人，他相當沉迷於這些戰國武將的故事當中。這個興趣是打從他就讀中學就開始產生。

他會思考能夠從戰國武將身上獲得怎樣的感受，以及能從中學到些什麼。而在這些豪氣現身的戰國武將當中，他覺得最厲害的還是織田信長，他很仰慕對方勇於突破的生存方式。即便一開始被戲稱是尾張的傻瓜，但卻能在很年輕的時候就力抗上杉、武田、北条等名門的強勁攻勢，而且戰國梟雄——

齋藤道三還是他的岳父。他總是勇於掙脫封建社會的束縛，並果敢挑戰傳統，就算取得了天下霸權，仍舊是持續施行多項革新的政策。像是廢除關卡，以及推行不論是誰都能自由進行買賣的樂市、樂座，還有頒布天主教的佈教許可等，他總是早一步提出嶄新的政策。

孫針對這些革命志士向我表達了他的看法。

其中他覺得最厲害的人物是織田信長，而他最喜歡的人物則是坂本龍馬。

「會覺得對方厲害是因為我一輩子也沒辦法成為這樣的人物，喜歡則是因為對方終究還是有缺點，這樣的人性是會讓人產生親近感的人物。」

以經營者來說，孫覺得很厲害的人物是松下幸之助，喜歡的人物則是本田宗一郎。

因此孫才會下意識想要去學習織田信長的戰略眼光。

「現在的這個時代幾乎找不到像織田信長那樣具有戰略眼光，而且足以改變整個世界的企業家。」

然後有了一部成功將這些英雄人物的事蹟集結成冊的偉大作品出現，而這部作品則是對正義的人生產生極大的影響。

司馬遼太郎不只擅長寫歷史小說，他更是創作了許多的短篇文章、批判式作品等著作而聞名的日本代表性人氣作家。司馬遼太郎所寫的《龍馬行》直到現在都還被譽為日本的國民文學作品，內容是在描述幕末的革命志士——坂本龍馬，描述其振奮人生的長篇歷史小說。

孫將《龍馬行》（全八冊）這一套書來回看了好幾次，其中至少有三次是認真地從頭到尾一字一句讀完。

他第一次閱讀此書是在十五歲的時候，就是在隔年他決定從高中輟學，接著到美國留學前的那段時期。因為當時家族親戚都堅決反對他去美國唸書，因此孫就將自己想像成脫離土佐藩的龍馬。

第二次是在他成為經營者之後，因為生病到醫院治療，而對生死議題感到徬徨的時候。他那時很煩惱自己是否能活到明天，所以很憎恨疾病。不過這本書卻給了他莫大的勇氣，還讓他驚覺整天煩惱的自己其實相當渺小的這件事。

第三次則是在一九九四年六月，在SoftBank股票公開上市的不久後。當時孫企圖收購COMDEX（Computer Dealer's Exhibition）與Ziff Davis Ink，卻被周遭其他人批評是在漫無目的隨便進行投資。這個時候又是龍馬給了孫勇氣。

「我不想要讓僅有一次的人生有任何後悔的感覺，所以我會硬著頭皮繼續做下去，這樣的人生才會更加有趣。我想要在我人生落幕的那個瞬間，感受到我當初有那麼做真好的感覺。」

幕府末期，那位帶著熱血的青年離開了土佐藩，淪為一介流浪武士。之後他與從美國回到日本的勝海舟相遇，接著成為其門下弟子，並以神戶海軍操練所（勝塾）的塾頭身份來負責看管書生。慶應元（一八六五）年，在長崎以海運方式進行貿易的商社——龜山社中，在之後籌組了海上救援隊，終於得以實現能夠聯合薩摩勢力進行結束德川家命運的偉業，而且還策劃了江戶的無血開城以及大政奉還行動。慶應三（一八六七）年十月十四日，江戶幕府第十五代將軍——德川慶喜向朝廷提出將政權歸還的想法，到了隔天就立即被朝廷所接受，為前後持續約七百年的幕府武家政治畫下了句點。

然而就在一個月後的慶應三年十一月十五日，位在京都三　河原町的近江屋（屋主為井口新助）的二樓，正在與中岡慎太郎談話的龍馬，卻遭到自稱十津川鄉士的一群男人所暗殺。

少年孫正義對於因為本能寺之變而倒下的信長，以及在京都市內慘死的龍馬都感到悲傷且心痛不已。

但這兩人除了同樣擁有悲情的命運之外，信長和龍馬之間到底還有什麼共同點呢？答案是沒有，因為兩人的個性、資質與行動方式都完全不同。不過兩人倒是都喜歡新的事物，以及都能夠構思出跳脫日本人想法的創意。

正義不管醒著還是睡著都一直在惦記著龍馬這號人物。龍馬對日本人而言是首位實行所謂新婚旅行的人物，而且也是位穿著西式馬靴的摩登男性。

正義想要讓自己只有一次的人生，可以像龍馬那樣活在世上，他是在思考高中就學方向時，才真正認真思索自己的人生問題。

他想要擁有一個熱血活躍的人生，就像信長和龍馬那樣。

正義看清了自己所處的周遭環境，就是所謂景氣持續好轉的安逸年代。這個世代的人們的年平均所得，比起去年大幅增加了十二．五的百分比，首次突破了年收一百萬日圓。然而卻也同時飽受來自海外只顧著追求經濟利益的批判。

每個人都過著衣食無缺的富裕生活，但是自己真的只想要這樣過活嗎？正義心想自己不想過著每天吃三餐，然後等待死期將近的人生。

他還是想轟轟烈烈地擁抱自己的人生，就像是龍馬那樣。

小時候的他曾經想要成為小學老師、畫家，或是企業家和政治人物——總而言之，就是想成為擁有專業知識的人，這的確是相當符合少年單純想法的未來想像藍圖。而且這些都是屬於在追求創造性的高評價職業選項。

然而就在正義進入中學就讀後，他才意識到自己因為國籍問題而無法成為老師。但是他沒有因此被打倒，而是重新設定了一個目標，那就是他決定成為一位企業家。

要是正義生長在龍馬所在的幕末時代，他應該也可以大膽將自己的命運賭注押在政治上。不過就在他觀察了當時的日本現狀後，他認為當時政治已失去能施展的舞台。要是龍馬也生長在現代，那麼他也一定會投身於創立自己的事業，成為一名企業家。所以正義下定決心要朝著這個目標前進。

正義在中學的各科成績分別獲得三項的三、四、五的評分，他的英文和數理科目成績不錯。雖然他生性認真且頭腦清晰，但是光看成績單上的評分，絕對不會認為他是個成績特別出色的孩子。

之後正義來到博多，進入了精英式教育的森田補習班就讀，整個人就完全專注在讀書的這件事情上面。

九州的鹿兒島La salle高中、福岡的久留米大學附設高中等學校都是東大錄取率相當高的的升學高中，於是正義決定要進入其中一所高中就讀。

然而正義的人生就在此時有個突如其來的悲劇降臨，那就是父親三憲因為身體不舒服而住院休養。父親因為飲酒和過勞而併發了肝硬化與十二指腸潰瘍，還在洗臉台上大量吐血。由於父親的病情已經相當嚴重，正義心想自己不能就這樣前往鹿兒島——在反覆思考過後，正義決定留在自家附近的久留米大學附設高中來就讀，這是一所有相當多醫生兒子就讀的名門男校。

而正義也因為長時間的用功讀書，成績大幅進步而名列前茅。因為正義所就讀的城南中學如果想要直升久留米大學附設高中，那就必須保持在全學年前二十名的成績內，競爭率高達十一倍之多，可說是相當高的入學門檻。然而就算成績排名在前，也不保證就一定能拿到合格許可。即便如此，正義想要進入久留米大學附設高中就讀的那份決心仍舊沒有改變。

「要是沒考上，那我就明年再報考。」

由於正義已經發出這樣的豪語，所以他自己也充滿幹勁。而且正義在這種情況下特別能發揮自身的實力。

一九七三年二月，高中入學考試的錄取者名單公佈。

正義最終還是突破難關獲得了合格成績。

四月八日，正義踏進了這所高中的校門，一整排的櫻花樹上的花朵正盛開著。

一年C班是由到校工作三年，才二十六歲的阿部逸郎來擔任班導師。對這一年首次成為班導師的阿部來說，安本正義給他留下相當深刻的印象。

一名個性沉穩、臉上總是帶著笑容的少年進到職員室內。

「老師，我想要籌組學校，您可以幫忙嗎？」

正義雖然與友人說話時是使用博多腔，但是在面對長輩時，還是記得要轉換成標準語來跟對方說話。

但是阿部卻聽不懂正義這句話的意思。

「籌組學校？」

「就是指籌組課程學校。」

正義拿出一張紙給老師看。

「所以我需要老師您的協助，因為我不能擔任教職員，希望老師您能夠來扮演這個角色。」

正義展現出認真的態度。

「不好意思，想請問老師您現在的薪水是多少錢？」

我要說什麼？阿部腦袋一片空白，而且對方還說願意支付比現在還多二、三倍的薪水。一位入學新生突然對自己說出這番話，身為一名老師要怎麼回答呢？

「讓我考慮看看。」阿部絞盡腦汁，最後只能先這麼回答。

不久後阿部才得知正義也和校長說了相同的話，因為正義是真的想挖角優秀的人才。原巳冬校長是已經在縣立高中擔任很長一段時間的校長，他也是縣內相當出名的人物。所以正義才會正大光明地想去「延攬」這位人才。

正義雖然因此遭受原校長的責罵，但是他的構想並非只是紙上談兵，他從頭到尾都是很認真地在執行這個計劃。

從這件事當中就能隱約看出孫正義那即將萌芽的企業家夢想。

正義在這個時期是住在距離西鐵久留米車站附近，這是在城鎮上具有一定影響力的人物家名下的出租屋。房子前方還有地藏菩薩，所以他每天上學前都會朝著地藏菩薩雙手合十參拜，然後再走路二十五分鐘到學校上課。正義一邊走路一邊這麼想，如果我是日本人，或許應該就這樣讀完三年高中，接著再讀四年的大學。但自己卻是韓國籍身份，之後到底該怎麼做，他一時之間也無法想出一個明確的答案。

他就是想要創立一個事業，對教育很感興趣的正義認為補習班或許是個不錯的選擇。

於是正義便找了中學時期的同學三木猛義的母親利子來商討對策。

「我想在這附近創立一個補習班，阿姨您可不可以幫我找出租的空房子？」

正義甚至還進行了市場調查，因為周邊有許多的集中住宅，所以很有可能從中獲利。

「這件事等到你大學畢業後再做也不遲」，利子勸退了正義，但是她仍舊忘不了當時那位少年眼中所燃起的火焰。

「這個孩子的確是與眾不同。」

高中時期的正義不是只顧著整天讀書而已，他的高中生活過得相當愜意。因為當時校內沒有社團活動，所以他可以擁有比較多的私人運用時間。

他會看當時很流行的里中滿智子等人所畫的少女漫畫，到了週末也經常和朋友到久留米的繁華市區逛逛，在那裡看電影和吃拉麵。

然而就在學校貼出考試前十五名成績以內的學生名單後，卻找不到正義的名字。對於正義來說，他最在意的是，自己未來人生該如何度過的這件事，因為他想跟坂本龍馬一樣成為幕末時代的革命志士。

而正義也正在實踐自己的這個目標。

七月，他跟著祖母兩人前往祖先所居住的韓國旅行。然後又利用暑假期間到美國加州參加了一個月的語言進修課程。這一連串的體驗也讓正義終於決定了自己的未來人生方向。

正義在日本的名校僅僅讀了一個學期就中輟，接著轉學到美國的高中就讀，後來還唸了加大柏克萊分校。他以學生身份展開商業活動，並將發音功能電子翻譯機的這項發明成功銷售出去，而賺到了一億日圓的契約金。

此刻的孫正義正朝著企業家的道路邁進。

14 追夢人

而作為商業上的夥伴，同時也是友人關係的陸弘亮，又是怎樣看待孫正義這個人呢？

我向對方詢問了有關孫的想法時，陸弘亮給了我這樣的答案。

「他是擁有夢想的賭徒，但是他絕對不會有輸的一天。」

美國的科技雜誌《THE INDUSTRY STANDARD》在二〇〇〇年九月四日所發行的雜誌封面人物就是孫正義，所下的標題就是「賭徒商人」的這幾個大字。因為那時候他已經知道要將所有的一切都押注在網路的這個領域了。

總之，從友人眼中所看到的孫也不是一般常人所看到的企業家形象。

每個人都有夢想，但是要實現夢想還是必須要有出色的才能與毅力，不論處境多麼危險都要去正面迎戰。孫早在就讀加大柏克萊分校時，就已經顯露出這樣的戰鬥姿態了。

孫在成功研發出有發音功能的電子翻譯機後，便將原來設在陸弘亮家中的辦公室搬到奧克蘭機場附近。位置是在三層樓建築中的二樓，空間寬敞有六十平方公尺大。

至於公司名稱也從原本的M SPEECH SYSTEM INC改成Unison World。

這樣的命名方式相當特別，因為只要聽過一次，就沒有人會忘記。

陸弘亮的職稱也從原本的「雜務」升格為「專案經理」，但其實是因為工作內容變得比較繁雜，所以也算是廣義範圍的「雜務」職位。

看起來公司的整體架構已經逐漸步上軌道。

某日，孫將一個信封袋交給了陸弘亮。

「因為你工作很認真。」

陸弘亮看到股票時相當驚訝。雖說是股票，但卻並非具備有官方認定的金錢價值。因為在當時即便是有聲望的公司，也不一定有股票上市的機會。說難聽一點就是這些股票跟白紙沒兩樣，但是孫之所以給對方股票，絕對不是因為在開玩笑或是惡作劇。

這一個舉動代表的是，孫要將公司百分之十的股份交給陸弘亮的意思，之後還增加至百分之二十的股份。

陸弘亮則是順應對方人情而收下，而且也對此相當感謝。

另一方面，夏普的佐佐木在和孫簽訂契約後就前往美國。佐佐木此舉並非不信任孫這個人，但他心中確實有些不安。雖是看到這項獨創性設計的未來性而簽約，但要是沒辦法將其商品化，那就損失大了。作為一位行事謹慎的商人，佐佐木確實是有想要親眼確認孫今後的未來性。所以說佐佐木應該也同樣是追求夢想的賭徒。

而佐佐木在看到孫公司內部的研究員與合作夥伴，加起來共十五人的工作團隊忙碌的工作情形後終於鬆了一口氣，這也使得他對於孫的期望越來越大。

企劃團隊將一片IC晶片放入機械內，便能夠做出可翻譯五國語言的發音功能電子翻譯機。之後這項發明則是發展成為夏普所販售的世界第一台攜帶式多國語言電子翻譯機「IQ3100」。

這個時候的正義就是在追求夢想的道路上，因為此時有一個絕佳的商業買賣機會在向他招手。某日，孫偶然得知討論度不是很高的一個消息，是有關日本遊戲機台的一則新聞。

因為孫多次往返美國與日本之間，所以他看到了在日本帶起風潮的新趨勢。

《太空侵略者》遊戲在一九七九年三月到八月造成了一陣大流行。值得一提的是，這一年電腦開始普及，NEC的PC-8001發售，到了夏天SONY則是推出了隨身聽的商品。

《太空侵略者》是在這一年的前年，由日本的遊戲廠商——太東（Taito）所發售的遊戲，打破了以往遊戲的窠臼。內容是模擬在科幻世界中的外星人企圖侵略地球，侵略者軍會不斷襲擊玩家的陣地。

玩家可以自由操縱自己的炮台來擊落侵略者軍的嶄新遊戲方式。玩法雖然簡單易懂，但卻是首開先例的新形態遊戲。

孫就是以一個企業家的眼光，在持續觀察這個遊戲機的發展。

而他最後也得到一個相當果斷的結論。

那就是這次的遊戲風潮很快就會消失。

那些只是因為對抗侵略者進攻而迷上此款遊戲的玩家，也的確在不久後對這款遊戲開始不感興趣。

雖然說一台要價一百萬日圓，可是一旦這股遊戲風潮過了，就只會落得「船過水無痕」的下場。

這股遊戲風潮誠如孫所預測的那樣消失，由此不難看出孫那敏銳的觀察力。不過從這時候開始，孫才正要開始要展現他那優秀的真本事。

為何日本人會對《太空侵略者》如此著迷呢?孫在思考這個問題時，憑藉著自己對人類觀察的經驗，而產生了相當獨特的見解。

那就是日本人很容易熱衷於某件事，但也很快就會失去興趣。那麼換作是美國人又會是怎樣的情形呢?

於是孫很快地就展開行動。

他為了要購買機器而飛往日本。

他跟遊戲機台的製造廠商負責人進行交涉。

在過程中孫表示願意出價「一台五萬日圓」購買。

但這可是一台要價一百萬日圓的機器。

因此對方的臉上露出冷笑。

不過孫絕對不是會就這樣縮手的男人。因為當對方在嘲笑他時，就已經分出了勝負。

因為孫知道對方若是繼續將遊戲機台放置在倉庫內，也只是徒增一筆倉庫租金而已。

三個月後付現。一台五萬日圓的機器，總共購買十台。

「真是敗給你了。」

負責人不禁苦笑。

此時的孫正義二十二歲，這個年輕人跟一般的年輕人有很大的不同。

不採海運，他將日本進口的機器用空運的方式運送至美國，從這樣選擇也能看出孫這個人的獨特之處。

若要進口在日本已經不受歡迎的機器，大部分的廠商應該都會選用船運方式，然而孫卻選擇費用較高的空運方式。就算包含關稅手續，只要花上三天時間即可送到。但如果是船運就必須花上三個月時間，從一開始就會失去買賣先機。這是只有具備敏銳商業買賣觀察力的人，才會有的遠見想法。

因為想要成為比其他人還要出色的企業家，就必須擁有果決且冷靜判斷的思緒。

等到孫從日本回到美國後，陸弘亮對於孫的舉動大感意外。

「遊戲機台？」

好不容易才從一流大學畢業，但卻非得要去運送遊戲機台？陸弘亮壯碩的身軀顯得垂頭喪氣。

因為沒有店家願意幫忙放置遊戲機台。

因此孫在午休時找了陸弘亮一起去餐廳吃飯。

兩人用餐完畢後就把店長給叫了過來，孫向對方表明想要將遊戲機台擺放在店內的想法。

「請不要覺得奇怪。」

然後孫不急不徐地向對方說明這款遊戲機在日本有多受歡迎。

接著店長表現出稍微有興趣的態度。

孫又再繼續發動攻勢。

「收支訂為五五分帳，為避免你認為我們在騙你，可以先將機器放在這裡三天嗎？」

孫也有針對當時的做法而向我做出解釋。

「為了要贏得對方的信任感，就必須讓對方把我當做是夥伴關係。這樣之後的談話也會進行得比較順利，對方也會有所回應。」

這就是孫厲害的大膽交涉方式。

只要他一出手，不管哪裡的店家都不會拒絕他。

孫為了要尋找能放置《太空侵略者》遊戲機台的店家，他每天都會到不同家餐廳吃飯。而這家設有舞廳空間的日本料理餐廳「Yoshizu」，也是孫拜訪的店家之一。這家餐廳鄰近加大柏克萊分校，位在大學路與克雷門路上，生意相當好。

店長看到有時會來店消費的學生，突然跟他說要放置遊戲機台在店內，雖然感到吃驚，但最後還是被對方說服，願意擺放二台機器在店裡。

後來這家餐廳的經營者——秋葉好江卻經歷了從沒想過會發生在自己身上的一件事。由於「Yoshizu」在之後搬離加大柏克萊分校附近，並將店名改為「Yoshi 的店」，搬到面對奧克蘭灣的傑克倫敦廣場，但是有一天卻有一個他認得的男子突然現身在店內。

那名男子和一位白髮紳士愉快地在交談著。

男子是之前也經常和女朋友到柏克萊店光顧的學生，白髮紳士則是以前也曾到柏克萊店消費過的大學教授——摩薩先生。

於是秋葉立刻向那位客人打了聲招呼。

「現在你在做什麼？」

完全不瞭解日本商界動向的秋葉，朝著體型瘦小的日本人這麼問。

「有什麼工作就做，之前承蒙您幫忙了。」

孫的臉上帶著微笑，向對方因為之前願意在店內擺放《太空侵略者》遊戲機台一事道謝。

據說秋葉在得知以前曾在「Yoshizu」見過面，當時臉上散發出學生氣息的這個男人，居然是現在叱吒商場的孫正義之後，因為熟悉感和驚訝的情緒交雜，而一時說不出任何話來。

15 柏克萊的春天

現在的孫正義儼然已經嶄露頭角成為一流商界人士。

但是在一九七九年的當時，孫還在就讀加大柏克萊分校的經濟系四年級，也就是說他是個還沒大學畢業的學生。

但是他卻大膽地從日本進口了《太空侵略者》的遊戲機台，以現在的觀點來看，這應該是很稀鬆平常的事。只不過發生在七〇年代，而且還是從一個去美國唸書的留學生的構想，那真可說是會引發一股騷動的獨特見解。

但其實那個時候也有拒絕讓孫擺放遊戲機台的店家，這樣的挫折也讓孫咬緊牙根，決心要在美國闖出一番事業來。

即便遭到拒絕，孫也沒有因此感到害怕膽怯。

他有時候甚至還大膽地直接跟經營者進行交涉。

「這提議也太突然了，你知道自己在說什麼嗎？」

經營者感到慌張。

「簡單來說，就是我想和你進行一樁買賣。」

但是經營者卻表示若在店內擺設遊戲機台，會讓店內的氣氛變差。

「就是因為你說出這樣話，我才會認為你根本不在意店內生意是好還是壞。」

「這是什麼意思？」

「就連 Victoria Station 都有擺放我的遊戲機台。」

就在孫多次鍥而不捨地努力之下，甚至連當時以牛排屋打出名號的 Victoria Station 的會客室，也都願意擺放孫的遊戲機台。

因為大部分的店家都抵不過孫持續糾纏的功力。

但是就在某一天，孫卻接到了一通意外的電話。

對方是陸弘亮一年前還在擔任店經理時的 Ice Mary 冰淇淋專賣店。

「你們的遊戲機台壞了，趕快派人來修理，客人都已經在抱怨了。」

於是孫便立即趕往 Ice Mary，稍微打了聲招呼後，就趕緊衝到遊戲機台前查看，試著操作想找出到底是哪裡出問題。但是機器卻靜止不動，該不會是故障了吧？孫的內心感到些許不安，這個遊戲機台是剛出廠的全新產品，難道是在搬運時導致故障？這時聚集在遊戲機台旁的人們卻看到了令人驚呼的場景。

那就是二十五分錢的硬幣一直掉了出來。原來這台遊戲機台並沒有壞掉，而是因為投幣箱放進太多的硬幣，才會導致機器無法啟動。

一旁的客人看到這樣的情況都不禁哈哈大笑，就像是喜劇電影的一幕那樣捧腹大笑。

Ice Mary 是柏克萊地區有很多年輕人逗留的人氣店家，而且對美國人而言，冰淇淋本來就是足以代表國家的飲食文化。因此即便是就讀知名大學的學生們，也都經常會一邊吃著冰淇淋，一邊聚精會神地玩著電玩遊戲。

等到孫刻意以嚴肅表情取出硬幣，且將其交到店長手上之後，店長整個人開心得不得了。這個時候就更能明顯感受到美國人情緒外放的那一面。

「那就在這裡再多擺一台你們的遊戲機台好了。」

還具備大學生身份的孫以零資金開始創業，只花了二個星期就順利賺回了購買遊戲機台的花費以及空運的運費。

在這半年時間內，孫所賣出的遊戲機台數為三百五十台，創造出了超過一億日圓的利潤，而且還是在零資金的情況下。

而孫此次的成功表現也引起了美國企業的注意，光是在北加州地區，就有超過一百家的企業想要接觸這一類的商業買賣。

不過孫可不會就這樣簡單交出最頂端的寶座。

他從一開始的零資金，到之後成功賺進一億日圓的利潤。

「怎麼可能會有這種事發生。」

一般人應該都會抱持這樣的想法。

對此，軟銀的美國地區社長——泰德・多洛塔是這樣表示的。

「孫先生曾經先在舊金山約了人吃午飯，然後在同一天又到紐約和其他人吃午餐，以常理來說，根本不會做這樣的安排。但只要是企業相關的任何事，他都不會說出做不到這三個字，總之他是個很優秀的人物。因為只有他會想出同一天在舊金山和紐約吃午餐這樣再自然不過的創意。」

多洛塔接著則是透露出孫擁有二種特別出色的能力。還有就是有許多跟多洛塔一樣的美國人其實都知道孫正義這個人，孫則是會跟其他人介紹多洛塔是自己的「美國父親」。

多洛塔如此斷言。

第一個是能夠看穿問題本質的驚人能力，也就是能夠掌握本質盡快做出決策。

另外一個則是對於自己相信的事物，就會拼命去工作來達成目標。這就是孫比其他人還要突出的生存方式，只不過說到拼命工作的人，在這個世界上也不在少數。但是孫異於常人的部分是他總是會帶進新的觀點。這方面的能力他十分優秀。

在這二種能力發揮之下，他買下了加大柏克萊分校附近的電玩遊戲場。這是讓學生們稍微放鬆心情的絕佳場所，一旁還有書店、唱片行等店家林立，時至今日也仍然是學生們的玩樂場所。

簡單來說就是買下精華地段的電玩遊戲場。但由於一個大學生並沒有足夠的資金，但是孫最後卻能夠以二千萬日圓（當時約為九萬美金）的價格順利買下。

孫當下就決定要先和銀行展開交涉，抵押品則是陸弘亮的住家。由於孫提出詳盡的事業計劃書，並展現出對此事業的熱忱，最後成功以最優惠利率取得銀行的借貸資格。這對大學生來說是特別例外的融資條件。

這也是孫首次的企業收購動作。

但其實孫相當有把握。

又是那股顛覆一般人想法的自信感，不過這就是多洛塔所說的戰略。

目標是一個月內要提升三倍的業績。

孫想盡辦法要讓這個舉動合理化。

因此他開始計算電玩遊戲場個別機種的業績，先徹底進行調查工作。他發現到其中有比較不受歡迎的機種，也有一開始受歡迎，但後來就乏人問津的機種。每天持續仔細蒐集每一個機種的情報，這也是孫採取的戰略之一。

接著將每一種機種的相關情報都繪製成詳細的圖表，透過圖表就可觀察出在第幾天能達到收支平衡。

就是將觀察的重點放在現金流量上。在設定目標後，努力朝著這個方向去一步步實踐。

這樣的行事風格也造就了孫今天在商界中堪稱特色的「當日結算」策略手法。

其中讓孫最為人稱道的是，他總是不忘如何腳踏實地去努力實踐目標，因為羅馬終究並非一日能建成。

由於在柏克萊所有知名店家幾乎都有擺放座位式的遊戲機台，所以要引進新的遊戲機台也容易許多，因為只要重新安裝基板即可，基板因為體積小，所以運費也相對便宜。

而在當時即將進入八〇年代的日本相當流行的電玩軟體，在之後也一一引進到美國，像是《小精靈》、《小蜜蜂》、《Scramble》等。

即然要做就要做到最好，這就是孫的做事方法，這樣的態度即便是在面對基層的作業人員也沒有改變。

在公司募集兼職人員時，孫決定只雇用美國人，那是因為一開始的商業買賣都是以美國人為對象。由於當時的柏克萊地區嬉皮風盛行，以及某些地區可合法販售大麻，所以有許多人會選擇有爭議的兼職工作。

孫一開始是雇用所有來應徵的人，所以當中還是有做事能力差、工作態度怠惰，各式各樣的人都有。

於是孫決定花三天時間來觀察這些人的工作情形。第一天因為剛接觸新工作，所以難免都會不太熟悉作業方式。第二天則是大部分的人都能夠習慣工作內容，也開始和工作夥伴建立起協調互補關係。然而到了第三天，卻還是有完全沒有任何改變的人，因此孫就立即解雇了這些人。

而這些喜歡電玩遊戲的學生就成了孫的輔助眼鏡，他們不需要有人在旁督促就會勤奮工作，也成功提升了整體的業績表現。

孫也因此創下了將收購來的電玩遊戲場，在一個月內增加三倍營業額的紀錄。

他展現出令人嘖嘖稱奇的企業家精神。

即便如此，當時的孫仍然持續在摸索自己往後的人生道路。

孫之所以將公司取名為 Unison World，其實當中代表了許多的涵義。

因為孫所就讀的加大柏克萊分校是使用 UNIX 的基礎軟體作業系統的大學，UNIX 是由 AT&T 公司的貝爾實驗室所開發出的 OS 作業系統。另外值得一提的是，加大柏克萊分校有針對初期的 UNIX 進行單獨的擴張機能實驗，而因此開發出稱之為 BSD 的作業系統，也就是使用 UNIX 來作為連接網路的伺服器。因此孫才會將 UNI 與 SON（孫）結合成這個單字，代表「互補調和」的意思。

至於 World 一詞則是期許公司能成為在世界上都能夠被認可的一家企業。

不過如此注重調和關係的孫，其實也有讓陸弘亮大感驚訝的時候。
那是在公司創立第二年的某一天，孫突然就任命陸為副社長，因為他想要報答陸為公司所付出的一切。

「從什麼時候開始？」
「現在。」

原來孫也有體貼人的這一面。
陸則是因為得到孫的認可而感到相當開心。
Unison World 公司在七九年到八〇年的業績都有穩定的成長。
然而孫在此時又再一次讓陸感到不知所措。

「我要回去日本。」

陸聽到孫的這句話，頓時不知該如何回應，因為現在工作進行得相當順利。而且以孫的個性來說，與其回到日本，他留在美國經商絕對會比較成功。
關於這個部分，孫是這樣跟我表示。

「因為那時公司好不容易做出點成績來了，所以周遭的人都說我是笨蛋。不過對我來說，Unison World 公司只是將來創立公司的事前演練罷了。因為我打從一開始就決定在大學畢業後要回到日本。」

因為在孫的心中有更重要的事情。

「我是為了要遵守與母親的約定。就算發生了任何事，我都必須要遵守約定。」

對孫來說，他認為有比眼前的商業利益更重要的東西存在。

而所謂更重要的東西，當然不是單指與母親之間的情感。

友情也一樣重要。

孫的臉上帶著笑容這麼對我說。

「如果說一個人只為了五百億日圓而背叛友情，那這個人也只有這樣的水準而已，而我不想成為那樣的人。」

這就是孫所貫徹的人生哲學。

一九八〇年三月，孫從加大柏克萊分校畢業。

他的人生中幾乎所有的知識都是從這所大學中學習而來的，所以說這裡是孫的起點。

在八〇年代的大學校園雖然規模不大，但其實大學校園內已經有網路的連接設備。而孫也經常流連在加大柏克萊分校伊凡斯講堂（Evans Hall）的電腦教室裡，因此可以說是這個伊凡斯講堂造就了今日的孫正義。

而在那個年代，咖啡店也是許多年輕人喜歡聚集的場所，其中像是「café strad」和「O COQULE」等知名店家。「café strad」也曾出現在電影《畢業生》的拍攝場景中，而「O COQULE」則是很多學生們會流連忘返的休憩地點。

這些都是代表孫的青春時代的熟悉場景，也都是他和妻子優美充滿回憶的約會場所，兩人還曾經一起在那裡大口咬下起司漢堡和總匯三明治。

雖然畢業後的孫感到些許不捨，但是他也燃起了新的希望。

「那時有萌生直接待在美國繼續開公司就好的想法，不過最後還是選擇回到日本再一次從零開始打拼，而且一定要成功，因為這樣就能夠開始將事業拓展到全世界。而且總有一天我會再回來美國的這個戰場。」

『I shall return.』（我會再回來）

孫把這個想法記在心裡。

於是孫就在那一年的三月回到日本。

現在的孫將目標設定為日本第一，然而他到底要在日本的哪個領域裡成為第一呢？他有雄心壯志，但卻什麼都還沒有決定。

第二部

16 年輕的唐吉軻德

說到美國的一流名校，一般人應該都會想到哈佛大學、耶魯大學和加大柏克萊分校。光是要進入加大柏克萊分校就讀，就必須要拼命讀書，然而孫在大學畢業後，甚至還被推薦進入哈佛大學的研究所。除此之外，就連美國最頂尖的理工大學MIT（麻省理工學院），也展現出對孫的高度興趣。至於加大柏克萊分校的母校研究所，則是開出免學費的特殊條件想要來留住孫的這個人才。

當時孫是被編入加大柏克萊分校的三年級班，之後花了三年時間從大學畢業。乍聽之下或許會覺得孫的成績好像不是很好，但這其實是錯誤的解讀方式。

因為孫在學生時代開始創立事業，所以他必須休學一年時間。那個時候剛好是孫專心在製作發音功能電子翻譯機的試作機，同時又創立公司的時期。之後他又飛去日本，等到日本電玩遊戲風潮逐漸散去後，接著又因為要處理遊戲機台的租賃事宜，而在美國境內到處奔走。

如果是一般的學生，會願意從大學休學就只為了要到日本簽訂契約和購買遊戲機台嗎？

孫即使擁有學生企業家的身份，他在學業上的表現仍然相當優異，他在休學期間也不忘繼續學習。而這件事當然沒有其他人會知道，唯有他的妻子優美一直從旁看著整天拼命努力唸書的孫。

因此要是孫有想要留在美國唸研究所的想法，所有的學校應該都會展開雙臂歡迎他。因為不管在哪個領域裡，孫都是能夠成為一名受人矚目的優秀研究人員。

但是——孫正義的夢想並不是想成為一名研究人員。

孫以下的這一番話說明了他的想法。

「在這個想為自己而活的時代裡，不論是多麼不起眼的一件事，當中都一定隱藏著千載難逢的機會，因為世界的寬廣度是掌握在自己的手中。」

這就是他那充滿青春氣息的遠大夢想。

因為對孫而言，商業買賣是件有趣的事。所以他才會為了想要測試自己的實力，而迫不及待去做任何事。不過他並不認為自己所前進的方向不會有敵人出現，因為商業買賣是很殘酷的世界。因此唯有冷靜的判斷，才能讓孫的雄心壯志不會永遠停留在夢想階段。

而孫之所以將自己的時間壓縮地如此急迫，其實這也跟他在大學三年級時，就跟從英文語言學校交往至今的女朋友優美結婚有關。因為孫認為要讓妻子過著幸福的生活，才是身為男人最應該盡的義務。

一九八〇年三月，孫從UC柏克萊分校畢業。

這個時候孫還沒收到畢業證書，因為他在畢業典禮的前一個星期就回到日本了。對此，他霸氣地表示：「我是去讀大學，而不是為了畢業證書才去讀大學。」

不過孫一想到多年之後，自己的女兒到了好奇心特別旺盛的年紀，很有可能會問自己說：「爸爸你真的有去美國讀大學嗎？」

於是孫就在之後前往美國與interactive公司簽約時，還特地花時間去了趟加大柏克萊分校。

總務處的女職員對孫的提問雖然感到吃驚，但也馬上在電腦裡搜尋孫的名字。

「找到了，孫先生。」

對方臉上仍是帶著驚訝的表情。

「你之前都沒想要來領畢業證書嗎？」

對方因為不敢相信居然有學生不來領取畢業證書，所以發現到孫將畢業證書留在學校一事才會感到如此驚訝。

因為當時距離畢業已經過了有八年之久。

六年的留學生活就此畫下休止符，然後孫就返回日本。接下來孫加緊腳步在西鐵大牟田線的大橋車站（福岡市南區）附近先籌組了負責處理創立公司事宜的事務所。

一年後的一九八一年三月，孫將事務所搬到雜餉隈町（福岡市博多區），並設立了負責進行市場調查等工作的企劃公司——Unison World。

而在辦理公司登記時，他所填的代表人是「孫正義」，從這裡就能感受到孫想要打造一番事業的企圖心。

然而孫的大多數親戚卻強烈反對他使用韓國姓名。

「你是生活在日本的韓國人，看來你還是沒搞懂這在日本社會這代表什麼意思。」

所有人的意見都很一致。

「親戚不斷以這樣沒辦法招募員工，也不能跟銀行借貸資金的理由來企圖說服我，但是我父親卻只是安靜地聽著其他人說話。就因為親戚們都有因此吃過苦頭，所以才會有如此的切身之痛。但是我還是決定要堂堂正正地說出我的本名，因為唯有認同我的人，才會是真正想要為我做事的職員，銀行也是一樣。我不想就這樣一輩子逃避這個問題。」

這對表面上否定有差別待遇，但私底下卻還是保有歧視想法的日本社會來說，孫如此大膽地說出自己的韓國名字，這絕對是會讓他從一開始就陷於不利的處境。更何況他的這個舉動也會在商界對自己造成莫大的妨害。而那些親戚只是想要讓這個從美國回來的年輕人，瞭解到日本這個封閉社會的真實樣貌罷了。

但是孫仍舊堅持這樣的態度。因為他度過青春期的美國，沒有一個人會在意國籍的這件事。一個韓國人意識到自己是韓國人的這件事到底有什麼錯，孫決定即使在日本，也要以韓國人的名字活下去，在美國吸取了大量自由空氣的孫內心沒有一絲恐懼。

但是之後孫發現到自己若是保有韓國籍，在護照的取得上會面臨不少麻煩，因此他才會選擇變更為日本籍。

「國籍就跟符號沒什麼兩樣，而且我在日本也有繳稅金，當然具備享有市民資格的權利。」

之所以會做出這樣的決定，另一方面也是考量到小孩的未來。

但是孫取得日本國籍的過程並不順利，因為法務省並不接受孫的申請。由於日本人當中沒有「孫」的這個姓氏，所以不能首開先例，要是想歸化成日本籍就必須改名。

因此孫想到一個好辦法。因為在韓國的夫婦是不需要從夫姓，因此妻子還是保有原來的大野姓氏。所以只要讓身為日本人的妻子向法院提出申請，將大野姓氏改為孫。

於是孫又再次來到法務省，因為他想要查詢「所有擁有日本國籍的人當中是否有人姓孫」。

因為要是有先例就能夠獲得認證。

「只有一個人，就是你的妻子。」官員這麼表示。

如此一來，名為孫正義的日本人就正式誕生。

「我終於取得日本國籍了。」

孫臉上浮現燦爛的笑容，將能夠證明自己是日本國籍的資料給職員們看。

那麼孫在八〇年代所創立的日本公司，到底是如何發展起來的呢？

雖然孫的公司已經具備基本的公司雛型，但是在日本這個未知的市場裡，這是一家決定之後方向的公司，也可以說是完全沒有實際業績的公司。

「既然決定要在日本從商，那絕對就要成為日本第一。」

然後孫就開始制定計劃並多方蒐集資料，很快地就有超過二十個的構想浮現，但由於一個一個構想去調查資料很花費時間，因此孫決定雇用一個職員和一個兼職人員。

孫的公司位置是在木造二層樓建築的事務所二樓，雖然是以便宜的建築費用搭建了鋼板屋頂，但不至於有雨水滲漏的情形。屋內空間大小頂多五坪大，走上階梯時還會發出嘎吱聲。

而且公司內沒有裝設空調，只要風扇停止運轉就會滿身大汗。但是只要開風扇，文件又會被吹得到處亂飛，這時候慌張地將文件撿起來就是孫負責的工作。

而孫的長女又剛好在這個時候出生了。

孫還記得當時看到妻子優美小心抱在懷中的女兒時，他整個人感動到不行。因為是和在美國柏克萊生活的那段時間就深愛的女人所生下的第一個孩子，那股喜悅感直接觸動孫的內心。

孫在工作告一段落很晚才回到家之後，年幼的女兒就大哭了起來。

有時候孫也會幫女兒換尿布。

因為孫好像有永遠用不完的精力。

他每天早上都會開車到事務所。

（今天也要打起勁來上工）

但是我要做什麼？

（因為根本就還沒決定）

真難熬。

好焦慮。

那時孫的收入是零，這樣的說法完全不誇大，因為他完全沒有收入。

他就像是進到一個沒有盡頭的隧道裡頭，進而產生了不安情緒。

但是他一旦決定目標，心意就絕對不會改變。

他只要鎖定一個領域，就會期望自己可以成為頂尖人物。所以他才會如此講究一開始的準備作業，因為他必須先掌握自己要從哪裡開始著手行動。

「我不想因為惰性而影響到自己的人生，所以我絕對不允許半途而廢。」

至於選項當然有很多，但若是一開始就興沖沖地投身進入某個領域，那麼頂多撐到十年就一定會遇到瓶頸，這樣就必須中途改變企業的種類。但是孫並不想歷經這樣的過程。

因此孫首先利用筆記來幫助自己思考，這是他在大學時期學到的方法，就是將腦中所有的想法都寫在筆記裡。內容羅列出選擇企業種類的條件，就是所謂的必需條件。

不能賺錢的事業就沒有必要挹注心力。

將來前景一片看好的有那些業界？

未來五十年之內，我是否能夠保有持續拼鬥的決心。

不需要龐大資本額的事業。

正因為年輕所以才能一展所長。

將來一定要成為相關企業的核心。

將其他人不會想到的新獨特業種設定為目標。

最晚一定要在十年之內成為日本的頂尖企業。

能夠讓人感到幸福的那股信念，就是讓事業成功的那把鑰匙。

從二十世紀後半時期開始進軍世界。

數量有二十五個項目。

光看表面只能算是很一般的經營哲學。

不過孫最獨樹一格的是，他會在所有選項上打上自己認定的分數。

之後將這些事業相關的文件集結成冊後，厚度居然接近四十公分。將最後入選的四十個業種資料排列出來，長度會達到十多公尺。

孫已經做好要為總計分數最高的業種奉獻一生的準備。

這一家有著鋼板屋頂的公司，而且還拿裝橘子的紙箱作為演講台來使用。孫會站在紙箱上朝職員和兼職人員兩個人熱烈地闡述自己的意見。

「業績目標是五年一百億日圓，十年五百億日圓。」

「希望能跟豆腐的計算方式一樣，很快就能達到一丁*（兆）、二丁（兆）的營業額。」

而台下的兩名員工只是默默地聽著台上人員的高談闊論，但是要每天一直聽著重複的內容真的會讓人受不了。

*因為日文的豆腐量詞為「丁」，剛好和日文中的數字量詞「兆」發音相同。

所以在不久之後，職員和兼職人員都一一離職。

看到這樣的情形，就算是擁有雄心壯志的孫也不免會感到意外。

唐吉訶德。

他的確是唐吉訶德，但卻是散發著青春氣息的唐吉訶德。

孫的體內燃起一股熱情。

因為他現在才剛滿二十四歲而已。

17 巨人與天才

比爾・蓋茲決定從哈佛大學輟學，他的理由是——與其繼續留在大學裡讀書，還不如花時間去進行電腦的開發作業還比較有意義。

跟日本一樣是採用一次性考試成績的美國大學入學考試，據說蓋茲獲得了八百分的滿分成績，簡直是擁有天才的頭腦。

因為八百分與七百九十九分之間有著極大的天地之差，因為七百九十九分是能夠看到界限，但是八百分卻代表著這個人的程度是毫無極限。

而孫正義也時常耳聞年輕時的比爾・蓋茲簡直是個天才。有一次孫受邀前往蓋茲位在西雅圖的豪宅，剛好兩人聊到蓋茲在入學考試獲得八百分滿分的這件事。

對此，蓋茲則是一派輕鬆地這樣表示。

「我並不會因為考滿分而感到驕傲。因為最重要的並不是背誦知識，或是將學到的東西完整寫下來，而是洞悉未來的觀察力。」

聽到這番話後，孫又再一次感受到蓋茲這個人的優秀之處，因為對方所說的就是指觀察時代走向的眼光。

孫自己就是一個總是先看穿時代走向的一個人，他也很自豪擁有這樣的能力。和蓋茲這位親近的友人閒聊之餘，孫也毫不掩飾地透露出自己的觀察力。

而且孫的觀察力本來就絲毫不比蓋茲遜色。

在孫回到日本的一年半過後，孫終於確定了自己要將未來的人生都奉獻在電腦業界的這一塊領域上。因為在將來的日子裡，電腦確實會一步步地成為必要性極高的產品，而且數位資訊革命正要開始。

一九八一年，孫已經先嗅到了時代的趨勢走向。

這一年的九月，日本軟銀在福岡市南端的大野城市正式設點。主要是展開電腦用軟體的銷售業務，也就是所謂的買賣生意。並直接以公司的營業內容作為公司名稱，之所以選用這個名稱，是因為孫在學生時期將寫滿創意想法的筆記叫作是「Idea Bank」，孫剛好很喜歡代表創意和知識——「寶庫」（bank）的這個單字意思。

當時公司進行的軟體買賣並非 OS 作業系統，頂多只能算是應用程式軟體，資本額為一千萬日圓。就在這個時候，孫遇到一個千載難逢的機會。

那就是每年在十月都會舉辦的家電．電子產品業界展示會——電子產品展，在今年預定會在大阪市的貿易展示會場地舉辦。

因此孫便將公司的一千萬日圓資本額當中的八百萬投資到這次的展示會，孫這樣的舉動到底有什麼目的？

「要是展場沒有很多種類的軟體，就無法打通買賣途徑，如果公司沒有這樣的販賣途徑，就算公司購入軟體，也沒有門路可以提升銷售量。所以我才會將這次的展示會當做是事業的一大轉機，必須去好好掌握這樣的一個機會。」

決定參與此次展示會的孫，卻突然租用了跟大型公司松下以及 SONY 一樣大小的展示空間，這可是前所未見的做法。因為以常識來說，會將公司資本額中的八成都投入展示會的想法，實在是太輕率了。

孫的這個舉動讓職員們都嚇呆了，但孫還是以軟體公司為對象不斷地與其進行交涉。他決定要自己負擔場地費以及裝潢費，然後對方就只要帶著軟體來展出就好。由孫的公司全額負擔展示會的費用，這簡直是超乎一般人想像的提案內容。每一家軟體公司聽到這樣的提議都感到相當吃驚，因為這樣的條件實在太吸引人了。

孫立刻說明了為何自已在展示會上，會採取這樣受到多方矚目的做法。

「因為只要在軟銀的展示區一次擺放出各家公司的軟體，這樣就能吸引到來自各方的目光。」

不過在展示會一開始，根本沒有一家公司對這樣的策略感興趣，都只覺得孫是個錢很多不知道該怎麼花的人，或是認為孫只是喜歡標新立異。

然而在最終，孫的展示區還是在這一次的電子商品展示會當中，出現了預料之外的人滿為患的盛況。

展示區之中總是擠滿了業務、電子產品相關產業的經營者以及販賣業者等大量的客人，雖然孫只在這次的展示會中賺進三十萬日圓的交易金額，但卻是整場展示會中來客數排名爭奪一、二名的展示區。

等到展示會告一段落後，客人便各自跟軟體廠商直接進行交易，但是孫仍是對此次的成果感到滿意。因為成功地將日本軟銀的名號給順利宣揚出去了。

接下來孫接連好幾天都和職員們開會到隔天一大早，以旁人眼光來看，根本就像是在進行某項活動的合宿集訓生活。

因為孫從這次的電子產品展示會當中萌生一個遠大想法，從這個想法當中又再次感受到孫因為觀察力，而培養出的敏銳商業目光。

那就是他想要將在展示會中相當受到歡迎的，夏普所推出的小型電腦的程式集《小型電腦程式庫》

一書，在全國的書店內販賣。

當時孫的恩人佐佐木正所屬的夏普正與NEC相互在市場上較量，因為這些廠商都預見之後會是個人電腦的時代。熱愛電腦的人們會在使用美國的產品之後，自行編組程式。而那些業餘無線電使用者也對這些抱持高度興趣，相當期待程式集的上市。

但是即便孫知道出版電腦相關書籍是個大好機會，不過在出版這個領域裡，他完全就是一個門外漢。

孫透過佐佐木的朋友介紹，前去拜訪了位在赤坂的東京旭屋書店統籌本部，負責出面接待的是擔任常務一職的田邊聰。穿著上等布料的深藍色西裝，年過五十的田邊，雖然聽著雖然有打領帶，但看起來一臉稚氣，感覺只有十七、八歲的孫所說的話，但是他打從一開始就不是很感興趣。與其說是不感興趣，倒不如說是有點失望地認為「為什麼我要和這個小夥子談商業合作呢？」。

「我想出版這本書。」

孫拿出的書中內容羅列出一大堆的數字和亂數表。

「這種書市面上很少見到。」

田邊認真地翻閱書籍，多次盯著數字和記號看，一時之間不知道該說什麼。

因為書的封面只是簡單的單色印刷版面，根本就稱不上是有設計。而且裝訂方式也只是用類似釘書機的方式固定的粗糙書籍。

「這是由喜好小型電腦的使用者所製作出的程式集。」

「但是這種東西不可能放在書店裡販賣。」

於是孫這麼說。

「借我打一下電話。」

孫打電話給印刷廠，要對方停止印刷。

「先停止印刷。」

接著孫又這麼說。

「但是我對書中的內容十分有自信。」

孫以電腦在美國已造成一股風潮的論點，極力想要說服田邊。

「原來如此，我瞭解你的想法。不過我們書店還是必須針對讀者群，以及是否有人對這類型書籍感興趣等條件來做市場調查，所以沒辦法輕易給你答覆。」

「你說到重點了，田邊先生。我認為讀者們之後一定會對電腦設備產生一定的興趣。」

田邊是芥川賞作家——田邊聖子的弟弟，他是一個直覺相當敏銳的人。

因為他對於孫所說的電腦之後會逐漸普及的這番話，有直接產生反應。而且在聽了孫所敘述的矽谷情形後，他的腦中也浮現一絲自己也感到意外的可能性想法。

「可是，出版業沒有你想的那麼容易。」

「所以才希望能請您幫忙。」

「你知道出版業的通路經銷商嗎？」

孫擦去額頭上的汗水，因為孫根本就不熟悉出版的相關知識。

田邊對孫的想法感到不知所措，但仍是向孫表示出版社會透過與通路經銷商交易的方式來將書籍銷售到全國的書店，其中比較大規模的通路經銷商有東販（東京出版販賣，現在的TOHAN）和日販（日本出版販賣），很仔細地說明出版界的一些知識。

然後孫就突然這麼問田邊。

「那你能不能帶著我去拜訪東販？」

體型瘦小的田邊睜大了雙眼。

他心想怎麼可能帶著首次見面的男人去拜訪東販和日販，這個人也太不沒常識了。

不過孫這個年輕人就是具備有能夠持續跌破老練田邊眼鏡的魅力，雖然很難形容是哪種魅力——應該可以說是散發人性的那股魅力。

因此田邊就帶著孫，從赤坂來到位在新宿區東五軒町的東販公司。對方派出部長來接待兩人，部長也仔細翻閱由許多程式語言集結而成的印刷物。

然後部長以冷淡的表情看著孫和田邊。

「因為是田邊先生的推薦我們才會答應。」

考慮了一下子對方終於願意幫忙銷售孫要出版的書籍。

孫低下頭來向田邊道謝，然後這麼說。

「再來就是日販公司了。」

田邊看著臉上帶著笑容的孫，不忍心開口拒絕對方。

「我還是第一次遇到你這樣的人，真是拿你沒辦法。我知道了，那麼就由我來帶路。」

夏天的陽光非常刺眼，田邊自言自語地攔了輛計程車，距離千代田區神田駿河台的日販公司，只要十分鐘的車程就抵達。對方的負責人表示之前從未販賣過電腦相關的書籍，所以歪著頭在翻閱寫滿數字和記號的書籍。

即便如此，對方最後還是同意提供協助。

看來田邊的直覺是對的。

然後孫就是靠著首次出版的《小型電腦程式庫》在市場上熱賣，不只在出版界闖出名號，也大大提升了軟銀的知名度。

對此，孫在之後則是這麼跟我表示。

「那一天所發生的所有事，可以說是造就我在出版界的起點，因為我堅信出版媒體絕對會成為數位資訊社會中不可或缺的龐大支柱。」

一九八一年，孫終於在日本踏出行動的第一步，同時間比爾·蓋茲也已經掌握到企業邁向成功之路的趨勢。因為這些事都是在同一個時期發生，所以日本和美國也都是在一九八〇年代開啟了情報化時代的序幕。

一九八〇年的夏天，蓋茲旗下的小公司─微軟公司與IBM展開重要的商業會議。因為當時8位元軟體已經可以套用在CPM（8位元用的OS）的OS作業系統上。

IBM雖然早一步鎖定開發出CPM的這家公司，但是對方公司卻對製作16位元用的OS作業系統興趣缺缺。

因此IBM就向蓋茲提出這樣的提案。當時的IBM在電腦硬體設備業界中沒有其他家公司能與其匹敵，在大型電腦的業界更是市佔率達八成。所以每個人都認為IBM的帝國稱號怎樣都不可能會產生動搖。

然而IBM公司卻還是有弱點存在，那就是在小型電腦的開發進度上落後其他公司，但還是想在一年之內進軍自家公司開發的個人電腦市場當中。

因為電腦市場競爭極為激烈，推出一個新的機種之後，就馬上會有效能更佳的新機種登場。

因此研發團隊相當注重如何在第一時間做出對應的思考方式，就戰略上來說，就是要捨棄所有產品都必須是由自家公司生產的傳統想法。因此ＩＢＭ才會想要透過微軟公司來取得ＯＳ作業系統的技術化。

於是蓋茲便提出開發出搭載16位元的微型晶片個人電腦構想。

但由於蓋茲手上並沒有ＯＳ作業系統的技術，而是必須向開發出基礎ＯＳ作業系統的公司購買後再加以改良。

從8位元轉換至16位元的想法，可說是早一步洞察時代趨勢的先機。這是將個人電腦原本給人的「玩具」印象，打造成真正商業輔助道具的跨時代創意。

因為個人電腦必須跳脫傳統大型機器的框架，這樣才能開拓更大的市場，不得不稱讚蓋茲的確具備敏銳的觀察力。

而ＩＢＭ則是因為做出採用可讓其他公司自由模仿的開放式架構（open architecture）的果斷決定，ＩＢＭ才得以掌握住確立個人電腦世界標準的契機。至於蓋茲所屬的微軟公司，則是對此變革付出極大的貢獻。

改良後的ＯＳ作業系統的正式名稱為Microsoft Disk Operating System（微軟作業系統），也就是ＭＳ-ＤＯＳ，是今日所使用的Windows的基礎作業系統。

而率先取得ＭＳ-ＤＯＳ技術的ＩＢＭ，則是將這套作業系統取名為ＰＣ-ＤＯＳ。於是個人ＰＣ就此在世界上誕生。

一九八一年，蓋茲踏出迎向未來的第一步。

孫和蓋茲隔著太平洋，以與對方互相抗衡的姿態現身。

18 成就一番事業

又來到歲末年終的忙亂時節，整個大都會充滿著活力，城市瀰漫著即將過年的喧囂嘈雜聲。

這時一家空間狹小的事務所內的電話剛好響起。

孫將公司——日本軟銀從福岡搬到東京。

但是即便來到了東京，事務所的位置卻是在市之谷車站附近的染色會館二樓的經營綜合研究所的一個小角落，僅僅只有能擺放租借來的兩張桌子大小的空間。傍晚時分，從外頭剛回到公司的孫慌張地接起電話。

一九八一年，日本正處於一片好景氣的歡樂氣氛當中。寺尾聰的《紅寶石戒指》得到年度唱片大賞，爆發性人氣動畫《機動戰士鋼彈》的塑膠模型價值向上增漲，《怪博士與機器娃娃》的周邊商品也相當熱賣。

此時的孫則是為了籌措資金而到處奔走。因為他將公司資本額的一千萬日圓當中的八百萬日圓，都投資在那一年的大阪電子商品展示會上，但是最後只賺回三十萬日圓。因為必須賺回公司的年終獎金，所以他才會在年末前往東京。

電話那一頭說著關西腔的男子自稱是藤原睦朗。

「有聽過上新電機嗎？」

孫沒聽說過這家企業。

藤原對孫當下的回應雖然感到些許失望，但也立即跟對方說明公司的來歷。

那一年的十月二十四日，上新電機旗下日本最大的電腦專賣店「J&P Tekunorando」，在大阪日本橋開店，並舉辦盛大的開幕特賣活動。藤原之所以會想要開電腦專賣店，是因為聽到作家小松左京表示「為什麼小型電腦在東京這麼熱賣，但是在大阪卻買不到」的這番言論。因此在藤原的指導下，專賣店僅僅只花了十一天時間，就創下了六千四百萬日圓的驚人銷售額紀錄，媒體也爭相採訪報導。其中硬體設備的暢銷排行榜分別是NEC的PC-8001、夏普的MZ-80B、富士通的FM-8等商品。

即便東京、大阪有區域上的差異，但至少相同領域的企業主應該多少有所掌握這些相關資訊的能力。所以對藤原來說，孫的反應不但讓人覺得失望，對於孫在這一行的知識不足也大感意外。

J&P的總賣場面積有三百坪，相較於以往的電腦賣場頂多只有十坪的大小，這家店鋪足足多了三十倍的寬敞度。但即便硬體設備的陳列數十分充足，不過軟體種類卻不夠多元。因此藤原才會想要向能夠提供多種軟體的公司來尋求合作機會。

對方突如其來的說明讓孫感到一頭霧水，他只好跟著稱讚對方。

「很了不起呢！」

孫其實對這番超過三百坪大小電腦專賣店的說法，抱持半信半疑的態度。

（這該不會是大阪商人在誇大其辭吧？）

藤原是透過友人的池幸三，輾轉得知孫想要從事提供軟體的事業，但是卻苦於找不到交易的對象。池本身是個顧問，也是一位軟體公司的經營者。他是從大阪的電子商品展示會上得知關於孫的活躍表現。

這或許是命運的引導讓兩人牽上線。藤原終於打探到孫的聯絡方式，並且打電話給他。

「你是孫先生嗎？你有沒有興趣來大阪一趟，看看我的店面？」

孫對這突如其來的邀約感到相當興奮。

「請務必給我個機會，我也很想這麼做，但是……」

孫雖然很想去大阪一趟，但他有無法立即做出決定的理由。因為他在展示會上幾乎已經花光了所有錢，之後的房租和必要支出都開始見底了，而且又到了年末。雖然這次或許會成為公司首次的買賣交易，但是孫實在沒有多餘的旅費可以讓他去大阪。

「因為最近公司業務繁忙，實在擠不出時間……」

電話那一頭的藤原似乎很沮喪。

「等過完年之後，我一定會再找時間前去拜訪。」

孫最後說了這句話後就掛了電話。

藤原睦朗從廣島的高中畢業後，就馬上進入職場工作。他在中學時期是個很沉迷業餘無線電設備的少年，之後他大膽決定不要繼續讀大學，而是進入大阪日本橋的電器行工作。

上新電機的社長是淨弘博光，他是擁有六十名職員，年營業額達到六億日圓的企業社長。

據說淨弘家因為在戰爭中立下功勞，所以還獲得織田信長賞賜姓氏的榮耀。

博光是在一九三五年一月三日出生，他是在十三歲時繼承父親的事業，到他這一代就成功讓企業成為上市公司。

不過他卻在一九八五年十月八日（阪神虎獲得優勝冠軍的這一年），以五十歲的壯年之姿猝逝。剛好是孫和NEC社長關本忠弘，以及藤原睦朗正在商討買賣合作關係的時候。據說聽到訃聞消息的孫便立即趕往淨弘的住家，坐在靈堂前長達一個小時之久。

淨弘沒有讀高中，而是選擇從一家不到三公尺寬的店面開始打拚，就是所謂的一人買賣行業。他也是個擁有雄心壯志的人，可以說是很適合活在戰國亂世的人物。

淨弘給自己設定的課題是──要如何贏過其他的大型店家？

淨弘認真思考如何實踐的方式。最後得到的結論相當單純，而且很有建設性，那就是想辦法讓商品的存貨周轉率提高至一倍即可。不過這又該怎麼做呢？

由於當時的用於收音機等東西的零件，都還是由顧客自己挑選購買，所以淨弘會將零件以成套方式來販賣，這樣比較容易吸引顧客掏錢購買。如此一來，商品的存貨周轉率當然會跟著提升，而且客人也會買得開心。一開始是受限於店面條件而採取這樣的銷售手法，到最後卻變成是以客人為出發點的經營模式。

而且還因此獲得「店鋪整體技術水準都相當高」的良好評價，店內的業績因而急速攀升。所以當藤原萌生想要在大阪日本橋的電器行工作的想法時，當然會將上新電機列為第一選擇。而淨弘在面試時，則是跟藤原說了以下的這一番話。

「將來我想要把這家店打造成為日本第一的電器行，因此我希望你能夠進入公司貢獻己力。」

這也可以說是兩人命運般的緣分，藤原對此相當感激。於是他便拒絕了所有其他公司已經錄取的工作。就職後的月薪是八千日圓，雖然比起其他公司來的要少，但是藤原直覺認為待在這裡，將來必定能成就一番事業。

那一年他十八歲，渾身散發著想努力奮鬥的熱忱。

在進入公司的二十年後，藤原現在儼然已成為淨弘得力的左右手。

淨弘在下班前，都會習慣性從七樓的社長室經過位在五樓的藤原辦公室。

「今天的業績如何？」

「很不錯。」

這個時候藤原剛好跟孫講完電話沒多久。

「社長，我有件有趣的事想跟您報告。我剛才和一位在東京經商的年輕人通過電話……」

淨弘的眼神立即就有所反應，因為已經被藤原的話給勾起興趣，所以他很快就表現出「什麼事？」的態度，這也代表淨弘相當信任藤原。

「其實也沒什麼啦，只是電話那一頭的男人感覺是個很有趣的人。」

藤原覺得那個對象——孫正義跟一般年輕人不同。但是要說哪裡不同，一時之間也很難說明清楚，總而言之，就是有別於印象中的年輕人。因為能從對方言語中，不時感受到令人吃驚的遠瞻性與敏捷性。最重要的是對方給人一種將來可能會成為大人物的感覺，藤原向弘淨這樣表示。

而孫採取的主張也相當明確，那就是先從日本全國各地購買進軟體，一次吸引多家廠商洽談，這樣就能夠降低進貨價格。而且孫還相當瞭解美國的經濟、工業力，以及潛在力量的趨勢走向。他還熱情地向藤原說明美國所發生過的事，經過幾年的時差後，同樣的事也會在日本發生的觀察趨勢走向。

孫甚至拍胸脯保證「和我合作J＆P也一定會產生附加價值」，看來他真的相當有自信。

而藤原則是這麼回應的。

「既然你都這麼說了，那我就賭一把。」

孫開心到眼淚都快流出來了，但很可惜的是他沒辦法去大阪。

「對方雖然才二十四歲，但卻很有大將之風，和一般人不同，拚勁十足。社長最近有空可以和他見個面嗎？」

淨弘社長這麼回答。

「明天我去東京一趟，和對方見個面好了。」

淨弘身為大阪少數上市公司的社長，卻只憑著藤原的這一番話，就對孫這個年輕人產生了一定的興趣。

因為淨弘不是一個會以對方年齡和地位來做判斷的人，他原本就很有看人的眼光。不過最終還是得看對方的性格和能力再做決定。

「感覺是個很特別的人，那我就去和對方見個面。」

到了隔天，藤原打電話給孫。

「孫先生，有好消息！我們公司的社長要去東京了。請你務必要和他見個面。」

孫聽到的當下開心得不得了，有一種命運在互相牽引的感覺。這就是如同坂本龍馬所說「誕生在這個世上，就是為了要成就一番大事」的思考方式。

孫感激自己如此的幸運。

而前來拜訪日本軟銀的淨弘眼睛則是睜得很大，他心想這裡怎麼可以算是辦公室呢？只是簡單地擺放二張桌子，看起來像是完全不忙碌的小空間。

「你就是藤原口中的那個孫先生？」

孫在看到淨弘的那個瞬間就已經做好決定，那就是站在這樣的大人物面前，要是太裝模作樣對自己絕對沒好處。應該還是要展現自己最真實的一面，並向對方闡述自己的目標。因為孫終究是個誠實的年輕人。

孫興奮地敘述之後會是電腦時代的言論，因為他所擁有的只是夢想與熱忱。

「我知道了。你要不要親自來我們店裡看看？」

淨弘看著孫，想起自己年輕的模樣。

不輸給任何人的熱忱，堅信自己一定會成功。

「你感覺和我年輕時十分相似。」

即便年末的手頭真的很緊，孫仍是在一大早就趕往東京車站，搭上第一班的新幹線前往大阪。抵達大阪後，孫便直接去拜訪了能和東京秋葉原匹敵，位在日本橋電器街上的上新電機。

孫對於J&P帶給他的衝擊，顯得有點不知所措。

「空間真的很寬敞！沒想到規模會如此之大。」

孫興奮地表示。

但是從現在開始才是孫真正展現真本領的時候。他突然對藤原這麼說。

「要不要和我簽署獨家契約？」

「沒問題，不過我們還是有附加條件。」

那就是孫必須負責蒐集日本全國上下所有的軟體。

「我們希望你能夠在明年的一月三十一日前蒐集完成。」

這個時候距離明年的一九八二年一月三十一日，只剩下一個月時間，這真的是很有難度的條件。

「我知道了，我會努力去達成目標。」

於是孫就連一月的休假也持續在工作，從北海道一路再到九州，因為在當時的北海道與九州有許多家評價很好的軟體公司。孫就這樣靠著高人一等的行動力，在約定期限順利購買到約一百家公司所出產的各式各樣種類的電玩、實用軟體，總數量約有一萬套軟體，總花費為四千六百萬日圓。

而藤原也是一個創意無限的人，他將孫購買來的軟體全都公開展示在J&P的店面裡，以往的做法是會將軟體放在展示櫃當中。

「這樣公開展示不是會有遭竊的風險嗎？」

有許多人對這樣的做法表示擔心，但是當時的音樂界已經出現將黑膠唱片與卡式錄音帶陳列在一整面牆上的展示手法，因此藤原才會主張軟體也應該按照相同方式來展示。以顧客至上的出發點來說，這樣的做法並無不妥，而且還能有效提升購買率。最後證明這樣創新的想法也的確發揮一定功效，連帶讓J&P的業績有相當顯著的成長。

另一方面，孫也成功讓自己的軟體經銷公司往前邁向一大步，因為一通電話而給了公司起死回生的機會。

此外，孫也去了百貨公司和店家到處宣傳。

「上新電機是日本最大的電腦經銷商，店內擁有全日本最齊全的軟體。而我的公司則是與這家公司簽訂了獨家的販賣契約，如果你也想要邁向成功，請立即與我們公司合作。」

日本的小孩是在一九七〇年的後半年，開始興起一股熱衷玩電腦遊戲的風潮。這股流行由七九年時的《太空侵略者》到達巔峰，進入八〇年代之後，各式各樣的遊戲也陸續誕生。

而發行這些遊戲軟體當中，最主要的企業就是北海道的Hudson Soft。包括《桃太郎傳說》、《桃太郎電鐵》、《高橋名人之冒險島》、《星際戰士》、《淘金者》等，都是由這家公司所開發，且風行至全世界的人氣遊戲軟體。

Hudson Soft的社長是工藤裕司，工藤雖然在大阪電子商品展示會時拒絕了孫的邀約，但是卻對孫這個人產生高度興趣。於是他指示擔任副社長的弟弟工藤浩去和孫見面。

「東京有個叫做孫的男人，似乎是個很有趣的人，你要不要去和對方見個面？」

孫的人生在此時出現了多個認識貴人的好機會，當他回顧這段經歷時，只能用幸運二字來形容當時的際遇。然而對孫來說，這樣的幸運可不是平白無故就會自動從天而降。

一九八一年的秋天，孫在東京赤坂Hudson Soft的事務所與工藤浩見面。在雙方初次見面的場合裡，孫便迫不及待地這麼表示。

「廢話就不多說了，我想要和你們公司簽訂獨家契約。」

工藤感到有些遲疑，心裡想這個人難道是騙子嗎？

孫的提案其實相當簡單明瞭，就是不只是要透過日本軟銀來販賣軟體，而且也不能將軟體銷往專門販賣軟體的小型賣場。

不是才剛見面認識而已，就連自我介紹都只是簡單帶過，但卻突然獅子大開口要簽下獨家契約，對方當然會感到很吃驚。因為Hudson Soft在當時是由工藤兄弟一同經營的日本第一軟體公司，總公司位在札幌，而且是透過兩種方式在販售軟體，也就是電話傳真訂購販賣以及經銷商銷售方式。

一九七七年十月，電波新聞社發行《月刊 My Com》時，Hudson Soft 就曾經登過手寫的廣告，接著就收到來自全國各地的軟體訂單。而電波新聞社則是看到軟體產品如此熱賣的盛況，於是決定透過自家公司的分公司來販賣軟體。之後負責製作夏普關係企業電子零件的中間商——NIDEKO 公司也採用了 Hudson Soft 的軟體。

另一方面，Hudson Soft 也開始著手準備自家公司的販賣銷售網。在八〇年代這樣的經營模式興起一股風潮，各家企業都處於還在摸索的狀態，並懷抱夢想在實行這樣的經營模式。對 Hudson Soft 而言，先是有電波新聞社，再來是 NIDEKO 公司，而第三家的業務對象就是日本軟銀，但是對方卻突然提出獨家契約的提案。

工藤浩表示若簽訂獨家契約，銷售量就勢必會下跌。

工藤浩是一直在企業界打滾的人士，他在北海道出生，是個內心充滿熱忱且意氣風發、擁有野心的人。換句話說就是以北方人心態在鄙視東京的一切，因此他才會認為不能夠輕易就接受孫的提案。

而對方遲疑的態度也早就在孫的預料之內，於是他沉穩地向對方表示：「我們公司不會採用沒有把握的販賣手法，而這樣的經營模式不用多久就能達到獲利數十倍的成果。」

不知道工藤浩在聽聞孫的這一番言論時，內心是做何感想？是驚訝到不知道該如何回應，還是認為孫這個人根本在誇大其辭過度妄想？

然而工藤卻只是安靜地聽著孫表述自己的意見，緊接著孫又這麼說。

「因為我是天才。」

就在雙方經過幾次的會面之後，工藤浩也逐漸瞭解到孫真的是個天才，因為他從沒見過會說出這些話的人。

「我想要將日本軟銀打造成日本第一的經銷商公司。」

因為在上新電機打電話來之前，孫的公司既沒有實際業績也沒有足夠資金，那時候的他只有對這個行業的熱忱和夢想罷了。

然而，想成為日本第一的經銷商公司的偉大夢想，對孫來說並非是在癡人說夢。因為光靠孫的交涉能力以及行動力，的確就足以讓這樣的夢想充滿可能性。

這個人不簡單，工藤的內心滿是驚訝，居然在東京會有這樣特別的企業家存在。

於是工藤開口這麼說。

「那麼就請你準備好獨家契約的保證金三千萬日圓。」

三千萬日圓相當於 Hudson Soft 一個月的營業額。

而孫則是沒有任何猶豫地這樣回答。

「我知道了。」

孫為了籌出這筆錢，只好四處向認識的友人低頭借錢。

孫是第一次和工藤浩見面是在秋天，接著在冬季一開始就和對方談成必須先交付三千萬日圓保證金的獨家契約。

十二月，眼看雙方約定的期限就快要到了。但是孫的公司的運轉資金就已經要見底了。

在這一年的十二月十日，京都大學的福井謙一教授因為「前線軌道理論」（Frontier molecular orbital theory）而獲得諾貝爾化學獎，這是第六位日本人獲頒此項殊榮。

19　先見之明

有句成語叫做「赤手空拳」，意思是沒有任何實際作為，既沒有社會地位也缺乏名聲，也沒有金錢，什麼都沒有的狀態。

希臘神話裡有普羅米修斯與厄庇墨透斯的這對兄弟，普羅米修斯是有「先見之明」的巨人；厄庇墨透斯則是有「後見之明」的巨人。而孫絕對是屬於普羅米修斯類型的人物。

因為他對自己的才能擁有絕對的自信，也具備一定的行動力，而且他也是個上天眷顧的人。孫憑藉著行動力與那股熱忱來打拼，進而吸引到那些認同他想法的人，將他從谷底救出。

雖然孫最後還是想辦法籌到了要交給 Hudson Soft 的三千萬日圓保證金，然而自家公司的運轉資金仍是見底狀態。這也讓人感覺孫的公司要成為日本第一的經銷商公司的這個目標，似乎仍有一段不短的距離。因為幾家大型的銀行，是絕對不可能願意傾聽這個沒有實際成績的年輕經營者口中的夢想與熱忱的。

（真不甘心！）

但是孫還是必須看清事實，正所謂身在困境才更能看清未來。

（要用三百年後的眼光來看現在這世界。自己期盼的未來一定會出現。）

一九八二年的一月，孫終於獲得了幸運之神的眷顧。

因為東京千代田區的第一勸業銀行（現在的瑞穗銀行）麴町分行長——御器谷正之答應了孫的拜訪請求，而御器谷是在前年的十月才剛到這家銀行工作。

由於麴町周邊是屬於皇居的管轄範圍，所以有優秀的警察會派駐此地，消防署的滅火行動也都被評鑑為最高層級的表現，因此這家銀行分行的評價多在中上到優等的程度。然而客戶人數和資金量還是有一定的限制，因為誰也不想再次看到泡沫經濟的出現。這時的房屋價格雖然開始微幅上升，但是高爾夫球俱樂部的會員權利等費用激增，則是在二、三年後才發生的事。

孫在此之前已經向多家銀行借款。他在前往麴町分行前已經陷入緊急狀態，表面上是個年僅二十四歲的新人企業家，但其實私底下已面臨到公司的存亡問題。這最主要的原因就是沒有錢，所以才會如此迫切地到處籌措資金，當時孫就是過著如此艱困的生活。

因為孫還沒有闖出名號的實際作為，而且名下也沒有不動產。但是硬要說的話，由於父親三憲的事業跨足多方領域，應該是擁有不少資產的企業家，但是孫在融資的部分卻怎樣也不想動用到父親的財產。這個時候的孫就像是赤手空拳的普羅米修斯。

一月的一個晴朗午後，御器谷邀請獨自赴約的孫進到分行長室內。雖然御器谷的身份是分行長，但他給人的印象卻不像是傳統的銀行員，簡單形容就是儀表堂堂的男人。從第一眼印象就可得知對方應該是慶應大學的畢業生，有品味的領帶再加上整身茶色裝扮，簡直就像是英國紳士。

御器谷在從慶應大學畢業後，就立即進入日本勸業銀行工作，而他從學生時代就開始交往的妻子則是在第一銀行內服務。他當初要進入這家銀行工作前，許多的同事都對此相當不看好，但在之後（一九七一年十月）兩家銀行合併，朋友都改口表示「你還真是有先見之明」，成功扭轉這些人原來的看法。

至於孫則是一身受美國流行影響的幹練穿著，在雙方禮貌性地自我介紹後，他依舊以那不變的沉著口吻來繼續與對方交涉。他一開始就跟對方說明自己在加大柏克萊分校的生活與如何展開現在的事業，以及回到日本後的軟體銷售事業的話題。

孫在提及自己的事業時，則是有特別提到上新電機與 Hudson Soft 的具體公司名稱。而在聊到之後會走向電腦時代的這個話題時，他更是提高音量發表了自己的意見。

「日本之後絕對會走向電腦時代。」

因為打從孫創立日本軟銀的第一天開始，他就已經訂下了三個準則。

數位資訊社會的強化行動。

從事電腦相關基礎建設的工作。

不要拘泥於單項商品，而是要找尋一成串有相關聯的商品。

雖然御器谷並不懂電腦知識，但是他在當下就能夠馬上理解到這個年輕人所要追尋的目標。

現在雖然市場上是以電玩遊戲軟體為大宗，但不久的將來，希望將商業軟體的比例大幅提升。

這個年輕人持續在述說著自己的夢想。

三十分鐘過後，御器谷不知何時已經被眼前著個充滿熱忱的年輕人給打動了。他想要在能力範圍內盡量提供協助，正當他腦中浮現這個想法的同時，孫突然就提到有關融資的話題。

「我現在很需要錢，如果您能夠認同我的工作內容的話……」

孫提高音量。

「我希望銀行能提供一億日圓的融資。」

此時在場的其他下屬也察覺到了御器谷對這個年輕人似乎很感興趣，因為所有人都在這個瞬間開始動手記錄下筆記。

因為要是答應融資，就必須向總行的審查部提出申請書。

「那你可以提供公司過去三年的營業報告書、資產負債表以及利潤表嗎？」

御器谷對孫這麼說。

「這些東西我都沒有。唯獨只有不輸給任何人的熱忱……」

孫理所當然地這麼回覆。

「沒有任何擔保物，我不好開口請人家幫忙。」

御器谷從沒處理過沒有擔保物的融資案件。

孫接著這麼說。

「雖然沒有擔保物，但是可以用最優惠利率借貸給我嗎？」

最優惠利率是指最低的預貸利息。

孫自從在加大柏克萊分校的學生時代以來，都一直是以最優惠利率來向銀行借貸。

御器谷從沒見過第一次見面就能提出這樣條件的人，可以說是相當不禮貌的行為。照道理來說，御器谷當時理當是有生氣的權利。他原本就是個對創業公司直覺很靈敏的一個人，因為銀行裡也是需要有擅長專門來處理創業公司，以及特殊領域融資案件的行員，所以御器谷以銀行員身份來說相當重視自己的直覺。

（這個年輕人在胡說些什麼，感覺和一般人不同）

他光是聽聞孫的這一番話，就能夠在心中開始描繪這個人的性格。因為傑出的銀行員必須在每天與多名對象交涉的過程中，培養出敏銳的觀察能力。即便對方與銀行間的往來沒有任何可疑之處，但還是要能立刻判斷出對方誠實與否，以及是否為道德有瑕疵的人物。

每一家銀行的分行長都要具備有相信自己的眼光，以及以經驗法則為基礎，相信自己不會做出誤判的自信心。因此御器谷並不會因為對方的經歷、姓名等因素而陷入固有觀念的思維當中。

「不好意思，因為接下來和別人有約……」

下屬告知已經超過預定會面的時間。

於是御器谷便詢問孫是否願意接受信用調查。

孫給了對方上新電機和夏普佐佐木正的名字。

「我瞭解了。那麼銀行方面會進行調查以及提出檢討事項，請再給我一點時間。」

御器谷仍舊保持銀行員冷靜沉穩的態度，但此時的御器谷心裡所想的是怎樣也要幫忙孫的公司順利得到銀行的融資。

孫整個人散發出不可言喻的魅力。

御器谷回想起當時的情景。

「他是個很率直的年輕人，他當時只比我的孩子大幾歲而已。他的說話態度很有禮貌，有關事業內容部分的說明也很有條理，讓人很好理解。」

於是御器谷便立刻展開行動。他和大阪難波的分行長山內和彥取得聯絡。

「我想請你幫忙進行日本軟銀的信用調查。」

御器谷本人在任職大阪分行時，曾多次造訪上新電機。

御器谷是很純粹的江戶男兒，他是個很有實踐力的人。他認為若是決定融資就要盡快通過手續，若是要拒絕，那最快明天就可以給對方答覆。要先確認孫所說的是事實還是謊話，一旦發現對方不能信任就要立刻拒絕。

山內因為受御器谷之託，而立刻趕往上新電機來確認孫的企業實際成果。

另一方面，佐佐木正也因為孫的關係，而收到銀行職員的照會聯繫。

佐佐木是這表示的。

「孫是值得信任的人。」

佐佐木除了表達自己的想法之外，甚至覺得可以將所有的財產都壓在與孫的合作關係上頭。因為對佐佐木而言，以一個男人的立場如果信任一個人，應該是能夠為對方賭上一切的程度。他那個時候甚至跟妻子表示之後有可能淪為無家可歸的狀態。

銀行的分行長能夠自己裁決的企業融資金額，一般來說是在一千萬日圓左右。因此一億日圓的融資已經超出了御器谷的職責權限了。

而在創業公司的融資部分更是必須慎重，所以無法只憑藉當事人當下的熱忱與夢想而通過這樣的融資。第一勸業銀行內部負責處理融資關係的是審查部和企業部，已經有商業活動的大型企業是由審查部來核定，而像是日本軟銀這樣的創業公司，則是要交由企業部進行核定。

於是御器谷決定向企業部長尋求協助。

「這讓我很為難。」

企業部長皺著眉頭。

最終還是沒有定論，因為無法看出這家公司的未來性。

「那就讓大家來討論好了。」

企業部長這樣表示。

電腦的未來發展性為何？

沒有任何一個人可以做出決定性的結論。

御器谷自己也沒有實際操作電腦的經驗。

不過在此時，一位年輕的優秀下屬——荒幡義光卻極力主張「電腦現在正靜悄悄地帶起風潮，在之後會成為趨勢產業」，而這一番話也讓御器谷不再猶豫。

「那麼就這樣決定了。」

御器谷要荒幡負責寫要給本部的申請書，而且還是採用最優惠利率。通常除了大企業，一般的融資案是以百分之〇．五的利息來計算。

不過御器谷卻大膽主張不要向孫收取利息，他認為有必須這麼做的理由。因為他想要幫助這些創業公司的發展，對有能力的年輕人伸出援手。

另一方面，他也是考慮到萬一收取利息，有可能會造成對方延遲還款，這樣就連原先的借貸款也無法拿到，從這樣的思維當中不難看出御器谷的江戶男兒氣概。

但是通過審查的機率只有一半，而且還有可能會變更融資利率。

再加上是在沒有擔保物，也沒有擔保人的狀態下，進行這次一億日圓的融資案。

「還好銀行最後還是通過融資案了。」

御器谷深深吐了一口氣。

當然夏普的佐佐木和上新電機的淨弘也幫了大忙，但是能順利獲得融資，最重要的還是因為孫那股對事業的熱忱打動了許多人。

一個星期後，孫前去拜訪麴町分行的御器谷。御器谷臉上帶著微笑這麼說。

「我們想要賭看看你的將來。」

這個時候的御器谷可以說是融資領域的普羅米修斯。

而到了日後，孫將「得到了御器谷先生諸多協助」的這句感謝話語經常掛在嘴邊，但是卻絕口不提「銀行」二字。

一九八二年十二月，由史蒂芬．史匹柏（Steven Spielberg）擔任導演的《E.T. 外星人》在日本上映，締造了觀影人數超過一千萬人的新紀錄。

20 五郎

一九八二年，業績穩定攀升的日本軟銀卻遭遇到一個難題。

孫希望在當時相當受歡迎的《I／O》、《ASCII》、《My Com》三家電腦雜誌上刊登日本軟銀的廣告，因為他認為要擴充軟體的銷售業務，刊登廣告是不可或缺的方式。

但是對方卻拒絕刊登廣告。

這三本雜誌在當時獨具鰲頭。《I／O》是由工學社出版，內容以讀者投稿為主的老字號雜誌；ASCII所發行的《ASCII》則是偏好刊載美國的情報消息；至於《My Com》則是由之前也提過的電波新聞社出版，內容收錄了業界相當豐富的資訊。

而且這類雜誌在前二、三期的內容當中，也有相當多刊登廣告的篇幅。

對於這突如其來的難題，孫還是以冷靜的態度去面對。對方已經明確表示不願意刊登日本軟銀的廣告——而孫當然知道這其中的理由何在。因為他已經從某些跡象嗅到不對勁的味道。

這三家出版社之所以拒絕刊登廣告，是因為他們已經有跨足軟體銷售業的計劃，因此要先將競爭對手拒於門外。

孫記得當時自己感到相當憤怒，認為這些人根本沒有在思考日本電腦業界的未來。

美國社會總是會將公平二字掛在嘴邊，因為每個人的機會都必須是平等，然而日本卻存在著欺壓小公司的島國封閉觀念。那樣做到底能得到什麼好處？只不過是被日本式的行動、被嫉妒沖昏頭的思考方式罷了。

孫對此表達了強烈的抗議。因為他的名字就是正義。

原來這就是現在的日本人，幕末時代的坂本龍馬、西鄉隆盛以及大久保利通的精神都已經蕩然無存。

「既然如此，我也要有所準備。」

孫沉穩地說出這句話，在這個瞬間他也下定了決心。

在三家出版社聯合拒絕刊登廣告的作戰方式下，迫使孫有所覺悟。雖然他心中已有遲早有一天會進軍出版業的打算，但他決定將這項計劃提前。他要盡快跨足出版事業。

雖然時機點尚未成熟，但是孫就是無法對這個不利情況視而不見。他要試著做出日本第一的電腦雜誌，孫的內心燃起無限熱情。

但是由於這三本雜誌內容都是屬於高水準的專業電腦雜誌，孫只能思考要如何贏過這些專業雜誌，更何況起步較晚的日本軟銀，比起這些出版社，在經驗與人才方面的資源也相當有限。

起步較晚必須要擁有更出色的創意，這樣才能讓人感受到你的決心，也就是要制定明確的戰略方向。

孫所採取的戰略是將眼光放在更遠大的目標上，他決定發行月刊雜誌，而且還是同時推出二本雜誌。或許可以說他是藝高人膽大，但是這樣的做法似乎有些衝動，所以當時孫周圍的人幾乎都不認同他的這個戰略。

相較於「為了建立起資訊基礎建設提供者的地位，一開始必須保持中立，不能給人偏好特定廠商印象」的普遍思考方式，孫卻是在無意當中採取了「蘭徹斯特法則」」（Lanchester' s Law）當中基本的「攻擊敵人進入視野範圍內的地方」手法，也就是知名的「弱者戰略」。

「與訴求中立的綜合雜誌正面對決的勝算相當低。由於當時每家廠商還沒有研發出電腦的兼容性，於是決定採取以機種類別來發行情報誌的策略。如此一來，就算兵力薄弱也會有勝算，因為做出的是內容豐富的雜誌。」

提出這個基礎法則的人是英國的工程師——弗雷德里克．威廉．蘭徹斯特（F.W.Lanchester），他的論點強調所謂的策略會依身為弱者或強者而有所不同。而孫正義正是身為弱者的立場。

成功突破盲點，這就是細心的孫所思考出的戰略方向。

一九八二年五月，《Oh！PC》與《Oh！MZ》創刊。《Oh！PC》是在介紹NEC的PC-8000、PC-8800、PC-6000系列機種的相關情報；《Oh！MZ》則是將重點放在夏普的MZ-80B、K／C、PO的小型電腦系列。

孫雖然有自信能做好，但由於這些雜誌都和在雜誌王國美國所看到的電腦雜誌性質天差地別，所以這二本雜誌有可能完全不熱賣。

果不如其然，二個月後的退貨數量是孫怎麼也沒想到的多。以一本雜誌的發行量五萬本來計算，實際上有百分之八十五的雜誌都沒有銷售出去，堆疊在倉庫內。最終這些雜誌山還是逃脫不了被銷毀的命運。

每個月被退回的雜誌都堆得像山一樣高。日本有個說法是三期雜誌，就是指發行了創刊號後，就必須在隔月趕緊推出第二期的雜誌。接著在第二期出刊後，又要開始加快腳步來編輯第三期的內容。等到第三期出版時，創刊號的銷售成績也會出爐。要是銷售量差強人意，就會決定中止發行計劃。如此一來，那家出版社的編輯者在過程中的努力也會就此付之一炬。

戰略家孫正義即便遭受如此打擊，也不輕易宣告失敗。

不過在創刊號發行半年後的十一月，第七期雜誌卻創下史上最滯銷的赤字紀錄。

此時已經是一九八二年要結束的時候，於是孫決定展開新一波的作戰計劃。

那就是孫決定要回應所有讀者的要求。

讀者回函當中，記載了許多直率且條理分明的意見。

於是孫就將《Oh！PC》的雜誌尺寸做些調整，並在電視上打廣告。發行數量增加到兩倍，售價從原本的六百八十日圓降到四百八十日圓。

這樣的做法或許不符合常理，但是為了要讓這種非傳統戰略能夠成功，就需要某一位人物的協助。

一九八二年九月初的某一天，有個男人——橋本五郎的目光停留在報紙的徵人啟事上。

「專業的個人電腦雜誌出版社，徵求編輯。」

橋本在那時是失業的身份。他在當時辭去了貿易相關的出版社工作，所以正在找尋新工作。他三十七歲，有三個小孩。之前都是過著辛苦工作的生活，所以從現在開始，他希望能夠找到值得自己奉獻一生價值的公司。他原本的工作就是編輯，他想要再一次挑戰自己能力的極限。於是橋本就在九月六日前往位在千代田區四番町東鄉公園附近的日本軟銀面試。事務所是屬於半地下室的建築，整個室內空間瀰漫著熱氣，每個人都忙得不可開交。

負責面試的人告訴橋本說公司十月要推出新雜誌。

希望能做出介紹8位元的掌上型電腦（筆記型電腦、個人電腦）的季刊型專業雜誌《Oh！HC》。

「你後天可以來上班嗎？」

喜歡爬山的橋本原本預定要去爬山，因為他原以為最快應該也要二星期後再來上班，所以他顯得有些驚慌。

雖然說他有在注意電腦的資訊，但卻不具備專家身份。

不過橋本很喜歡雜誌，他的編輯魂開始燃燒，眼神發亮。

於是他在九月八日那天開始上班。從零開始撰寫文稿，最後趕上期限，在十月十二日做出創刊號，市場上也有不錯的評價。

而被延攬進公司並成為新任總編輯的橋本，則是在之後首次與孫見面。

橋本有些驚訝，因為自己的體型不高，沒想到孫的身高比自己還要小一號。

當時孫的氣色看起來不太好，橋本是在後來才知道原因，因為當時孫生了一場大病。

但是孫整個人還是很有活力的樣子。

孫開口這樣表示。

「我想要在電視上打廣告。」

他決定要賭上一切，全心全意去做好這件事，這才是孫真正的本事。

雜誌的退書明明就已經堆得像小山一樣高，卻仍然堅持要增加一倍的發行數量，而且還要再花一億日圓在電視上打廣告。要負責這麼重要的事情，橋本感覺到肩上的責任重大。

不如就將自己的未來下注在這個男人身上試試看，橋本在此時下定決心。他要以一個總編輯身份竭盡所能去做好工作，這樣才能讓孫的這份期待不要落空。

因此橋本變更雜誌的版型尺寸，將原先從中對摺裝訂的尺寸，更改為21×25・7㎝平裝尺寸，並增加雜誌封底厚度。由此可看出橋本確實具備有新思維。

然而就算是多麼優質的出版品，要是沒有知名度一樣會滯銷。

於是孫就跟電通公司商討電視廣告一事。

因為決定要在電視上替雜誌打廣告，這是相當少見的舉動，更何況主角還是銷售不佳的雜誌，不禁讓人質疑這麼做真的有那個價值存在嗎？

孫認為就是因為居於劣勢，才更要採取轉守為攻的戰略。

孫在整個交涉過程中極為強勢，將價值一億日圓的電視廣告成功降價到六千萬日圓。

孫在與電通公司交涉過後，他就立即前往ＮＥＣ。因為他要對方支付自己成功爭取來的六千萬日圓廣告費的一半金額，也就是三千萬日圓。

因為《Ｏｈ！ＰＣ》的內容就是在介紹ＮＥＣ的ＰＣ系列商品。

雖然花了點時間，但最後ＮＥＣ的副社長大內淳義還是願意幫忙，雙方順利達成共識。

對於孫的這個提案大內認為「這是很有趣的提議，讓我們一起合作」，於是很快就表示同意。他也是給予孫極高評價的其中一人，大內雖然已經在一九九六年去世，但是對孫而言，他也是自己人生中的大恩人。

一九八三年二月，在澀谷十字路口的電視廣告牆每個頻道都在播放《Oh！PC》的廣告，十萬本的雜誌在三天之內就全部銷售完畢。公司的廣告收入增加，編輯部士氣為之一振，之後也順利讓銷售數字持續往上提升。

而這股氣勢也讓《Oh！PC》的銷售數字達到十五萬本之多。《Oh！MZ》、《Oh！HC》的銷售成績也持續成長，緊接著又陸續推出了《Oh！FM》、《Oh！55》、《Oh！PASOPIA》、《Oh！HitBit》、《Oh！16》，四本月刊誌再加上四本季刊誌，讓出版社的雜誌發行數增加到八本雜誌之多。

某日，剛好有事去到總公司（出版事業部原本是在東鄉公園附近的大樓內，但是總公司為了要擴增業務範圍，而移到九段上）的橋本五郎在走廊上被孫給叫住。

「五郎。」

孫輕拍橋本的肩膀，以親切的口吻這麼說。

「《Oh！PC》的內容很有趣呢！」

「謝謝。」

橋本露出溫暖的笑容，低著頭道謝。他感到相當高興。

他終於找到能奉獻一輩子的工作了，這份喜悅有一部分也是因為遇見了值得託付生命的人物。在柔和的早春陽光照射下，孫的臉上揚起燦爛的笑容。

橋本在後來還升上常務董事出版事業部長一職，但是他現在已經不在世上了。橋本在生前是這樣形容孫這個人。

「孫先生雖然在工作時相當嚴厲，但其實他是個很體貼的人。他是懷有傳統思維的數位資訊人，我能夠和孫正義這號人物生活在同個時代，真的是件很幸福的事，我是個幸福的人。」

21 狂放的靈魂叫喊聲

日本軟銀的經營狀況穩定成長，不，正確來說應該是勢如破竹在持續成長。從一開始只有三個人的公司，到一九八二年增加到三十位職員，年營業額達二十億日圓。到了隔年的一九八三年，職員大幅增加至一百二十五人，年營業額也急速成長至四十五億日圓。

孫每天一睜開眼睛就忙個不停，星期六、日也完全沒有休假，總是為了工作而犧牲睡眠時間。而公司內的職員也是每天忙碌工作，甚至還有因為沒辦法在上班時間內完成工作，而選擇在公司過夜的職員。他們只能睡在沙發上，或是鑽進睡袋裡稍作休息。

孫是個專注於某件事，就不會意識到周遭變化的人，所以他總是埋頭於工作之中。有時候甚至連吃飯都忘了。

或許是因為每天都睡眠不足，他總覺得身體特別疲倦。他只好安慰自己應該是工作太累。

不過也因為孫自己有身體不適的經驗，所以他便順水推舟來制訂日本軟銀的定期健康檢查制度。

孫自己也接受了健康檢查，檢查結果在一個星期後出爐。

孫看到結果後整個人不發一語。

「需要再複檢。」

他的臉顯得蒼白無血色。

孫還是認為自己是因為過度勞累，而引發的身體疲倦，但是這跟普通的疲倦感不同，比較正確的說法應該是整個人感覺沒有力氣。所以才會出現「過度勞累導致肝功能低下」的檢查結果。

他的肝臟e抗原指數異常，所以當體內病毒增生時，血液裡會產生不好的蛋白質。e抗原呈現陽性反應，就表示體內的病毒正在大量繁殖當中。

於是孫便立即前往知名的大學醫院就診。

他冷靜地聽著醫生的說明。

孫得到了慢性肝炎，所有的工作行程都必須先取消。

「請先住院好好專心治療。」

如果不趕快住院治療，很有可能會危及到性命。

孫緊張問醫生說：「要住院多久才能出院？」

醫生的臉色一沉。

慢性肝炎在當時是不治之症，因為還沒有研究出完全根治的治療方式。

「慢性肝炎要是惡化成肝硬化，再來就是會變成肝癌。」

聽到這番話後，就算是孫這號人物也不禁沉默。不過他很快就回過神來詢問醫師。

「那我還能活多久……」

「我不知道，不過在五年內惡化為肝硬化的可能性相當高。」

於是孫就住院療養。

「孫正義因為肝炎住院治療。」

他的友人陸弘亮一聽到這個消息就馬上飛到日本探病。

妻子優美看到熟悉的友人陸弘亮，忍不住流下淚來。

她的丈夫才二十五歲，優美不敢相信自己竟然得面對這樣殘酷的現實。對她而言，唯一值得慶幸的是丈夫從外表看來，根本不像是生了重病的樣子。

而孫則是決定將自己考慮已久的想法告訴陸弘亮。

他對友人陸弘亮表示想要清算 Unison World 的總資產，然後將這家公司賣給他，價格大約為二億日圓。

陸弘亮彎曲著一百八十七公分高的身體，表現出無奈情緒。

陸弘亮沒有能力支付如此高的金額。於是孫決定幫忙介紹融資對象，並表示對方可以從公司盈餘中再分次償還。

電玩軟體就算新商品成功引起了使用者的興趣，只要接下來有更吸引人的電玩軟體出現，原本的電玩軟體就會失去話題性。

而晉升成為公司老闆的陸弘亮，就必須主導接下來電玩軟體的性質走向。他在經過一番深思熟慮後做出了決定。

他想要開發出對多數人有幫助的軟體，這樣的決定的確是準確嗅到了商機，這是陸弘亮從孫身上所學到的東西。於是他便著手進行賀卡軟體、行程表軟體等熱賣商品的開發作業，當中也有持續熱銷達十年之久的軟體。由此不難看出陸弘亮在商業方面的遠見能力。

孫之所以決定將公司賣給陸弘亮，這背後的原因或許可當做是孫企圖開拓新人生，考量到友情因素所做出的冷靜判斷。

當時孫並沒有將自己住院療養一事告知公司員工。

因為日本軟銀就等同於孫正義。

「社長去美國出差。」

社長正在長期出差的消息在公司內部流傳。

除了一些幹部員工以外，幾乎所有的員工都真的以為孫去了美國。

至於幹部員工當中，可說是孫左右手的下屬——立石勝義當然知道真正的實情。立石是在一九八二年進入公司，他在營業、資金關係、訂單進貨等各方面都是孫不可或缺的得力助手。

由於孫之前也曾經多次往返美國，所以就連合作廠商，以及大多數的職員都不曉得孫的住院消息。因為就連孫的得力助手立石也都表示「社長在美國出差」，所以職員們都對此深信不疑。

另一方面，孫則是偷偷從醫院溜出來到公司去露個臉。那時候孫的臉上仍是一直帶著笑容。

他在辦公桌後方擺放著簡易的床鋪，如果感覺疲憊就會躺下稍作休息。

孫在和立石一起搭車時，他橫躺在後座，並向立石說聲「不好意思」後，就將自己的腳放在立石的腿上。

看到這樣的情景，這對總是在身邊守護孫的立石來說，的確是令人感到難過的一刻。

因為孫拖著病體在強打精神，立石實在不忍心看到孫一個人獨自在與病魔奮鬥的虛弱模樣。不過立石也相信孫一定能夠戰勝疾病，這並不是同情，而是基於自己對孫的絕對信賴感。

結果老天保佑，孫的e抗原指數真的開始逐漸下降。

因此醫院也同意讓孫回家靜養。

出院後的孫帶著電腦待在位於新宿區納戶町的住家內，一天工作七、八個小時。

然而如此忙於工作的孫，終究體力不支倒下，所以只好再次入院療養。

待在病房內的孫感到很孤單。

因為公司好不容易才終於上軌道，但是卻不曉得自己往後還能不能活得過五年時間。現在女兒才一歲半大，孫想要為了這個才剛出生的新生命來繼續活下去。但是殘酷的現實是他現在只能呈現仰臥姿勢凝視著點滴的流經方向。難道自己要就這樣靜靜等待死期嗎？而且自己也不知道那個時刻何時會來臨。即便再次出院，不曉得哪一天病情又會再復發。孫的內心感到不安，即便身形日漸消瘦，他還是得努力活下去。

人生到底是什麼？

我到底是要為了誰而活？

為了自己？為了家人？

還是為了公司職員和客戶？

我是否能活下去體會更有意義的人生？

不只是為了自己和家人，也是為了這個廣大的世界。

因為人生只有一次。

這個時候孫可以說已經成為一個拼命找尋人生意義的求道者。

孫向我闡述了當時他苦悶的內心情緒。

「晚上我會在病房內哭泣。不是因為治療過程很難受，而是一想到小孩還這麼小，公司的營運才剛開始好轉，為什麼我必須得在這個時候離開人世呢？我生病的事情必須保密，要不然銀行就會馬上停止公司的融資。所以我那時才會偷偷跑出醫院回去公司開會。那個時候我真的是想了很多，思考自己到底是為了什麼在工作……。最後得到的結論是我想要做能夠讓人開心的工作。」

孫即便躺在病床上，他還是放不下自己的事業。

他會時常拜託夏普的佐佐木「幫忙介紹熟悉金融與市場調查的人才」。

佐佐木在當時因為恰巧有和日本保全（現在的 SECOM）的副社長大森康彥吃飯的機會，所以便邀請了孫。

孫是在 NEW OTANI HOTEL 地下二樓的 Elmy 餐廳與大森見面。

在吃飯途中孫停下手邊的動作，向大森述說自己的遠大夢想。

「很不錯的想法。」

「不敢當。」

孫在處理事業相關事宜的應對態度是相當縝密且慎重的。

他雖然個性沉穩，但只要遇到意氣相投的人，他就會百分之百相信對方說的所有話。這是孫的優點但同時也是缺點。

「自己創業的經營者總是喜歡新東西，很容易一頭熱，但也很快就會退燒。我發現自己也有這樣的缺點。」

因此孫才會將希望放在擁有自己所沒有優點的大森身上。

當大森到醫院探病時，孫開口這麼說。

「你願不願意幫忙經營我的公司？」

大森五十二歲，他比孫還要年長二十七歲。他從慶應大學畢業後，就進入野村證券工作，曾擔任國際部長等職務，在一九七五年成為日本保全的顧問，之後就任副社長一職。無論是在股份、市場調查方面都擁有相當豐富的經驗。

大森同時也是日本保全的創辦人，並且是足以代表日本的企業家——飯田亮的得力助手。他有優秀的經營手腕，應對進退態度得宜，簡直是沒有缺點的人物。

孫在猶豫之間突然開口。

「我希望在我出院前，你能夠擔任公司的社長。」

因為考慮到對方仍在日本保全任職，孫只好使出高難度的體操技巧來出招。結果大森決定先辭退在日本保全的工作，並在獵人頭公司登錄資料。然後他就以在一天之內就以被日本軟銀延攬的形式而進到這家公司。因為孫認為大森就是具備有即便需要多花些時間和手續也值得的那個人物。

最後公司的職稱定調為孫是會長，大森為社長，呈現雙頭馬車的經營模式。

一九八三年四月，大森就任日本軟銀的社長一職。

在就任派對上，兩人並肩一起向到場的來賓打招呼。

然而對仍然在與病魔對抗的孫來說，接下來才是漫長苦難道路的開始。

22 病老虎的吼聲

所謂的命運就是有它殘酷的一面。一九八三年，孫正在與肝炎奮戰的這個時期，在他面前出現了一位天才，他就是ASCII的西和彥。

終於到了兩個宿命對手正面對決的時候了。

這是在大森康彥就任日本軟銀社長二個月後所發生的事。

「天才・西」對決「神童・孫」，兩位宿命般的對手。這兩個人之間持續針鋒相對的僵持處境，引發了之後火山爆發的情況。

一九八三年六月十六日，西和彥與微軟公司的比爾・蓋茲會長，以及日本知名的十四家電腦、家電製造商代表，意氣風發地召開了一場記者會。

「我們要提出MSX的構想。」

就是希望將家用電腦統一套用MSX規格的想法。

在此之前，只要機種的CPU（中央處理器）不同，那麼程式語言也會不同，所以必須按照各個機種來開發各式軟體。簡單來說，就是軟體還沒有具備所謂的兼容性。即便是使用相同的程式語言，但也會因為製造商不同，而各自具備獨創性，不過仍舊是欠缺兼容性。

所謂的兼容性是必須擁有相同的CPU、語言以及開發工具條件，這樣就能營造出即使在不同的硬體設備上，也能夠使用相同軟體的環境。

而如此不方便使用的電腦環境，還是持續下去直到之後才有DOS／V的標準套件來讓各家公司使用。

因此西和彥才會提出共用作業系統的MSX構想。

但是站在客觀的角度來看，這樣的舉動不過就是ASCII對於霸權慾望所採取的行動罷了。

這個時候孫還躺在醫院的病床上。當他從電視新聞得知這項消息的時候，心中滿是激昂的憤慨情緒。

他雖然感到懊悔，但是也贊成統一作業規格的做法。可是他絕對不允許微軟公司藉由統一規格的方式來掌握支配權的這個舉動。

即便對方已做好萬全準備，然而微軟公司企圖以這樣的手段來稱霸世界的這個想法，可是會對孫所制定的全球化戰略造成影響。

而且原本先提出統一規格構想的就是孫。

這件事不只會影響到企業的獲利，嚴重的話有可能會演變成為足以徹底顛覆日本命運的重大事件。孫早一步意識到這整件事的嚴重性。

在孫的眼裡，西和彥不過就是為了企業獲利，才會提出統一規格的這個想法。

至於微軟公司則是表示統一規格的參與費用為三千萬日圓到六千萬日圓，一台電腦的版權使用費需要花費到數千日圓的高價位。相對地日本軟銀則是提出參與費用只要數百萬日圓，版權使用費為數百日圓的構想來與其抗衡。

孫無法認同西和彥的做法，因為他認為這樣並不公平。一想到電腦將來的發展，孫怎樣也要想辦法阻止這樣的情況發生。

躺在病榻上的孫燃起了要與西和彥對抗的決心。

西和彥是在跟孫完全截然不同的環境之下長大的。他在一九五六年出生於日本神戶，比孫還要年長一歲。

他的祖父創立了私立須磨學園（神戶市），他生長在祖父母與雙親都是在這家學校執教鞭的教育者家庭。西和彥是家中的長男，在學術性的環境下成長。

即便有二次東大落榜的經驗，但是他在進入早稻田理工學系就讀之前，幾乎沒遭遇過任何重大挫敗。

西和彥在進入大學就讀的隔年一九七六年十月，在負責編輯以電腦重度使用者為對象的《INTERFACE》情報雜誌的星正明邀約之下，便與郡司明郎、塚本慶一郎等人創立了《I／O》。結果創刊號雜誌締造出驚人的銷售成績，於是星正明決定專注於《I／O》的出版計劃。西和彥則是搖身一變成為電腦界的風雲人物。

一九七七年六月，西與郡司、塚本共同打造出《ASCII》一誌。

過了一年後，西面臨到重大的轉換期。

因為西在大學的圖書館內看到一本學會雜誌，內容刊載了比爾．蓋茲利用BASIC所製作出的個人電腦軟體文章。

「這種個人電腦所使用的軟體會為電腦界帶來革命。」

西開始對BASIC產生高度興趣，還說了之後要與蓋茲見面的大話。

一九七八年六月，在美國加州安納罕所舉辦的全美電腦會議的會場內，西首次與蓋茲見面，這也可以說是命運般的相遇。懷抱著個人電腦時代即將到來的夢想，二位同是二十二歲的年輕人認識後就一拍即合。

之後二人簽定將日本的 BASIC 販賣權交由西來負責的契約，因此微軟公司才確立了以日本為中心的東亞獨家販賣權，而且將這項權利交到西的公司手上。但是二人並沒有透過熟悉美國商業習慣的律師來簽約，而只是二人相互約定的契約方式。

至於獲得 BASIC 獨家販賣權的西，則是在之後的日本電腦市場上擁有強大的力量。那些有意進軍電腦市場的家電製造業者，都必須和西所經營的 ASCII 來洽談。

因此西被稱作是「日本的比爾・蓋茲」，他和蓋茲二人感情好到能以「比爾」和「凱伊」來相互稱呼。西也就此被吹捧為時代的新寵兒。

孫正義與西和彥是在一九七七年的夏天首次見面，孫那時候還在柏克萊讀書。

二人見面的地點是在大阪的松下電器產業本社，介紹二人認識的人是當時這家公司的技術本部長前田一泰。

那時候不曉得為什麼前田是以英文來介紹二人。

就在孫和夏普簽訂電子翻譯機的契約後，因為要簽訂另一項類似掌上型電腦商品的學習機開發契約，因此才會前去拜訪松下。

「他是個很有趣的人……」

前田向西這樣介紹孫。

這時候二人只有簡單打聲招呼而已，二人再次見面則是在四年後的一九八一年。

當時孫才剛創立日本軟銀沒多久，但是西卻已經靠著 ASCII 獲得豐碩成果。

在一次偶然機會裡，孫跟西打了聲招呼。

西這樣回應。

「那個用英文跟我說話的人是你嗎？」

對西來說，孫給他留下的印象是因為翻譯機而聲名大噪的自大有趣韓國人。

雖然孫清楚記得自己和西第一次見面的情形，但是西對孫的印象卻只停留在「好像是夏普的人（頭腦很好）」的程度。

後來孫因為日本軟銀的業績逐漸向上攀升，二人也因此爆發衝突。

從《I／O》、《ASCII》、《My Com》三家雜誌拒絕刊登日本軟銀廣告的這一件事，就可探知一二。

孫可說是受盡屈辱。

隨著軟體流通業務的穩定成長，為了開闢之後與小型賣場、軟體公司之間的合作關係，廣告的確是關係成敗的重要因素。因為拒絕刊載廣告，也會影響到公司的存亡問題，這時候孫的出版事業遭遇到意想不到的挫折。

但是對孫來說這樣的情勢演變確實也是一大轉機。因為驅使孫做出反抗動作的是他內心對這些不講道理的大企業冷酷態度所產生的憤怒。

再加上有在開發軟體的 ASCII 卻不願意將軟體賣給孫的公司。

「口中所說的話和心裡所想的完全是兩碼子事。」

孫很厭惡不守約定的行為，就算只是件小事，也不能隨意不遵守與孫之間的約定。繼拒絕刊登廣告之後又不願意販賣軟體，孫實在難掩心中的怒火，他無法以姑息的態度來面對這整件事。

然而事態的發展卻對孫造成了更強烈的衝擊。

一九八三年，孫和西終於正面展開激烈的 MSX 作戰。西所提倡的 MSX 是打著統一規格口號，但實際目的是想要獨佔市場，這讓孫的正義感爆發，覺得自己不能再坐視不管。

統一規格不對外公開，孫絕對不允許有這樣的事發生。

因為那些廠商日夜努力想要開發出新軟體，在競爭激烈的環境中，每家廠商卻又要被索取高價的版權使用費。

這樣的做法與其說是企業的私心作祟，不如說是一種欺負弱者的行為。

而且讓孫更感到屈辱的是，這一連串的動作都是在孫不知道的情況下進行。

六月二十一日，天空降下雨滴，孫偷偷從醫院溜了出來。他已經沒辦法只考慮到自己的病情了。

這時候的孫看起來精神充沛。

孫與他所號召而來的二十一家電腦製造商一同高聲疾呼。

「我們會發表其他規格的提案。」

會場內發出一陣驚呼聲，這時候在台上的所有人都不曉得孫正在為病痛所苦。

而在前一天晚上，孫和西已經先在飯店內有過一番唇槍舌戰。

「我們一起合作，條件是降低版權使用費。明天早上十點之前，我會等你的電話。」

孫打了通電話給西。

「這代表要全面開戰了。」

二人檯面下的交涉宣告破裂。

孫在離開會場回到醫院後，因為太勞累而倒在病床上。

他決定就算累到吐血，自己也一定要擊退ＭＳＸ。

西也絲毫不願退讓。

因此松下電器產業的部長才會出面來安撫二位當事人的情緒。

但是其實孫並沒有想要跟西吵架的意思，他當時只是因為考慮到了電腦將來的發展，才會有這些動作。

「西先生所提倡的ＭＳＸ，就是不管硬體或軟體都要收取高額的版權使用費，這是對ASCII和微軟公司有利的規格。所以請務必要公開。如果不這麼做的話，我們還會再推出別種規格，我是這樣跟西先生說的。」

十五天後的六月二十六日深夜到二十七日，孫和西又再一次召開高層會議。

最後決定由硬體設備廠商來公開規格（設計規格，ＣＰＵ的種類以及介面、記憶體容量、尺寸等），軟體開發情報也都會全部公開。因為西終於願意讓步才得以做出結論。

相較於「天才・西」，「神童・孫」選擇了毫不退縮地做法貫徹自己的主張。

當時媒體給二人取的「天才」與「神童」稱號，應該是要交換才對。因為「神童・孫」就算長大後，似乎也無法成為「普通人」。

一九八三年，日本的電腦銷售量已經突破一百萬台的年銷售量。

距離孫所描繪的未來已經一步步越來越靠近了。

23 交由上天決定

時間來到一九八三年的年末，孫的病情仍舊沒有起色，還是在好轉惡化之間持續徘徊。

病房內的孫注視著冰冷的窗戶，彷彿是在凝視著自己的命運。

我難道就要這樣安靜等死嗎？還是要賭上性命換個新方法呢？

我可以活到春天來臨嗎？即便撐到春天，我的這個病體，又如何能夠面對一次又一次的困難？孫的態度變得消極。

孫不但大量翻閱專業肝臟醫師所發表的論文，也相當積極到處打聽可以治好自己的醫生和治療方式。

最後卻是一個意想不到的人物救了孫的一命。

或許是上天聽到了愛子心切的雙親祈禱。

因為孫的父親三憲在報紙上，剛好看到一篇有關肝炎跨時代治療法的報導。

虎之門醫院的熊田博光醫生，因為在肝臟學會發表新的治療方式，而受到各方的矚目。而且是有別於以往的創新治療法，稱之為「類固醇脫離療法」。但是三憲並不曉得這項療法是否有效，所以只能趕緊打電話給兒子。

「你去跟熊田醫生見個面吧。」

孫對於父親所展現的關愛之意，真的是開心到眼淚都快要流下來。

「只要有一絲可能性都要賭看看。」

三憲的這句話相當有說服力。

孫決定遵照父親的意思。

新年的一九八四年一月，孫前往虎之門醫院接受熊田醫生的診斷。

「我在報紙上看到醫生您所提出的治療法，我的病可以治好嗎？」

他語氣堅定地這麼問。孫駝背坐在狹窄的診療室內的椅子上。

這位三十七歲的醫生雖然沒什麼名氣，但是卻充滿自信與熱情。

「就讓我們來試試看吧。要治療看看才知道有沒有效。」

熊田冷靜地這麼表示。

當時還沒出現慢性肝炎的有效療法。由於沒有顯著療效的療法，慢性肝炎可謂是，一旦患上就會惡化成肝硬化，不久後還會演變為肝癌的不治之症。

熊田看著孫的病歷表。

如果是健康的身體，e抗原的指數會是零。換句話說e抗原就是凶猛、蠻橫的病毒。e抗原會逐漸侵蝕肝臟進行破壞。

e抗原的指數可分為低、中、高的三個階段，孫的e抗原指數則是超過二百。

孫在這個時候很明顯已經是重度的慢性肝炎。會以輕度、中度、重度、肝硬化、肝癌的方式持續惡化。孫的病況眼看著就要惡化成肝硬化。五年內會惡化為肝硬化，然後腹部會呈現積水的狀態。

熊田決定以醫師身份採取能力範圍內的手段。

熊田當時並不知道孫是新崛起的企業家，只把對方當做是罹患不治之症的一個年輕人。從他的眉宇間能看出不想要被疾病打敗的決心，孫努力想要延續生命的樣子也打動了熊田醫生。

熊田醫生自己的人生也並非一帆風順。

他的小學、中學、高中都是在岐阜成長，以一位成績優秀少年之姿朝著成為地方醫院醫師的目標前進。從岐阜大學醫學系畢業後，接著被提攜到虎之門醫院病理學科進行研究，後來轉往同家醫院的消化器官科成為臨床醫師。

一九七九年，熊田從六十三歲女性病患身上觀察到之前從沒注意到的變化。這位病患有慢性肝炎，所以一直以來都是按照原本的治療法，以類固醇投藥方式來治療。不過這位病患的身體卻開始產生變化，一般來說是不會特別著墨在這個地方，但是熊田卻剛好注意到了這個變化。然後在某一天，熊田驚訝地發現女性病患體內的e抗原居然消失了。

這到底是為什麼？

於是熊田開始拼命找尋線索。該不會是病患喝了中藥？再經過一連串的調查之後，發現病患在住院時，雖然有喝下護士給的類固醇藥，但是在出院後就停止吃藥，所以在離開醫院後，就再也沒有吃類固醇藥了。

停止服用治療藥物，e抗原卻反倒消失。這到底是怎麼一回事？

熊田這個研究者一步步謹慎且細心地抽絲剝繭想要找尋真相。

能夠治好急性肝炎，但卻無法治好慢性肝炎。出院後的病患之所以有慢性肝炎痊癒的現象，或許就是因為停止服用類固醇藥，反而正好能藉由身體的免疫力來讓e抗原消失。

因此必須讓病患在短時間內先服用類固醇藥來抑制免疫力，然後再停止給藥，讓病患引發急性肝炎，然後再一口氣進行治療。簡單來說就是賭博式的治療方式。

結論是讓慢性肝炎變成急性後再進行治療，這的確是相當顛覆性的想法。

原本的方法是持續使用類固醇藥，朝病情不要再繼續惡化的方向來治療。而這也是世界上的主流治療方式。

不過熊田卻大膽挑戰新方法，而且還具有相當顯著的效果。

孫安靜地聽著熊田的說明。

（這位醫師對醫療抱持著相當多的熱忱）

這使得孫對於這樣的治療方式產生了高度的興趣。

一九八一年，熊田在學會發表了慢性肝炎的嶄新治療方式——「類固醇脫離療法」。

然而雖然有部分人接受這樣的看法，但仍是受到極大的批評。

先暫時控制藥物，然後讓患者的病情加重——大部分輿論意見都認為這樣做並不是所謂的治療方式。

縱使有部分醫師表示感興趣，但是日本的肝臟學會卻予以否定。

這項治療法因為引發論證而登上報紙，父親三憲正是看到了那則報導。

但是孫卻對轉院一事略有排斥。因為他在一開始的那家醫院如此努力接受治療，至少保住了一命。

他認為要和醫師建立起患者與醫師之間的信任關係。而且就算在這個時候換掉主治醫師，也不保證就一定能治好病。

「治得好嗎？」

孫端正坐姿這樣詢問熊田。

「有百分之七十、八十的機率可以治好。」

熊田的回應相當乾脆。

即便是被稱之為不治之症的慢性肝炎還是有可能會痊癒，孫記得自己當時感動到身體就要不自覺地微微顫抖了。他現在看診的知名大學醫師，都沒辦法提出決定性的治療方法，頂多只能夠讓身體維持現狀。

要就這樣繼續等死嗎？還是採取新療法放手一搏呢？

孫這麼跟熊田說。

「不管要花多久時間都沒關係，請醫生治好我的病。」

熊田臉上帶著微笑。

「那我們就來試試看吧。」

孫在這個時候產生了自己能夠活下去的預感。

（我的確是為了不治之症所苦，因為不曉得能不能活到明天。但是這個有別於以往的新型治療方式，很有可能會改變人類的命運。我發自內心想要嘗試新療法的這個信念，就跟身體狀況已岌岌可危，而熊田醫師想要幫忙的想法是一樣的）

孫的內心滿是感動。

回到大學醫院的孫告知主治醫師自己要轉院的消息。但是他並沒有提到任何有關熊田的事，而是展現出禮貌且直率的態度，向醫師表達住院以來的謝意。

「我決定轉院。謝謝醫師這陣子的照顧。」

一九八四年三月十三日，孫轉院到了虎之門醫院川崎分院。妻子優美則是一直跟在旁邊照顧丈夫，她要幫容易陷入消極情緒的丈夫打氣。

從十七號開始就要展開正式的療程。

先服用一小段時間的類固醇藥，然後再停藥，這樣e抗原就會逐漸減少。

而從實際的數值上也可看出，孫體內回復的免疫力確實是在跟e抗原對抗。

然而孫臉上的表情卻很鬱悶。

在熊田來回診時，孫擔心地這麼問。

「治得好嗎？」

「情況有進步嗎？」

住院以來的孫總是將這二句話掛在嘴邊。熊田則是揚起笑容這樣回答。

「指數逐漸在下降，整個治療過程很順利。」

但是孫的臉上仍是沒有笑意。

等到熊田離開後，他就把病房內的窗簾給拉上。

他躺在病床上盯著天花板看。

孫大大地嘆了口氣。

這二年來相同的情形不斷重複上演。

他又再次陷入自己的黑暗情緒當中。

等到孫的病狀終於有比較好轉時，已經是揭開黃金週序幕的五月九日。

他的e抗原終於降到接近標準值的五十以下。

「醫生，治療過程順利嗎？」

孫這麼問熊田。

「很不錯，之後一定會越來越順利。」

之後指數究竟是往上升還是往下降——這一點相當重要。以往所採取的治療法都是等到e抗原指數下降，還是需要繼續再服藥。但是這個方式卻無法讓體內的病毒完全地消失，只能讓病毒不要出來作亂。所以這時候停藥，不曉得會不會造成病毒的大暴動，所以可說是下了極大的賭注。

「病情絕對會好轉。」

「病情絕對會好轉。」

熊田的話語在腦中迴盪，孫無力地躺在病床上。

他現在完全不會像之前那樣會偷溜出去醫院工作了。

他將一切的希望都放在這次的治療法上。這段時間他會看漫畫書、歷史書，所有領域的書籍他都看了，總計看了超過三千本以上的書。

孫橫躺在面向南側的窗邊，他日復一日地沉浸在書籍當中。

其中最吸引孫的書，就是他在中學時就曾經深受感動，司馬遼太郎所著作的《龍馬行》。

他很嚮往龍馬那灑脫的人生態度。

龍馬脫離了土佐藩。而脫藩是死罪，還會牽連到無辜的家人。

這使得龍馬的二姊自殺，龍馬所撫養長大的三姊女兒也跟他脫離關係。

反覆閱讀《龍馬行》的孫在這個時候，終於搞懂了之前都沒看懂的部分。

那就是龍馬他是懷抱著大志而活著這個世上。

但是他到最後卻死在刺客手裡，他只活了短短的三十三年人生。

然而人生的價值卻不是以長短來決定，價值是在於活著的時候是如何燃燒自己的生命。

孫又再次體悟到龍馬人生態度所帶來的感動。

重要的是上天賦予你生命什麼樣的任務。

孫再次感受到所謂的生命力。

病房內午後的陽光照了進來。

24　生命的反彈

一九八四年五月，在初夏舒適的陽光照射下。

虎之門醫院川崎分院內，孫在面向南側的五〇三號病房裡躺在床上看書，不知何時他將眼睛閉了起來。然後他張開眼睛，發現眼前的情景依舊沒有改變。

（好在我還活著）

他感覺到陽光所賜予的恩惠。

他感受到生命的喜悅。

孫在剛住院時，他跟主治醫師熊田博光說了這些話。

「我將時間全部都交給醫生，所以不管要花多久時間，請務必要治好我。」

孫將社長這一職位託付給大森康彥，自己則是退居為會長身份，因為他現在必須要全心全意去接受治療。

孫經常這樣對自己信心喊話。

「我一定要好起來。」

熊田醫師則是每個星期都會來回診。

但是孫的臉上依舊沒有笑容。

孫還是一如往常向熊田拋出相同的問題。

「治療結果有進展嗎？」

熊田臉上帶著笑容這樣回答。

「是的，治療很順利。」

每次聽到這句話都會逐漸加深孫對熊田的信任度。

孫現在正在享受活著的喜悅，每一天都是上天所賜予的禮物。

等到身體康復後，就放手去展翅高飛，想辦法活出人生的價值。

此時在孫的心中，已經存在一個對未來遠大事業的計劃構想。他要將股票公開上市，並將資金投入新的事業。

他將目標鎖定在美國市場。

他想在自己度過年輕歲月的美國展開商業活動。

因為每一個美國人都一定會有自己總有一天會成功的夢想，他要和這些人競爭後再來取得勝利，這絕對不是痴人說夢。不，應該說甚至是擁有很大勝算的一個計劃。但是目標絕對不只有瞄準美國市場，美國的成功只能算是測試自己能力極限的一部分計劃，總有一天要飛向全世界，展開全世界的商業布局戰略。要將日本軟銀打造為世界的軟銀。

另一方面，熊田醫師則是評估適當時機來開始進行類固醇脫離療法。

三月十七日，孫開始服用類固醇藥（去氫羥化腎上腺皮質素）。第一週劑量為四十毫克，從第二週的二十四日開始則減量至三十毫克，但仍是繼續服用類固醇藥。接下來每天逐漸減少用量，到了四月五日就完全停止用藥。

孫在服用藥物期間，肝功能損害指數的GOT、GPT值都有下降，不過在停止用藥後，這些數值就急速上升，也就是回歸原有數值。停藥十一天後的四月十六日，GOT為八十一單位，GPT則是二百一十八單位，這樣的數值已經到達高峰。

「這是好的徵兆。」

熊田面帶微笑看著孫。

孫的e抗原指數之所以急速上升，很有可能是因為慢性肝炎轉變為急性肝炎。病情的變化都一如預期，這場賭注距離勝利不遠。

以之前的病例來說，會出現這樣的變化，通常會是在接受治療的四個月後，最長也要花上六個月時間。但是孫的情形是進入治療的第二個月後，這些數值就急速上升，劇烈產生變化。

而終於在五月二十日這天，孫的e抗原快速減少。

這個結果也讓熊田感到相當吃驚。

六月一日，孫在回診的時候，熊田仍是一如往常面帶微笑這樣說。

「e抗原在逐漸減少當中，已經快要完全消失了。」

不過孫僅只是簡短地這樣回應。

「原來是這樣啊。」

此時孫還不太相信自己的身體會出現如此大的變化。

因為在此之前的治療已經讓他多次感到失望，當他在面臨自己到底是死是活的邊緣時，醫師所說的話通常都代表著絕望的意思。因此這次他才會對熊田醫師所說的這番話產生質疑。

至於熊田則是連孫在做什麼工作他都不知道，對他來說孫只是個普通病患。不過他也確實能感受到孫在每一次回診時，想要戰勝病魔的強烈意志，而且他所展現出的勇氣可是遠遠超過熊田的意料之外。

熊田有注意到孫的這一點，這表示孫是個模範病人。

熊田的臉上仍是帶著微笑。

因為孫體內的e抗原逐漸減少，而且完全被消滅掉了。

「孫先生，e抗原都已經完全消失。接下來就可以出院了。」

病房內的孫好像已經忘了笑容是什麼。在熊田的印象裡，孫的臉上一直都是帶著嚴肅的表情。

這個時候熊田才第一次看到孫露出微笑。

「我真的康復了，醫生。」

總是冷靜以對的孫，此時的聲音也變得沙啞。

孫用雙手緊緊握住醫師的手。

「醫生，真的相當感謝。」

熊田的手很溫暖。

因為他是救了自己一命的恩人。

而這個時候的妻子優美，又是怎樣看待這個時期的孫呢？

孫住在虎之門醫院川崎分院三個月時間，在此之前他已經被病痛纏身了有二年半之久。在醫院告知自己罹患慢性肝炎時，他就已經有了自己會死的心理準備。

陷入絕望深淵的孫是被熊田給救起來的。

對於得過著與病痛對抗生活的孫而言，他最大的支柱就是家人的愛。

即便懷有第二個孩子的優美，在自己身體也不舒服的狀態下，仍然不辭辛勞地在持續為孫加油打氣著。

「你一定會好起來。」

孫就是為了即將出生的孩子，才會有自己一定要想辦法活下去的強烈意志來與病魔對抗。而家人所付出的關愛，也成為孫克服不治之症的奇蹟力量。優美比任何人都還希望孫能夠恢復健康，孫心中所想的與優美所盼望的都是同一件事。

六月七日，這一天是孫從虎之門醫院川崎分院出院的日子，他的臉上帶著笑容，發自內心向熊田道謝。

「醫生，我的身體狀況應該沒問題了吧？」

熊田則是說出對每一位出院病患相同的話。

「沒問題了。」

雖然身體狀況沒問題，但還是不能大意，因為沒有人知道後來會發生什麼事，人的身體畢竟不是機器。

孫之後也確實遵守醫師所交代的事項，而且每二個月還都要定期接受檢查。

「我的身體終於康復了。」

那一年，在一九八四年即將結束之際，熊田開始變得聲名大噪。

「因為你的身體已經恢復得差不多了，接下來只要半年定期回診即可。」

孫從忙碌的工作中抽出時間來讓熊田看診，這是因為孫對熊田醫師有著絕對的信任感。

「看到醫生會讓人感到很放心。」

與其說是來看診，孫其實是想要跟熊田見上一面。因為孫永遠不會忘記對救了自己一命恩人的那份感謝之意。

而熊田則是對孫抱持敬意。

「疾病能夠痊癒，基本上還是得歸功於本人的生命力。因為從孫先生的身上能感受到強勁的生命力。」

孫長達三年的罹病生活終於畫上句點。

孫在回到公司之後，一個大難題便隨之而來。這對大病初癒的孫來說，絕對是個相當沉重的精神負擔。

因為在孫離開公司的這段期間，日本軟銀的處境已經快要淪為一艘沈船。

孫在住院時當然也有收到公司的營運報告，那些與孫關係密切，且與他同甘共苦的幹部職員們都紛紛遭到解雇。

就連從創業階段就站在第一線奮鬥的立石勝義，也被調職到當時的大阪營業所。所有的幹部都換成了孫不認識的職員。

日本軟銀原本就是由孫一手建立，後來業績急速成長的一家公司。這對公司組織而言，當然會導致一些矛盾的情況發生，但是這樣的混亂狀態正是公司的活力來源。

因為孫不在公司，所以立石默默聽從於大森的任職命令。

「這都是為了孫正義先生」這樣強烈的意志，支撐著立石。

立石回顧了當時的心境。

「我認為大森先生有些地方其實很瞧不起孫先生，大森讓外面的專家進入公司，企圖重整企業架構組織，有些職員甚至因為看不慣這些舉動而決定辭職。不能說這樣的做法是好是壞，不過我認為自從大森先生來到公司後，就只是想把公司形塑成傳統的公司形象罷了……」

而出版部的橋本五郎，則是經常從老客戶口中聽到這樣的意見。

「最近的日本軟銀好像有點奇怪。因為是由孫先生所創立的公司，所以和我們也有些交情。」

就連夏普的佐佐木正也看不下去公司現在的狀況，佐佐木認為自己一定要想辦法阻止這些人再有下一步的動作。

「那個時候躺在病床上的孫有收到很多消息，他自己是覺得『應該要怎麼辦才好？』，意志相當消沉。」

佐佐木這樣形容當時的那段回憶。

佐佐木雖然不至於將真相全部告訴正在與病魔對抗的孫，但是那些去探病的幹部們還是不小心洩漏了公司的艱困處境。

這家企業極力減少經費，然後再拼命地工作來提升獲利，全體職員同心協力才終於讓業績急速成長。所以當孫得知自己不在公司的這段期間裡，幹部職員們心中忿忿不平的情緒時，他當然也是相當痛心。

然而對於一路上都是看著大企業的大森來說，他只是想要將這家光只有公司名號的日本軟銀改造成符合自己想法的企業。

這也使得從草創時期就進入公司的幹部職員，對大森的指導方針產生質疑。

據說當時大森在背地裡說孫的壞話。而住院的孫當然也有收到這個情報，他認為對方如果對自己的立場和個人有任何不滿，應該要當著自己的面直接表明。

因為貶抑、怪罪他人的方式不會讓自己有所成長，而且孫也不想和對方爭論與互相敵視。

即便孫現在面臨到如此艱困的處境，但還是得抱著感激的情緒來接受這一切。孫決定以強韌的精神來勇於面對這樣的難關。

孫的內心湧現了無比的勇氣。因為他想起之前在柏克萊與友人陸弘亮創立公司時，以及之後回到日本創立日本軟銀時的那股創業熱忱。

對此，孫這麼跟我表示。

「當時的我不太能理解大森先生所說的話，但是現在回頭來看，我其實從大森先生身上學到了很多東西。時間過得越久，這樣的想法也越來越強烈。我很感謝對方。」

這段話展現出孫不願批評對方的謙虛態度。

孫出院後原本計劃一星期花三、四天時間去公司上班，但實際情況卻剝奪了他悠閒的權利。

這樣的問題不只會發生在像日本軟銀這種小型企業身上，因為時代持續在進步，正發出強大的吼聲並產生變化。

孫正在等待數位資訊社會到來的那一天，而在那之前自己能做些什麼呢？

他在經營會議上竭盡所能地為自己的主張辯護。

「接下來會是資訊內容取勝的時代，致勝關鍵在於資料庫。要是不趕快有所動作就會被時代給淘汰。」

但還是有職員大聲表示反對，因為這樣的展望與日本軟銀原先的事業領域並不相符。

不論孫如何極力說明，這樣的情況仍然沒有改變。

那一年是一九八四年七月，夏季洛杉磯奧運剛揭開序幕，卡爾・路易士（Carl Lewis）在田徑項目奪得四項冠軍。在無體重級別限制的柔道比賽場上，山下泰裕忍著腳痛終於奪下金牌。

25 有所覺悟

一九八二年，中曾根康弘內閣在第二次臨時行政調查會（臨調）答辯過程中惹出不少風波，但其中最受矚目的還是達成日本國有鐵路（國鐵）的分割民營化，以及日本電信電話公社（電電公社）的民營化。

一九八五年四月一日，電電公社民營化後便以日本電信電話株式會社（NTT）的型態來開始營業。這也讓孫意識到時代已經在發出巨大的怒吼聲，所以應該要立即有所行動。已經不能再猶豫了。

一九八四年，孫不顧工會的強烈反對，硬是拿出資本額的一億日圓來建立數據資料庫。因為孫看準了數位資訊社會不久後就會到來。

而且孫還出版了以購物目錄內容為主的《TAG》資訊雜誌。

但是天不從人願，這本雜誌根本就賣不出去，導致公司立即出現一億日圓的赤字。即便在電視以及電車內都有刊登廣告，相當用力在進行宣傳，但銷售數字卻仍然不見起色。

為提升銷售數字，即使提出許多意見，但是販賣成績仍不見好轉。由於之前已經說好經過半年，若是業績沒有起色就會立即廢刊，於是孫便決定中止雜誌的出版。

「我會負起一切的責任。」

半年內公司出現六億日圓的赤字，以及四億日圓的事務處理費，公司背負著總計十億日圓的沉重債務。

孫回到新宿納戶町的住家，他很罕見地將公司目前的處境告訴優美。

妻子對於這件事感到不可置信。

因為日本軟銀好不容易才創下一億日圓的獲利，不能讓公司再負債下去。所以逼得孫只能將自己手中的股票全部出清賣出。

沒想到才恢復身體健康沒多久，這次又遭遇到要背負可能一輩子都還不完的債務。要是一般人或許就會永遠陷入絕望情緒而一蹶不振。

但是孫與其他人不同，他心裡已經有所覺悟，不管發生任何事都無法動搖這樣的信念。

不對，應該是說就是因為掉入如此深淵，他才能發揮這樣的能力。就是以積極思考的態度去面對眼前的難關。

「那我就要試著去賺回十億日圓。」

但是一天、兩天過去了，孫卻還是沒能找出能夠賺到十億日圓的構想。於是他改變想法。

他將目標鎖定在對NTT舉起反攻旗幟的新電電身上。

於是第二電電（現在的KDDI）、日本Telecom（現在的SoftBank Telecom）、日本高速電信（現在的KDDI）等公司終於誕生。

孫在當時和某個人物見了面。

這個人就是之後和孫的一家人都有往來的新日本工販（現在的FORVAL）的大久保秀夫。

大久保是在二十六歲時創立了販賣電話和傳真機等各種通訊設備的公司。一九八八年，他三十四歲時則是獲得社團法人關東新商業協會所頒發的「第一屆企業家大賞優秀賞」。同年晉升為證券交易所上市的新人企業家，他比孫還要年長三歲。他原本是想要當律師，但是參加二次的司法考試都落榜，是個經歷過挫折的辛苦人。

新日本工販已經有跟日本軟銀訂購軟體，雖然雙方有買賣合作關係，但兩人卻從來沒有見過面。於是孫與大久保就約定好要在新日本工販位於東京澀谷的總公司見面。

但就在距離約定時間已經過了二十分、三十分過後，孫卻仍然不見蹤影。這時候才突然接到孫的電話表示路上塞車，結果他遲到了四十分鐘後才抵達。這對有許多繁雜事務需要解決的大久保來說，連遵守約定時間都做不到的傢伙根本就不值得信任。

孫坐下後便簡單向大久保打聲招呼。

「我們公司想要全面接下貴公司的訂單。」

這個人不但遲到，連說話都如此直接。

「這就跟女生的想法一樣，要是發現男朋友劈腿了，就不會想要再和對方有所往來。所以說大久保先生，現在是最佳的時機。我們彼此合作來讓公司創造雙贏的機會。」

孫將自己內心想說的話說完後就離開了。而大久保在那個時候，卻是被孫不拖泥帶水的態度給吸引住了。眼前這個人雖然身材矮小，但是他清楚知道自己要什麼，確實是很不得了的一個男人。

過了幾天後，孫突然打電話給大久保。

「你今天有空嗎？我有事一定要當面跟你說。」

「你突然說要見面我也沒辦法……，約晚上的話我有空。」

孫和大久保立刻調整見面時間，兩人是在深夜的東京永田町見面。

兩人碰面後孫對大久保這麼說。

「要不要結婚？」

孫的表情不像是在開玩笑。然而在商場上身經百戰的大久保在聽到這句話的瞬間，卻還真的以為對方在說笑。

「你在說什麼？」

之後大久保則是對我如此敘述當時的情形。

「一般來說會覺得對方應該是在開玩笑，但是孫這個人卻散發出不可思議的魅力。」

那些認識孫的人，尤其是進行過商業交涉的人，似乎都會感受到所謂孫的「不可思議的魅力」。

「你知道C&C（電腦&通訊）嗎？我認為現在電腦界的龍頭是日本軟銀。至於通訊界，不要將NTT算在內的話，你們公司會是第一名。我們兩人簡直是第一名遇上第一名的組合，也就是說我們的公司應該要結婚。」

孫一口氣說了這一大段話。

「你有聽過新電電嗎？這才是大久保你所擅長的領域，但是你必須有電腦從旁協助，那到底該怎麼做呢？我有一個很棒的想法……」

在當時事業剛起步的新電電一方面擴充設備，企圖削弱NTT的影響力，並成功吸收了許多新客戶而逐漸崛起。

雖然是後起之秀，但仍舊有必須克服的難關。雖然說導入「個人專線」的做法已經是之前就開始的服務，但是當時為了要以便宜話費來使用通話線路，就必須在對方的電話前加上四個數字。而且還會因為地區不同導致通話線路無法接通，而且比起新電電，在某些情況下NTT的話費還比較便宜。即便知道新電電的優勢，然而顧客在要撥打電話時，還是得一一查詢NTT與新電電三家公司誰的電話線路會比較便宜。因此如果不去解決這些不便，那麼客戶數就不會增加。

那麼到底該如何解決這個問題呢？

不必先按下四個號碼，而且只要製作出沿用原來的撥號圓形轉盤，就能自動接續新電電最便宜通話線路的接合器，這樣就能夠順利解決問題。

這是每個人都能夠想像的畫面。但是要實現這樣的構想，還是必須克服極大的困難。

孫和大久保之後幾乎每晚都會見面，他們的關係就像是以結婚為最終目標的情侶那樣。

二人見面的時間是下班後晚上的八點、九點，有時候甚至是十點。他們通常會持續討論到深夜一點、兩點。

兩人在對話時，從旁人的耳中聽來，都會以為他們是在生氣大吵，所以沒有人會接近他們。而且孫對大久保是採取決不退讓的態度，大久保似乎也敵不過對方的氣勢。總之現場瀰漫著第三者無法介入的緊張氣氛。

有時候新日本工販的副社長還得要看情況，才能小心翼翼地端咖啡過去。

而取得大久保同意的孫，就立即與專利事務所連絡，他之前所學到的東西剛好可以在此派上用場。

接著他便著手調查這種機器是否已經發明，他在當天就完成了需要詳述構想內容的專利申請書。

另一方面，孫也和新電電的幹部聯絡，表達要跟對方簽署保密契約的想法，幹部聽到孫的這一番話後則是感到錯愕。不過孫還是順利以二個月會製作出成品為條件而與對方簽約。於是孫就在短時間內，成功製作出世界第一個的接合器。

一九八六年十二月二十四日的聖誕夜，孫帶著「NCC BOX」接合器與大久保去和KYOCERA會長，實際上也是第二電電的老闆—稻盛和夫進行買賣交涉。

稻盛是一九三二年在鹿兒島出生，他在二十七歲時創立KYOCERA（當時是京都Ceramic）。這家公司主要負責生產半導體、電子零件到成品的跨領域產品，由盛和塾主宰並培養年輕的經營者。他在六十五歲時退出經營的第一線，並在臨濟宗妙心寺派江湖道場圓福禪寺出家，是催生KYOCERA、KDDI的重量級人物。

在KYOCERA的會議室裡，以稻盛為首，大約有二十位左右的幹部出席。形成了二十九歲的孫和三十二歲的大久保，與當時五十四歲，剛就任KYOCERA會長一職的連鎖企業大人物的稻盛對峙的場面。

稻盛在聽了孫的說明後則是這麼表示。

「如果我們買下五十萬個產品，那可以只賣給我們這家公司嗎？」

雖然他很客氣的說出這句話，但是不免讓人懷疑其背後所隱藏的大計劃。而且稻盛所提出的條件，其實是和孫與大久保的想法背道而馳。

因為孫不只要和第二電電談成交易，也決定將與新電電其他公司的販賣關係，以及接合器版權使用費都列入目標當中。

「第二電電只是其中一家合作的企業，因為我們所生產的是其他公司也能使用的商品。」

然而第二電電仍是堅持要買斷接合器的使用權。

因為雙方的對話始終沒有交集，整場會議持續了長達十個小時之久，已經是快要到晚上九點的時間。

此時身經百戰的商人稻盛才終於顯露出本性。

「你們是不是搞錯了？」

對稻盛來說，以總價二十億日圓購買的五十萬個產品的這個條件，已經是釋出了最大的善意。這代表他相當看好日本軟銀與新日本工販這二家公司的未來發展。

於是孫和大久保便在被迫屈服於稻盛魄力的情況下，以「只會將接合器販賣給第二電電」的條件而簽下契約。

孫與大久保在此次的交涉中慘敗。

街上播放著聖誕應景歌曲，終於回到飯店的孫罕見地一副垂頭喪氣的樣子。

「大久保先生，這真是慘痛的經驗。」

兩人都過了一個無眠的夜晚。

隔天早上，孫與大久保去了稻盛的家。

「仔細考慮後，還是希望您可以將昨天的契約書還給我們。」

孫居然害怕到聲音顫抖。兩人縱使想要將一切賭注放在剩下的新電電身上，但一想到被迫簽約的這件事，還是相當不服氣。

而稻盛雖然也脫口說出激烈的話，但最後還是將契約書還給兩人。

這兩個年輕人在搭乘京都到東京的新幹線時，幾乎都沒開口說過半句話。

然後孫小聲地跟大久保這麼說。

「沒能跟對方簽約這件事就算了。」

結果孫與大久保成功將產品賣給日本 Telecom，雙方簽署了ＯＥＭ（以對方公司為品牌名稱來生產）契約。

而第二電電則是如預期般，立即著手進行同種類的接合器開發作業。

最終由孫所構想出的接合器產品是以日本 Telecom 的品名在市場上販賣。

這項產品也為孫的數據網路，以及新日本工販賺進了好幾億日圓的版權使用費。

因此孫立即就將龐大的債務一口氣償還完畢。

這次和稻盛之間商業合作宣告失敗的經驗對孫來說，還是有從中學到教訓的象徵意義。

因為這促使孫成為一位不輕易妥協的談判者。

26 終於見面

他有一張圓滾滾的臉，你可以形容他的長相長得很童顏，他臉上的表情讓人感到親切，他的身高並不高。

但是他卻擁有好像永遠都用不完的滿滿精力。

這樣的他有時還會引發一場風暴。

孫對任何事物都抱持著熱忱，每件事都是拚了命努力想要做好，從來不會便宜行事。

不過這樣的天份和人格特質在企業家身上都找得到。

對孫來說出版業是無可取代的商業買賣，也是他以自己的意志活在這個世界上的證明。

「我認為應該要裁撤出版事業部。」

在日本軟銀的經營會議上，一位職員這麼表示。

隨著孫的公司事業版圖的擴大，站在事業部的立場來思考，當然是要嚴厲審查各個部門的損益情況。而公司當中最重要的支柱就屬軟體事業部以及出版部，出版部所累積的營業赤字就多達二億日圓。

因此今天的會議主題就是「出版部的未來去留」。

擔任會長一職的孫，以及社長大森康彥排排坐，專心看著會議的進行。

「為了挽救出版事業，已經試過許多辦法，但業績仍然未有起色。最好還是趕快收手。」

大森與職員都反對繼續發行出版物。

孫以尖銳的眼神看著他們。

他壓抑住當下想要反駁的情緒。

這是孫一手辛苦打拼起來的出版事業，怎麼能眼睜睜地看著它被摧毀殆盡。

孫從什麼都不懂的門外漢，而來投身出版事業，每一天都為了業績在四處奔走。還順利與大型通路經銷商東販和日販取得合作關係，而且也獲得了電通與ＮＥＣ等企業的協助。之後則是創立了《Ｏｈ！ＰＣ》。因此孫當然無法輕易割捨曾經注入許多心力的這個部門。

對孫來說，出版事業就像是他另一個重要的孩子。

數位資訊社會的時代總有一天會到來，而且就在不遠的將來。不，應該是說有可能就在今天明天就會發生。就因為正處在如此緊迫的時期，所以出版事業才能成為公司的主要支柱。只要當做是公司提供出版這樣的形式，來接受那些大量流通的情報就好。因為這些情報都會是今後邁向數位情報社會的決定性的優點，只是你們這群人不懂這樣的道理罷了。

然後孫終於開口這麼說。

「我反對裁撤出版事業，這種處置方式不好。」

因為出版部在一年前就開始增加營收，這也證明只要加以改革，就能有效提升業績。

孫代替出版事業部長的發言，讓在場的出版部職員都大感意外。

因為孫認為只要讓業績提升，就可以避免部門遭裁撤的風險。而且也要站在這樣的立場來轉換對策，要不然絕對不會有成功的一天。

首先是每個人都必須有企圖心以及堅定的信念，否則什麼事都會做不好。

於是孫就立刻召集了編輯人員以及經理等部門職員。

橋本五郎也在其中。

當時的橋本雖然是編輯部長，不過他的上面還有局長和出版事業部長，根本就沒有能夠自己做決定的空間，所以他也有無法按照自己想法行事的無力感。即便橋本負責的《Ｏｈ！ＰＣ》的銷售數字亮眼，但要再出版另一本雜誌，在財務上已經相當吃緊，這也使得後來所發行的六本雜誌造成公司大幅度的虧損。

因此孫便向橋本等人興師問罪。

「為什麼會造成如此龐大的虧損，我希望大家都能好好去思考這個問題。」

而橋本等人在聽到孫所說的下一句話後，臉上的表情都變得僵硬。

「要是再繼續虧損下去，我就會將那本雜誌廢刊。」

這句話讓在場所有人都呆若木雞。因為平常總是一副親切表情，對部下態度溫和的孫在此時必須做出決定。

「支出和獲利要相符合，也就是要削減花費和減少人力，就由總編輯自己負責利益管理。」

而橋本則是對減少人力一事大力反對。

「我們都很努力。要是達不到業績目標，那麼削減花費和減少人力就無話可說。可是現在突然提出這樣的做法很難讓人接受。」

自始自終都很信任孫的橋本在此時跳出來表示反對。

因為他認為孫剛回到公司的此時，所有職員更應該團結同心協力。

所以他才會表現出對孫的不滿情緒。

然而一直保持冷靜的孫，語氣卻顯得更加強硬。

「我是一手催生雜誌出版的人，難道父親會憎恨孩子嗎？」

孫的這番話主要是想督促職員要努力工作。

但橋本卻很少見地發起脾氣來。

「如果說社長是生父，那我就是扶養《Oh！PC》長大的養父。要是你聽不進去我們想說的話，那我們就離開。」

橋本站起身來，其他的職員們也作勢要離開會議室。

而在他們背後的孫則是這樣叫喊著。

「等一下！現在根本就還沒談到重點。接下來我們一起靜下心來好好討論好嗎？」

孫的這句話此刻讓橋本很有感觸。

孫的這番堅定話語讓橋本只能留下來面對。

（這個男人真不是蓋的）

孫其實很期待橋本能提出反對意見。因為橋本真的是打從內心在堅決反對這樣的做法，這或許能成為讓職員們瞭解到這件事嚴重程度的一個轉折點。

孫為了讓出版事業有所獲利，他願意採用所有能想得到的創意。

然而編輯者卻只在意雜誌的內容，完全沒考慮到如何去提升利益一事。因此孫每個星期都會針對業績來向橋本等人來施加壓力。

「最近的銷售情況如何？」

在每週一次的會議上，任何細微數字的誤差都逃不過孫的眼睛。

但是對橋本等人來說，一週一次的會議卻讓人感覺像是每天都在開會。

因為各個編輯部的業績就這樣攤在陽光下。

如此一來，編輯部的職員不但要負責編輯文章，還得同時進行業績的利益管理。

他們想辦法提升廠商的廣告刊登量，也會盡量減少文具的使用量，這麼努力為的就是要減少花費。

不久後他們的付出也化做顯著的數字成效，因為就在半年後，幾乎所有的雜誌銷售情形都轉虧為盈。

因此孫便以社長之姿回到公司，並在一九八六年五月二十日在飯店內舉辦盛大的社長就任派對。

而孫的妻子優美也罕見地現身在公開場合。她面帶笑容站在孫的身旁，有禮貌地問候在場的每一位客人。

「我們在家裡不會談工作的事。」

優美這麼表示，因為孫很清楚家庭和工作的分際線。

這個時候孫只是單純想要和妻子分享那份喜悅罷了。

一九八六年的年底，孫在出版事業部的尾牙會上跟職員們這麼說。

「大家真的都辛苦了。」

孫語帶哽咽，眼眶泛淚。每個職員都是第一次看到孫流下眼淚。

一九八七年，比爾・蓋茲與西和彥分道揚鑣，電腦業界進入到戰國時代。

——為何兩人會結束合作關係呢？

「因為ASCII的目標和我所追尋的是不一樣的東西。」

比爾・蓋茲在與孫的訪談當中，對於兩人各奔東西的內情，選擇做出這樣的回應。

「微軟公司是將焦點放在軟體上。我雖然很想讓對方來負責軟體的部分，但是凱伊（西）比較想將事業重心鎖定在硬體設備上。」

至於孫又為何會飛到美國與比爾・蓋茲進行此次的訪談呢？

那是因為在那一年的七月，孫因為雜誌《THE COMPUTER》的創刊號而飛往美國。在此之前，孫的公司只出版了PC的實用性雜誌，而這本雜誌則是首次以PC商業關係為著眼點的商業雜誌。

但由於在孫出發時無法和對方取得確定的會面時間，於是孫只好先跟雜誌的總編輯稻葉俊夫（後來成為SB Creative Corp.副社長）一同前往西雅圖的飯店。

孫因為要確認時間而以電話與對方聯繫。而對方的回覆是ＯＫ。

孫與比爾・蓋茲終於要在此次的訪談中首次會晤。

由於有許多想要提出的問題，因此孫與稻葉便先針對提問事項預先做準備。

孫在和比爾・蓋茲見面前，為此次訪談所下的標題是「八〇年代最頂尖的成功者是否還能再造奇蹟」。

孫之所以會想出如此積極正面且會讓人感受到夢想的標題，或許是因為他將自己的夢想投射在比爾・蓋茲的身上。

當時的微軟公司以新興勢力之姿，在市場上有著相當耀眼的表現，當中讓孫最感興趣的是，他是如何和另一位將高性能電腦帶往下一個世代，且創辦昇陽電腦的史考特・麥克里尼（Scott McNealy）來分享彼此的夢想。

微軟公司位置是在靠近華盛頓州西雅圖的雷德蒙德，在一片綠油油的森林裡，能看到外型美輪美奐的公司建築。雖然是在多雨地區，但是那一天卻是晴空萬里的晴朗天氣在迎接孫的到來。

孫與比爾・蓋茲在一陣歡笑中介紹了彼此。

穿著粉色與白色相間直條紋的襯衫，再套上酒紅色毛衣，一身休閒裝扮的比爾・蓋茲，他和身穿灰色西裝外套的孫隔著桌子相視而坐。

蓋茲在寬敞的桌面上放置了很多的資料文件，以及地球儀和三台的電腦。電腦都搭載了Windows作業系統，有一台Macintosh Plus和兩台的Macintosh。

孫向蓋茲接連提出好幾個尖銳的問題。

其中包括美國電腦業界的未來，以及微軟公司在日本為什麼與ASCII結束互助關係。孫表現得像是很老練的記者，不斷拋出一連串企圖追根究柢的問題。即便如此，蓋茲仍是針對各個問題來做出回應。

兩人展開激烈的議論，稻葉則是吞著口水安靜地聽著。

蓋茲只要一興奮身體就會開始晃動。

而孫則是像機關槍那樣不斷提問。蓋茲有時會表現出很有興趣的樣子來回答，不過也會出現蓋茲詞窮不知該如何回答的情況。

整場的訪談其實已經遠遠超過原定的一個小時的時間。

當時 Lotus Software 是軟體界的領頭羊，但是就在當年的第四季被微軟公司給超越了。因為創造了驚人的業績，而讓公司裡的職員都感到士氣大振。

接著蓋茲帶著孫來介紹自家公司。

等到介紹告一段落後，孫與蓋茲第一次互相握手。

孫走出公司後，外面的空氣雖然寒冷，但是他卻感到心曠神怡。

那時孫這樣說。

「我要去看看蓋茲的高中母校。」

於是稻葉便帶著攝影師小平尚典，一手拿著地圖找尋蓋茲曾經就讀過的湖濱中學。一行人開車前往停放著好幾艘遊艇，和學校名稱相當符合的湖泊附近來找尋高中所在地，這時孫突然放聲大喊。

「就是這裡！」

眼前被樹木圍繞著的紅磚校舍，以及有漂亮草皮的寬敞運動場，這讓孫有了很深的感觸，他將眼前的美景用照片給記錄下來。

七月的西雅圖天空湛藍得很清澈。

孫的內心湧現一股熱血，他對於八〇年代最頂尖的成功者——比爾．蓋茲萌生了競爭心態，換個說法就是他產生了想要和這個人一起創造二十一世紀的堅定信念。

孫在訪談之前有反覆思考了蓋茲會提出的問題。

「你有看過《PC WEEK》嗎？」

「有時候會翻翻看。」

「你還是要每一期都看，光看這一本雜誌就可以清楚瞭解到電腦世界到底發生了什麼事。」

於是孫暗自決定自己一定要將《PC WEEK》的日本發行版權給簽下。

不過在那個時候孫倒是沒告訴任何人自己所下的這個決心。

27 美國的父親

在歷史上沒有「ＩＦ」（如果）的說法，而在商業買賣的世界裡，當然也幾乎沒「ＩＦ」這個幾乎不具有任何意義的詞彙。

不過我敢大膽如此假設。

如果孫在他的人生當中沒有遇見這個大人物，不曉得他是否還能成為像今天這樣的世界級成功人物？

這個人有著圓臉和寬大的額頭，看起來就像是手塚治蟲《原子小金剛》漫畫筆下的茶水博士，和美國隨處可見的知名電腦專賣店蛋頭標誌也極為相似。他的臉上總是帶著燦爛的笑容，但有的時候視線卻也會變得銳利，而且他整個人還散發出知性的氣質。

他就是泰德・多洛塔。

大家都叫他泰德，這一位相當平易近人的人物，日後則是會成為將孫推上世界舞台的最大助力來源。如果孫的人生中沒有認識到泰德，那麼以世界戰略為目標的孫，其成功軌跡絕對會更加緩慢，甚至會成為完全截然不同的人物。泰德正是讓孫得以在世界上有如此傑出表現，給他帶來深遠影響的貴人。

對孫而言，泰德就像是他在「美國的父親」。

從美式作風的商業買賣方式到用餐禮儀，孫從這個人的身上學到相當多的東西。

一九八八年七月，孫設立了美國軟銀，並任命泰德．多洛塔就任社長一職。

其實孫是在二年前才認識泰德這個人。

泰德五十二歲，他的行事作風相當美式，即便在困境中，仍是精神奕奕面對人生的挑戰。他是波蘭人，以專業技術見長而取得博士資格，是擁有實力的成功人士。這樣的泰德在五〇年代決定要來尋找自己人生的可行性目標，換句話說就是他準備轉換自己的人生跑道。

當時的泰德住在美國加州，並在UNIX的相關企業通訊系統部門工作。這家小規模的公司是以未知的電腦業界為目標的眾多小企業當中的其中之一。

身為專業技術人員的泰德，已經算是充分獲得成功。但是他卻在此時開始思考自己的第二人生到底要嘗試什麼新的東西，他心中的那股燃燒熱情驅使他走向改變。

泰德以前曾經在世界上數一數二的研究機構——貝爾實驗室（Bell Laboratories）工作，這個實驗室是由 AT&T 以及西方電子（Western Electric）所成立的技術部門。它的前身是發明電話的貝爾（Alexander Graham Bell）所成立的電話公司。這家實驗室在全世界二十五個國家，共有約三萬人的工作人員，其中還有十一位科學家榮獲了諾貝爾獎。而泰德的老同事也被派遣到東京工作，偶爾還會和孫碰面。

這個時期的孫因為和 UNIX 有工作上的往來，因此便開始尋找能一起共事的人。

於是泰德以前的同事便告知他「有位孫先生在找像你這樣工作背景的人」的消息。

「要是有興趣就趕緊跟對方連絡。」

泰德立即就撥了通電話給孫。

或許泰德就是在這位遠在日本的企業家——孫的身上看到了自己的可能性。

而孫也馬上做出回覆。

「有很重要的事要當面談，明天可以在東京見面嗎？」

「這也太強人所難了，我應該無法做到。」

泰德感到驚訝而這麼回答，不過他在經過思考後又這麼說。

他二、三天後因為工作所需會到澳洲出差。

「那麼我要從澳洲離開時，再繞到東京一趟。」

於是泰德便隔著太平洋，為了這個年輕男子而變更了行程。

泰德是在一九八六年的時候飛往東京——。

當時的無層次剪髮、緊身衣、迪斯可舞廳、撞球酒吧開始引起風潮，那一年的五月，英國查爾斯王子和黛安娜王妃出訪日本，所到之處掀起一陣黛安娜旋風。

雙方會面地點約在Palace Hotel，這是矗立在皇居面前的高規格飯店。泰德準時抵達，孫則是剛好趕上時間而出現在飯店。美國的商人在見面時會很在意對方是否有在約定時間內現身，針對這一點，孫的心中也已有盤算。因為孫是單獨來與對方見面。

「你可以下來到大廳嗎？你說我嗎？我很好認，就是穿著灰色西裝外套的亞洲人。」

泰德走下來大廳位置，但是眼前卻有許多穿著灰色西裝外套的亞洲人。在這群人當中，有一個臉上帶著親切笑容，個頭矮小的男人，而且他的眼神中散發著光芒。

接著兩人便前往位在飯店地下二樓的日式餐廳，他們靠著吧台吃著壽司，孫向泰德訴說自己的夢想。

而泰德也很快就被孫的夢想給打動了。

但其實孫和泰德之間曾經發生過一件讓人印象深刻的事。

事件的發生地是在洛杉磯的超高檔飯店——Regent Beverly Wilshire Hotel。這裡是茱莉亞・羅勃茲（Julia Roberts）所主演的《麻雀變鳳凰》（Pretty Woman）電影的拍攝地，這家飯店是日本的皇室、各國的總統，以及世界級 VIP 都會指定入住的知名飯店。值得一提的是八樓的總統蜜月套房被稱作是「麻雀變鳳凰套房」，一個晚上住宿費要價四千五百美金。

這一天孫就是在八樓的電梯前迎接泰德的到來，但卻在此時發生了一件事。那就是光著腳的孫走出房間後，在他背後的房間門卻冷不防地自動關上。這時候就連孫都開始慌了手腳，因為他的鑰匙和鞋子都放在房間內。

不過這時候的孫也沒有忘記他的幽默感。

「Mommy（媽咪）！」

孫朝著泰德這麼叫。他的意思是「怎麼辦？媽媽，幫幫我」。看到這一幕的泰德很快就喜歡上了孫這個人。

結果飯店的負責人就趕緊前來解圍，這簡直是只會在喜劇片當中才會出現的情景。而且還必須要麻煩泰德向飯店負責人說明這個光腳的亞洲人，其實是這家高級飯店最知名的客人。

從這件事情當中，不難發現孫其實是個不太會注意四周事物的人，或許可以解釋為孫是個自然不做作的人。這就是泰德的第一份工作，日後也成為他們之間的往事趣聞。

兩、三個星期後，泰德收到了來自孫的契約書。

「孫先生，你希望我擔任專業顧問多長的時間？」

泰德向孫提問。

「只要在你能力範圍之內就好。」

孫這樣回答。

然後泰德則是這樣表示。

「ＯＫ！」

這是孫與泰德成為患難之交的第一步。

而即便等到泰德與孫的關係變得更親近後，泰德也沒有以美式的方式來直稱對方名字，而是一直尊稱他為「孫先生」。

一九八七年開始，泰德因為孫而成為公司的正式職員。

而且他和孫還經常花時間在美國境內到處旅行。

某日，兩人在高級餐廳裡吃飯。

個性率直的孫向服務生點了漢堡，但是泰德卻認為孫很不禮貌。

「商人到一流的餐廳點餐，才不會點這類的食物。」

孫雖感到驚訝，但還是接受了泰德的忠告。

孫的英文以日本人來說算是相當流利，但有時候仍是無法發出某些微妙的發音。

這個時候泰德就會禮貌地教導孫如何改善。

波蘭出生，在世界大戰後來到美國的泰德是能說四國語言的語言天才。因此他對於英文的語法相當挑剔。

在某場會議上，孫必須第一次用英文來發表演說。

會議前，孫在泰德面前反覆多次練習自己的英文演說內容。

『Good evening! Ladies and Gentlemen!』

（各位先生小姐們，大家好！）

因為孫的情緒相當緊張，光是這一句他就練習說了好幾次。

孫實在無法想像自己居然能夠如此大大方方地用英文發表演說。

泰德是在五十三歲時開始進入軟銀工作，他和孫之間的互動就猶如父子關係一般。

這對「父子」以絕妙的組合搭配模式來與世界上的商人相互過招。

基本上泰德的工作內容就是促進軟銀與美國UNIX企業之間的合作關係。

而在工作上相當受到孫信賴的泰德，總是有忙不完的工作在等著他。

除了SRI（軟銀綜合研究所，主要是負責PC與UNIX相關的開發工作）的業務以外，也要事先準備和那些想要進軍日本市場的美商公司之間的合作事宜，這也是泰德的重要工作之一。

此外，在美國的ＰＣ相關雜誌版權取得的交涉工作中，他更是佔有舉足輕重的角色。

自從那次比爾．蓋茲推薦孫閱讀《PC WEEK》雜誌之後，孫就下定決心一定要取得日語版的版權。

一九九〇年三月，孫和橋本五郎一同飛往紐約。

他們此行的目的就是為了要取得世界第一的電腦出版社——Ziff Davis 所發行的《PC WEEK》的日語版權。

這本雜誌在當時是世界上最多人閱讀的ＰＣ綜合資訊雜誌，所有從事ＰＣ相關工作的人都對這本雜誌相當重視。

兩人在位於紐約第五大道的 Ziff Davis 總公司內和威廉．季夫見面。雙方預定會面的時間居然只有短短的十分鐘。

但是最後會面結束時，時間已經超過預定時間，而且長達一個小時。

結論是從五月開始，《PC WEEK》的日語版每個星期會發行五萬本。

之後季夫跟橋本這麼說。

『I met three geniuses.』（我認識了三位天才）

他所指的是微軟公司的比爾．蓋茲、Apple 公司的史帝夫．賈伯斯以及孫正義。

而孫則是跟橋本這麼說。

「五郎，真希望有一天我能買下 Ziff Davis。」

這個時候橋本還以為孫是在開玩笑，因為這實在是太癡人說夢的大話。

然而天才的眼裡卻沒有任何的笑意。

孫有強烈的自信認為自己的美國夢總有一天會實現。

然後就在過了五年後的一九九五年十一月，孫收購了Ziff Davis公司。

28 疾如風

一九八九年一月七日。

日本昭和天皇不敵病魔逝世。

年號由昭和更改為平成，日本開始邁向新時代。

然而此時的日本卻毫無預警地進入泡沫經濟時期。這一年，「三菱地所」收購了美國紐約的洛克斐勒中心（Rockefeller Center），日本開始瞄準各個領域的世界市場而來展開行動。

相反地，世界的市場卻因為以這個日本龐大市場為目標，而進入一番廝殺階段。

在時裝流行市場上，亞曼尼（Giorgio Armani）、凡賽斯（Gianni Versace）等義大利時裝品牌在世界上掀起一股風潮。不只是服裝產業，就連休閒娛樂等產業的消費額也逐漸擴大，許多企業都在向新的商機靠攏。

然後就是資訊產業，孫終於展開啟動美國軟銀公司的第一步。

這個時候的孫已經先規劃出之後的戰略。他決定將目標鎖定在提供企業硬體與軟體的美國 Business Land 公司。

孫即將搭上這股嶄新的趨勢來提升自家公司在市場上的價值。

不過當時的日本還沒有開始發展與 LAN（Local Area Network，區域網路）相關的網路事業。所謂的 LAN 是指在辦公室以及大樓等比較狹小範圍空間內，藉由網際網路來連結電腦的系統。孫已經預見了這樣的網路系統會在日本有擴大使用的趨勢。

此時從美國軟銀的泰德．多洛塔那邊也收到相關情報，也就是 Business Land 公司業績急速成長的消息。

由大衛．諾曼所率領的 Business Land 公司，從一九八二年開始，每年業績都有百分之七十的驚人成長幅度，年營業額到達二千億日圓。因此孫沒有理由不會去注意到這家公司的出色表現，而且他對這家公司的大小事都有一定的掌握。

孫心想總有一天要和這家公司有所來往。但是孫的日本軟銀與 Business Land 公司相比，雙方的年營業額差距簡直是橫綱與平幕之間的差別。更何況現在的孫其實是想要藉由和 Business Land 公司聯手合作，學習 LAN 事業的專門技術。

一九八九年秋天，孫與軟銀事業部貨物管理部長的宮內謙，以及營業部長的矢部孝行飛往美國準備與泰德見面。

宮內是在一九八四年進入日本軟銀工作，之後一路深受孫的信賴，就如同他的姓氏一樣，以得力助手之姿扮演輔助孫的角色。現在則是成為軟銀的董事、SoftBank Mobile 的董事，以及 SoftBank BB 董事副社長兼 COO（一級主管）。他是個能夠將孫的構想充分實行的敏捷商人，個性謹慎而成為孫與部下之間的溝通橋樑。

在出發前往美國之前，孫已經掌握了確實的銷售名目，即便視察地點不是只有 Business Land 公司，但他還是有鎖定了調查重點。

而此次的美國行對孫而言也是一次賭注。

因為最大的目的是要和 Business Land 公司的諾曼見面。一旦順利與對方取得聯繫，那就算是已經達成一半的目的了。因為孫很有把握只要能夠和對方見面，就一定有勝算。

然而結果卻不如孫的預期，終於和諾曼見到面時，對方卻表現出冷淡的態度。

不過孫也沒有因此感到洩氣，他還是持續努力想要說服對方。

於是諾曼對這個從日本來的企業家也開始改變態度。

諾曼終於願意認真聽聽看孫的想法，之後更是答應了業務上的合作關係。

因此孫又立即趁勝追擊地這麼表示。

「為了擴展日本的 LAN 技術以及相關產品，所以想要和 Ungermann-Bass 公司合作，不曉得您是否願意幫忙牽線介紹？」

因為孫看準了諾曼應該會願意幫忙介紹 LAN 的製作販賣廠商——Ungermann-Bass 公司。但是這樣的談話內容，對日本人來說是有失禮節的做法，老實說根本沒有人敢這麼做。孫是直接說出自己內心想要的東西，這其實是美式作風，因為答案就只有 Yes 和 No 而已。

而且孫又是以英文來強化自己的說服力。

但令人感到意外的是諾曼的答案居然是 No。

「最好是打消和 Ungermann-Bass 公司合作的念頭。」

諾曼接著又這麼表示。

「Novell 會是比較好的選擇。」

這是孫第一次聽到這家公司。

Novell 是販售且開發 LAN 用網路作業系統的公司，這家公司提供了美國境內百分之六十五的軟體。而且不是以直接販賣的方式來銷售網路軟體，而是採取跟日本相似的經銷販賣方式，透過通路商來進行販售。

而這樣的銷售方式必須要具備有相當縝密的網際網路架構設定，因此要透過具備技術的人來進行銷售。

於是孫那相當靈敏的商業第六感也很快就產生反應。

因為要是諾曼願意讓孫的公司和 Novell 合作，那麼孫就能夠在日本展開網際網路事業了。而且還能同時實現集結各家大型企業所成立的共同企業體目標。

「我的這個提案應該對貴公司有利。」

孫靠著清晰論調以及熱情來說服對方。

諾曼則是首次點頭答應了。

幾天後孫受邀來到諾曼家中，美國人其實很喜歡邀請剛認識的人到家中作客，這就是他們好客（私下招待）的表現。不過諾曼之所以邀請孫來到他的自家豪宅，應該也是因為他對孫這個人相當重視。

然後諾曼就將 Novell 的諾爾達社長介紹給孫認識。

接著孫便直接告知諾爾達自己想要在日本從事網際網路事業，這是孫與生俱來的開門見山交涉方式。而諾爾達對於網路還不是那麼發達的日本廣大市場產生了興趣，他將這次的合作關係視為進軍日本市場的機會。諾爾達沒想到居然有這樣千載難逢的好機會，所以他對首次見面的孫用力點頭表示同意對方的想法。

等到孫回國後，Business Land 公司就在日本設立分公司。然而就在公司設立不到一個月時間的一九八九年十二月底，卻傳來連孫也大感驚訝的情報。

那就是兼松江商（現在的兼松）居然和 Novell 簽訂了臨時契約。

他怎麼能夠這樣做？孫的內心瞬間產生動搖。他的腦中突然浮現 Novell 社長當時聽了自己的想法後深表認認同的表情。

這真是一個不注意就被他人奪得先機的世界。孫被 Novell 給拋棄了。這股強烈的屈辱感讓孫的內心感到一陣痛楚。不，這並不是所謂的背叛。孫深刻感受到美式經營策略的過人之處。

於是孫便這樣交代秘書。

「立即出發前往美國。」

就在孫前往成田機場的途中，他在車上撥了通越洋電話聯繫了人在洛杉磯的泰德・多洛塔。

「我現在坐車要前往成田，明天早上我會抵達舊金山。我們在那裡碰面。」

孫甚至連班機號碼都告訴了泰德。這對以往都對美國行程保密到家的孫來說，的確是相當罕見的舉動，在此之前他根本沒有這樣過。這也讓人感受到孫和泰德之間確實是交情匪淺。

「你先幫我訂到鹽湖城的機票。」

孫這樣交代泰德。

「為什麼要到鹽湖城？」

泰德對孫的行程產生疑問。

「我要去和 Novell 的雷伊．諾爾達見面。」

「這樣也好。你幾點和對方見面？」

「泰德，當然是由你負責安排會議啊。」

孫的不拘小節舉動總是會讓泰德嚇一跳。

但是此刻孫的行動卻讓泰德感到憂心。因為諾爾達社長可是全世界知名的企業家，孫這樣突然跑來美國，對方不一定保證會和孫見面。

就在泰德撥了好幾通電話後，這件事終於塵埃落定了。

他甚至親自追到諾爾達的所在處，最後才安排好了兩人會面的行程。

他向孫報告後，還提出這樣的疑問。

「話說，你怎麼知道諾爾達他人在美國？」

然後孫卻一副什麼事都沒發生的神情。

「我不知道啊。」

看來孫早就打算不管諾爾達在哪個國家，他都要追到那個國家。

見面後雖然孫與諾爾達兩人臉上帶著笑容握手，但是雙方的談話卻一直沒有進展。

這時兩人臉上的笑容都已經消失。

雙方誰也不願退讓。

孫所秉持的論點是，兼松江商雖然是日本數一數二的商社，即使對魚子醬和鵝肝醬的商品多麼瞭解，但是在電腦方面的知識卻與一般人沒什麼兩樣。

孫向諾爾達說明此次的合作關係是能夠達成共同企業體目標的一次機會。

「我的話，可以幫你介紹在日本的優秀合作夥伴。」

在聽到這句話之後，諾爾達臉上的表情產生了些許的變化，孫清楚地知道他的內心已經開始動搖了。

「諾爾達先生，明天就去日本一趟吧！」

後來孫才知道雖然諾爾達家財萬貫，但是他卻是個相當節儉的人。他在外出旅行時，只會挑選平日年長者有打折的時候，他也只會搭乘經濟艙。而且諾爾達不太喜歡日本這個國家。

「我瞭解你想說什麼了。我讓副社長跟你一起去日本。」

諾爾達很快就做出決定。

隔天孫就和副社長從美國出發。

孫在抵達日本之前就先和合作客戶的NEC、富士通、東芝、Canon、SONY等企業負責人取得聯繫，希望這些公司能夠出資。

這次的商業會談進行得相當順利。所以Novell的副社長馬上就跟諾爾達表達應該要和日本軟銀合作的意見。

孫最後還是以速度取勝來搶得先機。在這個瞬間，因為孫本身所擁有的卓越英文能力和對商品的豐富知識，以及迅速的行動力都讓美國的商人不禁脫帽致敬。

一九九〇年春天，日本軟銀和 Novell 以共同出資的形式在日本設立了 Novell 日本法人。社長是由原本在 NEC 工作的渡邊和也擔任。

同年六月，許多家的大型企業都決定出資成立日本 Business Land。

七月，日本軟體銀行更改公司名稱為軟體銀行（SoftBank）。

此時吹起了一陣風。

孫把這陣風當做是自己的夥伴。

29 志定氣盛

一九九〇年，手機開始普及，漫畫《櫻桃小丸子》造成大流行，超級任天堂大賣。八月，孫過了三十三歲的生日。

那一年的十二月，NEC、富士通、東芝、Canon、SONY 決定投資 Novell 日本法人。孫在心中所描繪的共同企業體藍圖終於化為現實。

以孫為中心的日本 Business Land 在業界相當受到矚目。在公司設立一年後，也終於達到單月獲利的成績。

這一切看似一帆風順，這位壯年的企業家的面前儼然已經沒有敵人。不過，在他前進的道路上——卻還是有烏雲在等著他。而且還帶來了一場強大的暴風雨。這場風暴讓孫陷入船帆破損、帆柱斷裂，在驚滔駭浪之中載浮載沉的困境。

由於 Business Land 總公司的經營產生問題，所以就被美國的電腦系統公司 JWP 給收購了。

這件事的走向是孫怎麼也料想不到的情況。這就如同充滿自信的年輕武者殺入敵陣後，才發現自家軍隊的本陣早已遭到燒毀殆盡那樣。孫在當時內心產生如此複雜的情緒。他必須趕緊重新搭建本陣才行。

再這樣下去，不只是軟銀會出現虧損，那些出資成立日本 Business Land 的各家企業也會面臨到業績消退的困境，這樣就會被迫中止此次的合資關係。孫為了要跟 Business Land 的諾曼見面而飛往美國。

從孫的臉上可看出他堅定的意志。

「這次被迫中止合資關係都是您的責任，希望您可以還錢給那些出資的日本企業。」

這時候的孫展現出商場上強硬的作風。

以一個日本人來說，即便自己不需要負直接的責任，但也不可能就這樣睜一隻眼閉一隻眼當做什麼事都沒發生。不管美國和日本之間商業往來的做法上有多大的不同，在道義上都還是得負起責任。然而美國人諾曼卻完全不是這麼認為，他從一開始就無法理解孫在說什麼。

於是孫繼續說服他。

雙方談判到了最後階段，諾曼終於願意退一步答應了條件。

孫的信念最終還是打動了對方，或許可以說是這股氣勢逼得對方不得不低頭。

即便契約書當中並沒有註明「中止合資關係時，必須償還出資金」。

但是諾曼還是承諾，會將原額資金歸還給這些出資企業。

其實孫也因為這件事而做出了相當大的犧牲。只要軟銀有出資，他就不能對此事袖手旁觀，他獨自承擔了這家公司所累積的虧損金額。這樣就可確保各家企業都能拿到原額資金。

此時的軟銀雖然還有超過二億日圓的債務，但是孫判斷這麼做能獲得更多的收穫，他至今還是這麼認為。

因為不管身陷怎樣的困境，絕對不能自亂陣腳，而且絕對不能誤判情勢。這就是孫一貫所採用的商業戰術與戰略。

在這個階段的孫，最想得到的是什麼東西都換不到，猶如龐大財產般的信賴關係。

各家企業的負責人想都沒想到，他們竟可從一家背負債款的創業公司手中，全額拿回各自的出資金。

對於孫來說，他最大的強項是不會讓失敗以失敗作結。因為他認為在失敗當中一定藏有成功的鑰匙。

和Business Land之間的合作關係，確實是已經以失敗收場。

然而與其將這次的失敗推給偶然，還不如將眼光放在如何能獲得好結果的層面上。雖然失去了Business Land，但還是設立了日本Novell。靜下心來思考判斷，這件事的確也順利確立了網路事業，使其成為軟銀支柱。

只懂得追尋眼前的利益，就沒辦法獲得更大的利益。

這是孫經常掛在嘴邊的口頭禪。

「即便虧損（孫）也要符合正義。」

如果要談論到孫正義這號人物，就不得不提到他對家人的愛。

就如同他的父親三憲很自豪自己的祖先來歷那樣，正義也對自己的家人感到自豪。他尊敬父母，對兄弟姊妹仁慈，相當信任朋友，而且也深愛著自己的孩子，都是人類與生俱來的情感表現。

然而即使孫能夠獲得大多數日本年輕人的認同，但要是沒有去理解他這個人所要表達出的真實想法，那麼一味去仿效他的一言一行，那也沒有任何意義。

有一個人受到孫很深的影響。

這個人就是比孫還小十五歲的弟弟泰藏。

孫生長在有四個兄弟的家庭之中，其中他最疼愛的就是和自己年齡有段差距的泰藏。他雖然是兄長身份，但有時候也會像父親那樣嚴厲管教弟弟。而泰藏的這個名字，其實也是孫所命名的。靈感來自當時在財經界備受尊敬的東芝會長——石坂泰三。但由於是四男，所以名字裡有三這個字好像不太適合。因此孫便將三改成藏，將名字取為泰藏。

一九九一年四月，泰藏為了要考上東京大學，而開始去駿台升學補習班上課。他和哥哥一樣都是就讀知名的久留米大學附設高中。雖然以優異的成績畢業，但卻在考試時卻落榜。之後他因為喜歡爵士樂而組成樂團，在當地的福岡過著悠閒的重考生活，但由於第二次考試又再次落榜，造成他心裡極度的不安，於是他便決定前往東京進入升學補習班就讀。

當時他在和兄長正義商討意見時，還被正義給嚴厲訓斥了一頓。

「你再這樣下去，人生就會永遠跳脫不了失敗二字。這樣就永遠不會成功。」

這些話也讓泰藏那因失敗而日漸萎縮的自信，瞬間又出現了好幾道裂痕。不過，跟哥哥一樣好勝的泰藏，反而為此規劃了一個拼命學習的讀書計畫表。

泰藏滿懷自信地將讀書計劃表拿給哥哥看。結果他又再次被狠狠地責罵了一番。

「你的腦袋裡到底在想什麼？」

哥哥向弟弟說明了為什麼這樣的讀書計劃表行不通的原因。因為計劃不能以加法來計算，而是要以分割時間的方式來規劃才行。

首先，先把讀書時間設定為一年。而這時候，不能將一年分割成十二個月。因為不管訂定再怎麼縝密的計劃，都不可能百分之百照著內容來執行。哥哥教導泰藏應該要將一年三百六十五天分割成十四個區段，而並非以月份區分的十二個區段時間。

接著再將原本需要花一個月完成的讀書進度，時間設定為一年的十四分之一，也就是要在二十六天內完成。如此一來，一個月就有四～五天、一個星期就會有一天的緩衝時間能夠使用。

這樣就能讓人在讀書時有可以稍微放鬆的空間，也能夠提升讀書效率。

還有就是要將需要花費一小時的事在十分鐘內完成。要好好思考怎麼做才能辦到。

由此不難看出孫在制定這個讀書計劃時，在執行面上的縝密心思。

而正義也看到要再一次參加考試的泰藏，的確有按照計劃表來記下自己的讀書進度。綠色是代表有跟上進度，稍有落後的部分則是以紅色來表現，才讀到一半的部分則是標上黃色。泰藏一天有十八個小時都在讀書。

因為泰藏知道哥哥正義在聖名大學和加大柏克萊分校就讀時，每天除了睡覺以外，幾乎就是都一直拼命讀書的這件事。

（我怎麼可以輸給哥哥！）

於是泰藏也每天努力讀書。一開始計劃表上會出現比較多的紅色和黃色區塊，不過後來綠色區塊的比例就逐漸增加。

然後泰藏就將自己的讀書計劃表給哥哥看。

但是哥哥只看了一眼，然後又開始責罵弟弟。

「你根本沒搞懂什麼是讀書！」

泰藏原本很有自信認為這一次會得到哥哥的稱讚，而不是遭到責罵，所以他相當驚訝。而且他也不知道哥哥之所以責罵自己的理由到底是什麼。

「你聽好了，問題在於黃色區塊的部分。」

進度落後的部分塗上紅色並沒有問題，因為沒有一個人是完美的，當然有做不到的時候。

至於綠色的部分因為原本就是按照緩衝時間來規劃，所以當然能夠按照進度來實行。

倒是那些只讀到一半的黃色區塊就顯得相當重要了。因為必須思考自己為什麼無法按時完成?以及實際上自己完成了多少。

吸收知識且確實瞭解課題內容才算是所謂的讀書，問題在於結果為何。因此才應該要規劃出最後能夠順利執行完畢的計劃。

泰藏聽著哥哥說的這一番話，並點頭表示贊同。

於是懂得如何確實掌控讀書計劃進度的泰藏，成績也開始大幅進步。

最後他終於通過考試，進入競爭激烈的東京大學經濟系就讀。

這就是孫正義的過人之處。直到今日，孫仍然還是會按照將一天劃分成五分鐘為一單位的行程來做事。

泰藏是在擁有出色商業手腕的父親，以及重感情的母親的撫養教導之下成長的，他對哥哥也相當尊敬他看著以好幾億日圓為單位在商場上打滾的哥哥，內心不禁湧現「哥哥真的很優秀」的仰慕情緒。因為格局實在差太多了。

他知道自己怎樣也不可能會贏過哥哥。

但是泰藏在就讀東大的這段期間，他也開始做起商業買賣。他在二十三歲時的一九九六年創立了Indigo，主要從事強化網路系統的商業活動。他的哥哥也同樣是在二十三歲時創立了日本軟銀，以這一點來說他並沒有輸給哥哥。

泰藏是因為和率先發展出網路搜尋功能的美國雅虎公司的楊致遠見面，而促成了他自己創辦公司的契機。

一九九五年十二月，和楊致遠見面的泰藏成功讓雅虎的日語版在地化。他因為很欽佩楊致遠的人生態度，所以才會設立公司來和對方接觸。

孫家具備有不仰賴他人、靠自己打拼的家風。

不管任何事都想要靠自己的雙手來開闢道路。

喜歡玩電動的哥哥正義，一邊和弟弟玩著超級瑪利兄弟的遊戲，一邊從中將屬於自己的經營哲學教給他。

要怎樣才能吃到香菇？要如何成功跳過烏龜？

所以才會產生想要有人來教導自己攻略方式的想法，想要有人告訴自己這邊有排水管，以及如何瞬間移動，還有希望有人能告訴自己，如何能夠輕鬆去到第四關。

不過這樣子的電玩遊戲，會覺得有趣嗎？

順利越過重重障礙後，打倒第一關的大魔王，然後來到第二關。關卡會變得越來越難。然後再從第二關邁向第三關。

哥哥說經商其實就跟超級瑪利兄弟一樣，重點是必須靠自己去開闢一條又一條的道路。

在讀中學時，正義曾經和泰藏一起玩過關原之戰的角色扮演遊戲。就是兩人分別扮演石田三成和德川家康，然後以戰略決勝負的遊戲。

哥哥一貫都是採取激烈進攻的方式，他成功以六個軍隊包圍住一個敵軍軍隊。

就算對手是弟弟他也絕不手下留情。

從孫所進行的大型企業收購行動中，就可看出他強烈的進攻形象。

孫雖然作風大膽，但是他的心思卻也相當縝密。

「要比其他人多一倍的謹慎，但是一旦決定要過橋，就要像自動卸貨車那樣前進。」

這是泰藏從哥哥身上所學習到的道理。

因為只要意志堅定，氣勢就會強盛。

這句話是出自於幕末革命家——吉田松陰的口中。

松陰告訴世人一旦下定決心，不論遭遇到任何困難，都要抬頭挺胸去面對。

那麼在商場上孫又以何為目標呢？

答案是他從年輕時代就開始培養的能力——就是信念。

他擁有要讓自己的工作為接下來的數位資訊社會有所貢獻的強大自信，也就是所謂的胸懷大志。

一九九四年七月二十二日，軟銀的股票終於公開上市。

30 大膽又不失細心

每個人心中都有永難忘懷的情景。

一九九五年十一月十五日，星期三。在孫所下榻的美國拉斯維加斯希爾頓飯店的蜜月套房內，軟銀集團的幹部們都聚集在這裡。

房間內除了有美國軟銀的社長泰德．多洛塔，與大衛．布魯穆斯坦、隆．費雪，還有和孫一起來的社長室長（之後成為日本雅虎社長）的井上雅博。

那一年孫收購了 Interface Group 的展示會部門、COMDEX，以及 Ziff Davis。

雖然二十九樓的蜜月套房有戶外陽台，但是孫待在這裡的時候，一次都沒有來過陽台。因為這會讓他感到害怕，據說他似乎有懼高症。

此刻孫正要做出大膽的決定。

寬敞的房間內，一大群男人坐在沙發上。

孫首先開口。

「我對雅虎這家公司相當感興趣，所以想要來進行投資。」

因為 Ziff Davis 的社長艾瑞克．希波正在找尋出資者。

雅虎因為要股票上市，所以需要願意投資的企業家。Ziff Davis 原本有意投資，但由於被軟銀給收購，正在進行簽約手續，所以不能進行投資。因為收購需要經過查核資產等過程，所以在一段時間內都不能動用資金。

於是就決定由孫來出面進行投資，因為孫相當信任希波這個人。

截止日是在週末的星期五，距離現在只剩下二天時間。

「你覺得如何？」

孫用日語提問。

因為孫是說日語，所以他詢問的對象就是井上雅博。

井上立即就做出回應。

「我認為網際網路很有發展性。」

井上和孫同年紀，都是在一九五七年出生的，井上比孫還要早半年出生。他在一九七九年進入東芝

SORD計算機部門工作，一九八七年轉職進入軟銀總研，一九九二年到總公司上班。從那時候開始，井上就一直待在孫的身邊。他先後擔任社長室長、秘書室長職務，他雖然不需要帶公事包上班，但是他也從孫身上學習到了許多管理能力的細節。

他知道孫一旦說出口的話，就不會再改變心意。井上總是冷靜地看著孫的一言一行。他曾經目睹孫因為專注地思考某件事情，而直接一頭撞上電線桿的情景，或者是孫沒穿鞋子就上飛機的窘況。

宮內謙會隨著孫的情緒而產生變化，一起變得激動或是一起變得平靜，但是井上卻總是保持冷靜的態度。

然而在此刻，井上的體內卻也產生了一股熱血。

因為網路的時代即將來臨，他確信孫的判斷是正確的。

於是孫便從COMDEX調用二百萬美金的資金。

接著在隔天的十六日，孫就和泰德飛往矽谷。孫與雅虎的創始者楊致遠以及大衛．費羅是在他們位於山景城的小間辦公室內見面。

正在找尋投資夥伴的雅虎對孫等人表示歡迎，而且原先好像有意請孫一行人去法國餐廳或是中國餐廳吃飯會面。

但由於孫希望能和兩位年輕人好好討論此次的合作關係，所以只要簡單準備外送的披薩和可樂就好。

孫想要和這些人高談闊論有關網際網路的未來，這是孫此次唯一的要求。

而孫是這麼形容當時的情景。

「和楊等人談過之後，那時就認定這些人就是我想要合作的對象，我想要將所有的一切都投入到這次的交易當中。」

最後軟銀拿出了二百萬美金來投資雅虎。而且在雅虎的股票於納斯達克股票交易所（NASDAQ）上市時，孫也以第三者配額增資的身份再出資一百億日圓。因此軟銀的持股比例就來到百分之三十五。

當軟銀決定投資雅虎時，在日本已經有好幾家的企業表示願意和雅虎公司成立共同投資公司。

而井上雅博和楊致遠見面，並提出想要設立日本雅虎的想法，則是在那一年的十二月。

直到現在井上還清楚記得當時的情景。

「對方之所以選擇我們公司作為共同投資的合作夥伴，絕對不是因為我們願意投入巨額的資金。那是因為其他家公司想要有足夠的時間來進行，只想以傳統的經營模式來與對方合作。然而我們卻一致認為網路最重要的因素就是速度，所以在三個月內就促成了此次的合作。」

而在雅虎的辦公室內也堆滿了其他公司關於設立日本雅虎的提案書。井上看了那些成堆的資料一眼。

「現在從各個公司收到了許多的提案書，不知道該如何處理。」

穿著 Polo 衫的楊致遠這麼說。

這時井上有些後悔自己沒有帶著類似提案書的資料過來，因為他是赤手空拳，什麼都沒準備的狀態下就來到這裡。

「我們想要設立日本雅虎。」

井上直接切入正題。

「這是個不錯的構想，那你們想要以何種形式來進行？」

楊這麼問。

「先由二、三個人來負責處理，然後再視情況需求增加人手，這樣應該就可以了吧？」

井上如此說明。

「只要從可以著手的地方先進行，應該就行了吧。」

聽完這句話之後，楊用力地點頭。

「你說得有道理。網路畢竟還得是以速度取勝。」

兩人同樣擁有技術人員的背景，因此談話時的波長也相當契合。

接著兩人也談到要如何將網站介面日語化。

井上已經掌握了這整件事的重點，那就是日本和美國的文化存在著極大的差異。

因為沒有將網站日語化的前例，所以更應該放開心胸去自由地思考。

「總之，就先開始著手準備吧。」

最後井上和楊兩人以握手來結束此次的會面。

十二月二十日，位於矽谷中心地帶的聖荷西 Fairmont Hotels 前方的廣場落成。由附近小孩所裝飾而成的聖誕樹正閃爍著紅、黃、綠的亮光。

一行人在吃完壽司後來到飯店外面。

「聖誕樹的裝飾很漂亮！」

那一次與井上同行的職員影山工也對當時的情景特別有感觸，記憶相當深刻。

因為他感覺收到了對方贈送的一份大禮。

於是井上一行人便在回國的班機上，以及到達成田的回程車上，就開始製作報告書，接著就直奔位在東京日本橋濱町的軟銀總公司（當時）。

「太好了。」

孫的臉上浮現燦爛的笑容。

一九九六年一月，日本雅虎正式成立。

一月八日，孫將所有的幹部都召集過來，目的是要說明自己的主張。

「今年是網路元年，我們要全面推行所有與網際網路相關的業務。」

接著在一月十二日，楊致遠來到日本。

雙方協議網路服務在四月一日開始上線。

不過由於當時軟銀正忙著進行當日結算，因此必須仔細計算營業損益狀況。但井上需要有人手來盡快幫忙處理此次的合作案。

井上甚至還親自到人事部處理相關事宜。

「有很多事要做，要趕緊加快腳步。」

他成功得到人事部所發出的「雅虎合作案」人事同意權。

而其中的一位重要人手就是影山工。

影山是雜誌《UNIX USER》的總編輯，他是在軟銀創立後的隔年進入公司。他是個用功學習電腦相關知識，以及編輯技巧的寡言男子，而且具備比一般人還要多一倍的責任感。影山名片上的職稱是「總編輯」，他具備細微的觀察力，是個相當優秀的編輯人員。

由於影山對孫的工作熱忱以及用心態度留下很好的印象，所以他決定以努力工作的方式來報答孫。

「在某一年的尾牙會上，公司非得要資遣掉某些職員。那個時候孫社長居然在大家面前流下眼淚。」

而井上和影山的工作內容大致可分為三個項目。首先是製作雅虎的文件夾，再來是搜尋服務要設定為日語的使用模式，最後是必須蒐集成為搜尋對象的網站資料。

除了這些以外，當然還包括有：要選用怎樣的搜尋引擎、要怎麼將搜尋引擎和雅虎系統做整合來使用、廣告要如何刊登等等。要處理的工作內容有一大堆。

而且能夠來處理這些工作的人手就只有二、三人。

此外，也沒有特別準備一間辦公室給這些人使用，他們的工作地點就在社長室的一個角落。然後每個人坐在自己的位置上，各自透過發送電子郵件來與外部取得聯繫。

這些工作內容當中最困難的是蒐集網站資訊。

「我想要蒐集三萬個網站。」

井上這麼認為。

「因為不知道該怎樣來蒐集網站資訊，所以都還在摸索當中。」

不過最後還是靠著影山持續不斷的作業，終於蒐集到一萬五千個網站資訊。

然後就延續這股連續二十四小時工作的態勢，接著進入開發登錄系統的階段。

在這個階段的工作是以孫的弟弟泰藏和他的友人為中心。

從一九九六年七月開始，井上就代替孫成為日本雅虎的領導者。

從這個時候開始，利用雅虎服務的使用者數量就出現了驚人的成長。

一九九七年一月，網站一天的流量就超過了五百萬的點閱率，到了一九九八年六月，更一舉達成一天一千萬點閱率的成績。二〇〇〇年七月突破一億次的點閱率，二〇〇二年五月更是持續成長至三億次的點閱率。接著在二〇〇四年三月更是突破新高來到七億次的點閱率，並提供搜尋、資訊內容、聊天通訊、買賣交易、行動網路等多項的服務。

井上還記得自己第一次和孫說話的情景。

那是在一九八八年的軟銀總研的員工旅行活動上。

當時兩人在箱根泡溫泉，孫和井上開始聊起32位元電腦軟體的製作方式等話題。

不過井上是在五年後才開始認識孫這個人，那是在他到總公司工作的一九九二年以後的事了，因為他之前都一直待在分公司管理數字資料。硬要說的話，孫對他而言是會讓人感覺自己能力不足的存在。

「有時候我也會覺得他意見很多，因為他對數字相當挑剔。而且他很喜歡問為什麼，尤其是公司業績出現赤字時，他就會變得很囉唆。」

孫相當執著於就算只有一日圓之差，也要盡量讓財政是獲利狀態。但是同時井上卻也深深感受到孫身為經營者的優秀能力，以及精明的經商手腕。

「他雖然行事作風很大膽，但是對數字部分卻也很細心。他的這二個面向都相當出色，因為大多數人都沒辦法做到二者兼具的狀態。」

但即便孫是貫徹主要信念在做事的人，但有時候難免還是會踢到鐵板。

「每當他想要耍幽默時大多都會失敗。有時候我們也會選擇不去聽他所說的玩笑話，那個時候他就會一直等待我們的反應。」

此外，井上也相當瞭解孫是個胸懷大志在往前進的人。

「他會給自己訂定一個大目標，抱持這樣的信念持續往前衝。」

因為孫時常跟井上表示自己的夢想是要創立一個像ＮＴＴ那樣的通訊網路基礎建設。

然後這樣的夢想終於成真。

二〇〇一年四月。

井上在位於東京表參道的日本雅虎總公司八樓發表了這個消息。

「我在和孫先生討論過後做出了這樣的決定。那就是日本雅虎要迎接一項新的挑戰。」

他宣布要展開寬頻網路事業。

但其實孫在此之前還是有讓他失去注意力，而變得不感興趣的工作。井上笑著這麼表示。

「但是 Yahoo! BB 服務還會再繼續下去，應該還會再持續很長一段時間。」

孫與井上認真推行的 Yahoo! BB 的主要內容有三項。

首先是連接網路的服務，再來是 BB 電話服務，最後是 BB 電視影音服務。這些都是利用現有的網路基礎建設來向外擴展服務內容的方式。

「之後還會再推出更多領域的服務內容，畢竟現在這項服務才剛開始。」

而且在相處的過程中，井上也發現到孫不同於檯面上的另一面。

「像我就是一個不喜歡將賭金全壓在同個地方的人，但是說不定我這樣個性的人才比較適合賭博。如果要比下注一百次，那我應該會勝出。」

他笑著又繼續接著說。

「孫厲害的地方就在於他大概下注三次就會感到不耐煩，所以他在三次以前都還是會贏錢。孫是個會認真思考如何賺錢的人，而且他也很會讀書，學習能力也相當優秀。」

個性沉穩的井上眼神中散發出光芒。

現在儼然已經成為頂尖經營者的井上，現在還是孫能夠完全信賴的人物。這麼看來井上其實也是個性格纖細，但卻擁有大膽行動力的男人，所以兩人才能夠有如此深的牽絆。

想必今年在矽谷的聖誕樹，應該也是被孩子們裝飾得五彩繽紛吧。

31 信念與野心

這個男人一有動作就會颳起一陣旋風。

孫正義依舊站在這個動盪時代的最前方。

就像是船隻移動後，浪花所顯現出的軌跡會逐漸擴大那樣，孫只要有所行動，總是會帶起一股新風潮，因為同樣性質的東西會相互吸引。

有時候是吹起引領變革的風潮，而這股旋風總是會為人們帶來驚奇。

一九九五年四月，孫收購了世界第一的電腦貿易展示會「COMDEX」。

同年十一月，孫又收購了電腦相關出版業的龍頭——Ziff Davis 的出版部門。

隔年的一九九六年一月，孫則是取得美國最大的搜尋引擎公司——雅虎的股票，並成為這家公司的最大持股者。

同年六月，「新聞媒體大亨」魯柏・梅鐸（Rupert Murdoch）所帶領的澳洲新聞集團（News Corp）和數位衛星放送事業 JSkyB（現在的 Sky PerfecTV!）展開合作關係，並宣布取得朝日電視台股票的消息（之後便中止）。

一九九八年一月十六日，軟銀的股票正式在東京證券交易所第一部國際市場上市，這時候距離公司登記營業僅過了四年時間。股票一上市開始交易後，隨即就出現一波買氣。公司的收盤股價比一開盤還要高出一百日圓，來到三千七百日圓，收盤價則為三千八百七〇日圓。

一九九九年六月，孫與全美證券協會合作設立了日本那斯達克。

二〇〇〇年九月，孫取得日本債券信用銀行（現在的 Aozora 銀行）的股票。

這位勇於革新的男人，總是能一次又一次地展開讓世人感到驚奇的事業。

因為只要孫一現身，就會颳起一陣強風。

然而不論是多麼大的一陣風，總是會出現瞬間靜寂無聲的時刻。而讓孫願意停下繁忙經商腳步的是六百年舉行一次的宗偏流茶會，因為這可是一期一會的機遇。

宗偏流是由千利休的孫子，同時也是宗旦的首席弟子，以初代宗偏之姿，在距今約三百五十年前所創立。

不曉得各位是否聽過這個茶道流派的起源。

那是在元祿十四年（一七〇一）年，赤穗的流浪武士因為要為主君報仇，而過著艱困奮鬥的生活時——這位以俳人身分為人所知的四十七士其中一人的大高源吾便加入宗偏的門下。宗偏為了想要設法舒緩大高生活上的壓力，於是他就傳授了大高在吉良邸舉辦茶會如何選定日子的方式等知識。

而現在的本家繼承人則是山田宗偏。由於前一代的驟逝，所以在當他還是學生的二十一歲時就繼承了第十一代的名號。

一九九七年九月，宗偏流舉辦了一次的茶會。

畢業於上智大學的山田，即便生長在傳統的日本舊社會，但是身上卻也散發出現代的氣質，他的人脈廣闊，並主宰了禪與茶結合的「大龍會」。成立這個協會的靈感來自於一橋大學創新研究中心教授——米倉誠一郎，他以現代武將來「創造明日」的宗旨，找來各個領域的頂尖人物，將這樣的茶道精神傳予後世。

在那一年的秋天金閣寺創建六百年的茶會上，宗偏就有出席活動。據說這次是睽違六百年之後再度舉辦茶會，可以說是對宗偏流相當具有特別意義的一場活動。而對於那些被招待的人們來說，這也是千載難逢的機會，因此只有少數人能夠獲邀參加。這的確是會讓人感到緊張的榮譽，因此宗偏便向一直以來的商討對象米倉尋求意見。

由於米倉是商業史的專家，所以他當然也很瞭解電腦產業的變遷。

「那些表現出色的新興企業，應該會覺得我們是奇怪的組織，把我們當玩笑話看。但就是因為我們身處在這樣的時代，所以不應該祈求這些人的失敗，反倒要打從心底去為他們加油，因為必須要有培養出第二個 SONY 和 HONDA 這樣的風潮才行。」

這就是米倉所抱持的想法。

針對社會上批評孫這種企業家的言論，米倉是個會為孫辯護的人。

而且對茶道也相當感興趣。

因此米倉沒有一絲猶豫，就決定要邀請孫正義成為這場茶會出席者之一。

「接下來一定要想辦法讓具有影響力的人物將茶道當做興趣，而且還必須讓那些在海外有出色表現的企業家真正瞭解茶道的奧義。」

因此就促成了山田宗偏與孫正義這兩位風格迥異人物的會面。而在當時工作繁忙的孫，在接到這個意外邀約後，立即就表示願意參加，即便孫之前並沒有對茶道特別感興趣。

位在鎌倉淨明寺的本家邸周圍有三千坪的綠景，有小溪流過的部分土地也成為重要的文化財。這棟建築物是由一　昭良（惠觀）公和江戶時代的茶匠金森宗和所共同建造而成。金閣寺內的茶室也是由宗和所建造，就是因為有這層關係，所以才會委託宗偏來舉辦金閣寺創建紀念的茶會。

這一天，孫從東京搭車出發，準時在約定的下午四點半現身。

接著孫換上特別準備的和服，神情看來有些緊張。

孫在此之前並不是完全對茶道不感興趣。

「我對於和自己的工作扯不上邊的茶道也有一定的興趣。在自然的環境下喝茶，彷彿置身於另一個空間。因為工作繁忙，所以有必要重新來檢視自己，要學著從卡拉 OK 和高爾夫球以外的活動來找尋自己。」

孫經常帶著家人去欣賞演奏會表演，但是他卻不太喜歡在卡拉 OK 唱歌。

但是這個情形就跟戰國時代的利休、織部，分別成為信長和秀吉的精神支柱那樣，宗偏同樣也緊緊抓住了孫的心。

這間不到二坪半大，名為不審庵的空間內正在展現沖泡濃茶的技巧。

茶室內呈現跪坐姿勢的孫看起來好像有點不舒服。

「請把自己當做是信長在喝茶。」

宗偏這麼說後，孫就放慢自己喝茶的速度。

品茶時最重要的就是如何達到和自己的心靈合一的程度。

將這些戰國武將也觸碰過的茶碗，與自己的內心做結合。

活動結束後天色已經暗了下來。不過孫很清楚知道自己的內心已經被那些微亮的路燈給治癒了。

緊張和弛緩。

「我的內心感到平靜。」

孫小聲地說。

眼前的宴席開始端出一道道的料理。

平常不喝酒的孫卻罕見地拿起酒杯。

「好喝。」

他喝了兩、三杯的小杯酒。

孫因為要對喜歡喝可樂的蓋茲表示敬意，所以會喝可樂，但卻幾乎不碰酒。因為他希望身體不好的父親戒酒，所以和父親約好了一起遠離酒精。

正當孫在座位上稍微放鬆時，宗偏向孫提出了這個問題。

「什麼是網路？」

雖然是很常聽到的一句話，但其實很多人真的不瞭解網路是什麼。

然後孫冷靜地回答。

「在日本如果說政治家會使用網路，卻被其他人當做是在裝年輕追逐潮流，這樣的想法本身就是錯誤的。網路本身就像是普及化的電話那樣，只能算是一種通訊設施。重點在於要如何妥善使用這項工具來讓人們感到方便愉快。」

孫的這番言論相當有說服力。

而追求傳統與新文化融合的宗偏也認同這樣的看法。

這的確是孫打從內心的真正想法，他的這一番話就足以證明。

「跟孫先生抱持相同信念，擁有同樣想法的人，只要將在他們腦中的計劃持續推動，那就一定能克服困難達成目標。但是一般人卻無法看到孫先生所看到的未來。孫先生時常說自己是言行不一致的人，或許其中一個原因就是像我們這樣的常人沒辦法跟上他的腳步。」

宗偏感覺到孫的言論和他整個人已經結合在一起了，而這正是茶道的真髓所在。

因為孫已經體會到了茶道的真正精神。

然後時間來到二年後，在一個寒冬夜晚所舉辦的茶會活動上。茶室裡還掛滿了　口一葉的作品。

接到了一通緊急的來電。

宗偏對於是否要將俗世的事情帶到茶室感到猶豫，但他還是問了孫。

「孫先生您帶手機進來，是有什麼重要的事嗎？」

孫這麼回答。

「真的很不好意思。我可以去回通電話嗎？」

孫表示歉意並中途離席，到一旁的清洗區打電話。前後花了蠻長的一段時間。

其中一位弟子偶然目擊到這樣的情景。

據說當時孫在講電話的同時還一直低頭道歉。

「真的很抱歉，為了表示誠意，我們這邊會更努力，請相信我。雖然還有許多不足的地方，但還是請多多幫忙。」

這樣的謙遜態度正是宗偏流理想的道歉態度，也就是「不自以為傲」，而看到這一幕的弟子，也當場成為了孫的支持者。

宗偏曾經跟著研究英國政治的北海道大學研究所教授——山口二郎來學習知識。他認為「信念」和「野心」代表相同的意思。而現在的政治家沒有野心。要是失去信念和野心，那麼就不具備看到結果的洞察力。一旦失去這樣的能力，未來就會變得混沌不明。所謂的信念應該是更有啟示性的語詞，跟賺錢一事根本扯不上關係。

只要抱有一個信念，那麼不論旁人說什麼，都會不得不咬牙忍耐。在這個忍耐的過程當中，人格會受到磨練，直到成為受人景仰的那個人。

根據禪道的教導，沒有經過苦難的人，就不會有所成長。

以這一點來說，孫確實是個貫徹信念的大人物。

現在的孫或許正面臨那樣的處境，但是他對此卻毫不畏懼。

茶會告一段落後，每個人都要寫下一些文字心得。因為「結尾語」是最能忠實呈現出這個人的人格樣態。

孫寫了個大大的字。

這個字是「風」。

這個字蘊含了孫總是用心期許自己能化為一陣風的那份信念。

茶道能夠顯現出一個人的內心。

因為這是「沒有一絲混濁的清茶」。

在宗偏的心中孫就是這樣的一個人。

32 見識大場面

二〇〇〇年一月二十日——。

東京六本木正準備迎接絢爛的夜晚。

電視台的大樓前，從高級轎車上走下來的這個男人，體型比想像中還要瘦小，看起來跟一般人沒什麼兩樣。但是他全身上下都散發出精神奕奕的氣息。

這個臉上帶著親切笑容的男人一走進攝影棚，周圍便開始瀰漫著一股緊張的氣氛。

或許是這個男人所散發出的氣勢，而讓現場的緊張指數升高。

「請多指教。」

這個男人——孫正義相當有禮貌地彎下腰打招呼。

「您會用什麼樣的說法來介紹自己？」

前陣子無預警宣布要去調養身體一段時間，如今才剛回到《News Station》節目中的當紅電視主播——久米宏，一開口就這麼問。

「或許可以說我是鍾情於網路的男人吧。」

這樣的說法聽起來再平凡不過，但除此之外再也沒有其他回答能如此簡潔地代表孫這個人了。在這背後，感受得到好比一個哲學家經過了長遠的道路之後最終得到的解答一般。

緊跟著，久米窮追不捨地發問。

「也就是說，你可以為網路事業賭上自己全部的財產？」

「沒錯。」

孫柔和的臉龐散發出自信光采。

這不是眾所皆知的事實嗎？所以他選擇以不多說話的方式來表達抗議。

不過軟銀的確是以龐大的網路財閥作為目標。

因此他必須不斷提出新的構想。

所以他才會為了創業公司，設立國際證券交易所——日本那斯達克，並收購日本債券信用銀行。

他所進行的網路事業當中，除了日本雅虎之外，也積極參與車子和書籍的販賣，以及推廣寬頻網路等，對日本經濟帶來了相當大的衝擊。

這個時期的孫正義個人資產被稱為日本第一，軟銀的市值（股票×股票發行量，可以此大約估算公司價值）大約是十兆日圓，在所有的日本企業當中排名前五。

這一天的久米恢復了他以往的犀利風格。

「在一年多之前，我還曾懷疑過孫先生這個人是不是詐騙集團……因為完全不知道您在做什麼……」

「現在則是被稱作是泡沫時代的男人。」

孫雖然是笑著回答，但是他的眼神卻沒有任何笑意。

孫正義到底是怎樣的一個人？

他是如何成為世界上數一數二的資產家呢？

從孫所率領的軟銀成果中很難看到真實的面貌，因為他的公司並不是在生產商品。但是卻給人多次收購企業的強烈投資公司印象，很容易讓人搞不清楚這家公司的經營方向。

軟銀本身不只是經營事業，還是間擁有多家旗下子公司的股票上市企業。

一九九六年，孫和新聞媒體大亨魯柏・梅鐸聯手合作，並宣布取得日本朝日電視台百分之二十一・四的股票，但這樣的合作關係卻在之後突然中止。

關於這件事的來龍去脈，孫是這麼跟久米說明的。

「那時候朝日新聞希望朝日電視台能夠成為他旗下的相關企業，因此表達了想要買回股票的想法，我並不想強人所難……」

簡單來說就是投資新公司，讓那一家公司的股票上市增加利潤，然後再賺取出資利益。

「您是說投資了約一百家的公司，只要押對一家公司，就算其它九十九家公司都投資失敗也無所謂囉？」

久米的提問相當尖銳。

「我不是這個意思，我是說我本身不是那麼在乎實際的營收數字是否有回本。」

接著久米不經意地轉換話題。

「軟銀社長的薪水有多少？」

「一個月應該有五百（萬日圓），我不記得實際數字。」

孫連眉頭都沒有皺一下，一副不在意地這麼回答。

「您不看薪資單嗎？」

「不看。」

孫不是那麼在乎個人的豪奢享受。雖然軟銀股票公開上市的隔天，他就花了三十萬日圓買了一整組的高爾夫球用具，不過他只花了那麼一筆。他連手錶都會戴到壞掉為止，有時候午餐也都是跟公司職員一樣吃便利商店的便當。

孫相當坦率地回答這些問題，就連久米都大感意外。

即使久米嘲諷說軟銀的市值高是因為受到泡沫經濟的影響，實際上沒那個價值的時候，孫仍舊不為所動。

「所謂的泡沫經濟是指一直成長再成長然後下降的現象，可是成長再成長，然後又再成長，這就是真的有在成長。這兩者之間有極大的差異存在。」

因為再過五十年、一百年，網路永遠都會是社會上不可或缺的一部分，這股風潮正要開始。孫的這一番話確實很有說服力。

而且二十世紀又剛好是工業化社會，換句話說就是所謂屬於電視、電話，以及汽車的時代，所以之後回過頭來，就會將二十一世紀定義為網際網路的時代。

現在正是網路革命時代的開始，而我們都會活在那個即將到來的時代。

「您是否有把握在今年超越比爾．蓋茲……」

久米這麼問。

「我不會做出如此失禮的事來觸怒對方。這種事不可能會發生。」

即使孫面帶嚴肅神情否認，但是他的內心卻不是這麼想。

他當然想超越對方成為世界第一。應該不只有我一個人看出他努力要壓抑自己想要說出這句話的衝動。

然後久米在最後這麼問。

「你今年的目標是什麼？」

「持續找尋網路的可能性。」

孫即便在節目上被揶揄是詐騙集團，或者是賭博式的投資人，他仍舊相信自己所選擇的道路。因為這是屬於自己的人生，他不想要有任何的後悔。他總是用這樣的方式在激勵自己持續奮鬥，所以這個男人才能夠帶著滿臉的笑容和自信來回答這些問題。

就在孫正義和久米宏的訪談讓人留下深刻印象的十個月過後，我和孫在美國拉斯維加斯見了面。他的臉上還是帶著笑容，他所到之處總是被團團的人牆給包圍。

二〇〇〇年十一月十二日，傍晚七點。拉斯維加斯的 MGM Grand Garden Arena 的舞台上響起了如雷的掌聲，沒有打領帶直接穿著西裝外套的比爾・蓋茲走上舞台，這個男人掌握著全世界的電腦發展動向。

會場內人山人海的觀眾都將目光聚集在他的身上，為數眾多的攝影記者群同時間按下快門。然後巨大的螢幕上終於出現身材高挑的蓋茲身影，這時觀眾都大聲歡呼。

蓋茲彷彿是在表演一樣地介紹線上購物的運作方式，他一手拿著寶特瓶，一邊在展示將記事本的簡便功能與電腦結合的新型攜帶式「平板電腦」的試作機。

「現在正是電腦技術的過渡期，所以我最重要的工作是決定微軟公司應該要發展何種技術」，蓋茲如此強調。

坐在會場第一排的孫用熱切的眼神望向台上使用幻燈片軟體（基本方針演講）進行說明的蓋茲，有時還會大笑鼓掌。因為前一天蓋茲和孫已經在拉斯維加斯的高級高爾夫球場打過球了。這是二人多年來只要一見面的慣例，曾經留下最少桿數紀錄的孫，打起高爾夫球力道強勁且方向準確。因為高爾夫球是他的興趣。

「說到高爾夫球的成績對方應該贏不了我。」

孫的這句話透露出他的自信。

他們以「阿正」、「比爾」來互相稱呼，在打球時二人經常交談。

「我很尊敬比爾這個人。」孫平常很喜歡將這句話掛在嘴邊。

蓋茲的幻燈片軟體已經讓孫再一次感受到二十一世紀數位情報革命的進程。

一九九五年四月，就在孫收購了 Interface Group 的展示會部門、COMDEX 之際，所需的八億美金（八百億日圓）的收購資金當中，他是利用以九千六百九十六日圓的公開申購價格（利差方式）的股票時價來取得一百八十一億日圓，然後再透過發行直接債券方式籌措一百億日圓的資金。剩下的五百多億日圓則是直接向銀行借貸。吸引了許多家的日本銀行紛紛表示願意融資。

然後在同一年的十一月十三日，孫取得COMDEX經營權的首日，一開始他就以老闆身分用流利的英文向所有人打招呼。

接著輪到IBM會長兼CEO（首席執行長）的路易斯・賈斯納（Louis V. Gerstner）來播放幻燈片。等到演說結束後，台上的孫和賈斯納二人也握手相互問候。

COMDEX可以說是讓孫進軍世界舞台的跳板，孫每次來到拉斯維加斯都有會萌生見識到大場面的感動。

「拉斯維加斯是我很喜歡的城市之一。」

二〇〇〇年十一月的COMDEX。當蓋茲結束了幻燈片介紹之後，他就在震耳欲聾的掌聲中走下舞台。

等到坐在最前排，沒有打領帶，穿著深藍色西裝外套的孫站起身，許多人就開始將他給包圍起來。想要和他握手的人除了有微軟公司的CEO巴魯瑪，還有眾多電腦業界的領導人物。此時孫和蓋茲都是極受矚目的主角。在這一天的盛大發表會上，孫又再一次切深感受到自己對蓋茲所抱持的敬意，讓他重新燃起想要競爭的勝負心。

孫在加大柏克萊求學的那段時期，其實有過一次到拉斯維加斯賭博的經驗。那時候他將身上所有的錢都花光了，從那時候開始，他就再也沒也沒有去過賭場了。因為這份恐懼而促使他過著努力向上的生活。

孫從十九歲開始就一貫朝著數位情報革命的目標在前進。

然後這個時代終於來臨。

二十一世紀絕對會是孫正義和比爾・蓋茲二人相互牽引的時代。

一九九八年六月，孫與蓋茲二人一起和韓國的金大中總統見了面。

當時的韓國正陷入經濟危機。

那時總統問了孫這麼一句話。

「你認為要重振我國經濟應該要怎麼做？」

孫看了身旁的蓋茲一眼，然後這麼回答。

「金總統，我認為有三個重點。第一個是寬頻網路，第二個是寬頻網路，第三個還是寬頻網路，除此之外別無他法，也就是要讓韓國的寬頻網路成為世界第一。只要這麼做，經濟就一定會再次復甦。」

這就表示要重視電子產品的網路基礎建設，只要韓國成為這些網路基礎建設世界第一的普及國家，那麼在這樣的基礎之上，所有的電子產業都會持續開花結果。

孫接著又這樣表示。

「總統您應該要下定決心將韓國打造成世界第一個寬頻網路普及的國家。」

「我知道了。那麼寬頻網路又是什麼？」

針對總統率直的提問，孫做出說明。

簡單來說，就是透過總統的命令來將高速網路以及超高速網路的基礎給打好，要有將韓國打造成徹底的網路大國的那份決心，應該要下達這樣的命令。

然後總統這麼說。

「我知道了。雖然不是完全聽懂，不過我已經記住了，我知道這是一件很重要的事。」

他說完這句話之後，接著這麼問蓋茲。

「蓋茲先生，對於孫先生所表達的意見，你也能夠認同嗎？」

然後蓋茲這麼回答。

「我百分之百認同。」

金總統接著這樣回應。

「我知道了，既然孫先生和蓋茲先生都這麼認為，那我就相信你們。雖然還不太清楚到底該怎麼做，不過我會下達這樣的命令。」

於是總統就在次月頒布了這個命令。內容是要讓韓國所有的學校都普及使用寬頻網路，所有相關措施也要撤銷管制規定。總統下達命令要好好整備人事、法務的相關設施，為達到成功利用寬頻網路而進行改革的目標。

結果韓國就成為寬頻網路普及率達百分之七十五，世界排名第一的國家。日本的普及率為百分之二十五，而美國卻只有不到百分之五。

孫是這麼形容比爾・蓋茲這個人。

「我認為比起愛迪生、洛克菲勒（John Davison Rockefeller）、卡內基（Andrew Carnegie）等歷史上的偉人，蓋茲是更為偉大的人物，他是能夠在歷史上留名的人物。」

因為蓋茲這個人不但思緒敏捷，也富有挑戰精神，而且也有感性的一面。

他左腦的感性部分以及右腦的理論部分，都是以相當高次元的方式在融合。

「幸好蓋茲的事業是以技術開發為中心，我則是以電腦的網路基礎建設作為主體。這兩者之間並非敵對關係，而是緊密的互補關係。我們會彼此經常連絡，讓兩人的新事業避免產生衝突。」

而且孫也相當珍惜蓋茲所贈送給他的一本書。

那本書是蓋茲第一本出版的著作，書名是《BILL GATES THE ROAD AHEAD》（《擁抱未來》，日語版是由西和彥負責翻譯，ASCII 出版社），而且蓋茲還特別留了一段話給孫。

『You are a RISKTAKER as much as I am.』（你是一個愛冒險的人，就跟我一樣）

孫的臉上帶著笑容這麼對我說。

「他說我愛冒險，這讓我很高興。這是很好的評價。蓋茲真的相當瞭解我。」

33 天才惜天才

心煩意亂。

二〇〇一年一月。

「我今天下午不會回社長室，幫我把所有的行程都取消，我不要見任何的訪客，職員也是一樣。我要專注研究寬頻網路。」

孫這麼表示時，所有的秘書都出現相同的反應。

就連子公司的社長聽到這個消息都相當驚訝，還以為是有人在騙他們。

此時孫前往的場所是位於軟銀總公司另一側的小規模大樓，他是來跟一個男人見面。

這個男人被稱作是「瘋狂科學家」，他臉上的表情和說話方式，都跟春天的陽光一樣散發出和煦氛圍。

孫對著這個男人這麼說。

「為什麼你最近都沒什麼消息呢？不是說好要以寬頻網路為第一優先嗎？為何卻沒有任何進展呢？」

「不是的，因為我不知道怎麼寫企劃書。」

這個男人小聲地回答，他說話時就跟小孩一樣害羞。他眼鏡底下的眼神很溫柔。

因為他從沒寫過企劃書，所以他無法購買那些必要的機械材料。

孫為此感到生氣，但是他生氣的對象並非這個男人。而是對於身旁那些認為沒有企劃書，就無法進行企劃的職員感到氣憤。

因為孫記得他已經有下達過，將寬頻網路事業作為第一優先的工作命令。

「這個男人絕對是個天才。」

孫口中的這個男人名字是——筒井多圭志。

他是一九六〇年在大阪出生，工作職稱是 SoftBank BB 董事 CTO（首席技術長）。

「不需要企劃書了，我會提供所需的機械材料，你在明天之前要召集一百位的支援人員。」

孫下達這樣的命令。

「這也太強人所難了。」

既然要使勁全力開始來進行這項工作，那就必須找齊足夠的人手。

孫想要做的是，單純以只用ＩＰ（Internet Protocol，網路通訊設定。構成網路的通訊機器所共同使用的通訊協定）技術就能連接全日本的網際網路。

他想要做出史無前例的東西，因此他才要和這個男人全力投入來研究這個事業。

但是有一點他相當有把握，那就是ATM（非同時傳送模式）的寬頻網路設定是全世界通用的方式，當然這也足以證明這種技術的穩定度。但相較於此，筒井所構思出的ＩＰ設定方式，在整個日本卻還沒有單純以ＩＰ相互連接的實例。舉例來說，要是ATM的傳送容量為五十三位元，那麼ＩＰ方式就能到達五百位元，也就是利用ＩＰ連接方式可以一次傳送十倍的資訊。

要全心投入去執行這個沒有任何一家公司曾經嘗試過的新構想，這樣的賭局是否風險太高？一般人當然會對此產生猶豫。

「這個企劃案絕對要保密，絕對不能被外界所察覺。」

孫抱持這樣的想法，一整天從早到晚，都把自己關在大樓裡的房間內。就連總公司也未去露臉。

這使得公司內部開始產生騷動。

由於軟銀是全世界八百家公司的投資者，也就是說孫必須站在這八百家公司的立場行事。他可以說是掌握這些公司未來命運的那一個人。

但是這個老闆卻是這麼表示。

「你們都不要來煩我。」

公司的主帥都這麼說了，這當然會讓周遭的人感到困擾。

「我什麼都不知道，所以你們就自己做決定吧。我要集中心思來進行這件事。」

孫突然抛出讓其他人自己做決定的說法，他明確表示這些事都與他無關。

因為孫要將所有的精力都投注到這個未知的寬頻網路事業上。

從旁人的眼光看來，這位老闆正處於心煩意亂的階段。

不過孫本人當然沒有所謂的心煩意亂情緒出現。

那是因為孫鎖定的目標不單單只有名為寬頻網路的高速網路事業。

接下來的大眾傳媒會出現極大的變革。通訊網路，也就是通話事業會因為ＩＰ的出現而備受威脅，或是一口氣出現新型態的電視節目和隨選視訊（ＶＯＤ）系統，這會使得電視節目、電影、視頻軟體的業界一舉跌落谷底。上千種、上萬種的音樂、電玩軟體會一口氣開始流通。軟體產業會帶領市民生活走向變革的網際網路系統化。

如此一來，所有的軟體就都可以透過網路ＩＰ在世界上各個角落流通。而在背後打造出這種網路基礎建設，成為軟體寶庫的公司就是「軟體銀行」。

無論如何，數位資訊革命總有一天會到來。

為此，才要試著去將還沒有人實證過、純粹以ＩＰ來相互連接的網路作業環境給做出來。

這就是孫和「瘋狂科學家」筒井所共同擁有的未來願景。

因為孫和筒井都具備有想要引領革命的信念與氣概。

另外，孫當然也沒有忘了要去檢視筒井的技術是否可行。

但就在經過世界上頂尖工程師的確認後，他們卻異口同聲給予了否定的答案。

「以這種方式絕對做不出來。」

於是筒井便與海外一群相當傑出的ＣＴＯ們，展開一場熱鬧的辯論，而這場論辯經過三天都還仍然持續著。

雖然已經能夠大略掌握某種程度上的概念，但卻無法證明做法是對的，因此情勢相當不利。因為還沒有將能夠實行此概念的機器都備齊，再加上軟銀完全沒有處理過這樣的網路操作方式，在多重風險的情況下，有這樣的企圖確實是有些衝動。所以那些工程師才不願意讓自己暴露於如此高風險的賭注之中。

因此最終還是得由孫自己來做判斷。孫這麼表示。

「你們不願意加入到這個工作團隊當中也沒關係。因為我是抱著跟著筒井同生共死的覺悟，所以我百分之百會全力支持筒井的想法。」

孫比任何人都還要瞭解筒井這個人，他早在二十年前的求學時代就認識了對方。當時的筒井是東大個人電腦社團的社員。

當時的孫相當看重UNIX事業，於是他便帶著擁有UNIX專業知識的筒井多次前往美國來蒐集最新科技的相關情報。

「這傢伙真的是個天才。他在學生時期就已經獨力做出好幾個傳說般的軟體。那個時候比爾・蓋茲雖然也是自己研發出BASIC電腦語言，不過筒井可是比對方還早一步就寫出更複雜的C語言編譯器（翻譯程式）的男人，實力不容小覷。」

不過，看到兒子如此沉迷於電腦世界的筒井母親卻很擔心他的未來。於是兒子便順從母親的想法，從原先就讀的東大理工系轉學到京都大學的醫學系。之後筒井雖然取得了醫師執照，但比起臨床醫師，他還是對最新型的通訊情報比較感興趣。

等到他從學校畢業後，他除了一面經營一家小型的軟體專賣店，他也持續在研究ADSL的未來發展性。

「與其成為一名醫師，你是否願意參與這場足以影響千萬人的革命？」

在孫決定展開寬頻網路事業時，筒井正在大學內擔任講師。

「你現在不應該浪費時間在大學內玩樂，我現在要進行寬頻網路事業，你要不要辭職加入我的公司？」

二〇〇〇年四月，筒井應孫之邀請進到軟銀工作。

然而卻沒有其他人同樣肯定筒井的實力，還因此讓公司內引發一股議論。因為一般人很難理解筒井那過於先進的嶄新思考方式。

「您要採用筒井先生的想法，還是我們的想法。要是您選擇了筒井先生的方法，那我們就全體辭職。」

所有人都將壓力施加在孫的身上。技術人員集體反抗了。

然而孫卻一副無所謂地這麼說。

「我瞭解了。既然你們的意見如此不對盤，那麼你們全部辭職好了。沒關係，我只要筒井一個人留下來就好。」

結果真的有好幾個人因此辭職走人。

半年後，留下來約一半的技術人員，最後證實筒井所說的都是正確的。

孫對筒井的讚賞還不僅止於此。

「他的想法基本上是屬於本質論。不管他說了什麼話，或是有怎樣的外在表現，對我來說都不是那麼重要。因為不論穿得再破爛，或是說出怎樣的話，這些都不會對我造成影響，因為筒井所要表達的科技本質非常正確。」

世界上的網路基礎建設公司能夠透過ATM來架設網際網路連接環境。

「但是這並不能算是革命性的網路服務，這只是將類比電話硬是加上網路的技術罷了。換句話說，所謂的ATM就是『疑似IP』。然而真正的IP原理是要搭配上IP網路連接方式，否則就無法發揮作用。」

IP若不是純粹以技術來打造出的網路科技，那麼就不會掀起革命性的效益，這是很容易理解的道理。

「筒井這個人之所以如此優秀，是因為他不會被常識給束縛住，他只是純粹以技術來證明所有的事。這就跟數學的世界一樣，純粹的數學總是最美的部分，雖然簡單但卻很吸引人。」

相較之下，ATM的連線技術就不怎麼具有美感。這只能算是有著不好看的外表，背負著過去類比交換機器所發展出的應用技術。

孫一直以來就是世界第一的IP機器製造商——思科系統（Cisco Systems）公司的外部理事。這家公司同時也和負責生產世界第一LAN作業系統的Novell有事業上的合作關係。

而這樣的公司便和孫成立了合資公司，藉由合作夥伴關係來持續挖掘網路基礎建設的可能性。

因此孫才會如此確信IP的時代終將到來。

「我的思想基礎是，需要架構起網絡的網路時代一定會到來，而且這也完全符合筒井為了網路所打造出的結構設計，也就是所謂的網路結構的構成想法。」

而將孫的想法透過機器和單獨的作業系統來實現的就是微軟公司、Novell，以及思科系統公司。而且筒井還是世界上第一位打造出全國性網路的設計者。而這些網路在現今已串聯在一起。

ＩＰ的概念其實並不複雜，就只是個簡單的網路環境構造罷了。

孫在十七、八歲時，曾因為感受到電腦晶片的美好而不禁落淚。

「我現在也正在體會和當時同樣的感動滋味，ＩＰ真是個無與倫比美好的東西。」

以原理為原則所打造出的網路架構就是完整的ＩＰ網路環境。低價格卻擁有高效能，只需要十分之一的花費，就能獲得十倍的性能，並創造出一百倍的成本效益。

一旦寬頻網路的使用者人數越多，就會顯現出更多的成本差價。

另一方面，筒井則是這樣來形容孫這個人。

「孫先生雖然是個經營者，但是他也是首席技術長，他對技術的瞭解程度相當透徹，甚至是比我還要深入的程度。我只是個幫手，我雖然也知道ＩＰ電話技術的可行性，但是還是多虧了孫先生才得以實現。因為他主張先做了再說，所以我們不得不跟著做。孫先生的決斷力真的很不得了。」

之後有什麼事是可能會發生的呢？

於是手機的網路商機就這樣浮出檯面。看是要採用固定費率的寬頻網路，或者是不需基本費的網路使用量計算費率。

然後筒井這麼說。

「太陽能電池等充電機器都會和網路有所連結，網路普及化社會總有一天會到來，而且就在不久的將來。」

二十一世紀就是所謂的網路普及化社會。

而二〇〇一年的寬頻網路元年就成為了歷史的轉捩點。

這是個由天才與天才所打造出的新時代。

同年的九月十一日，發生了足以震撼全世界的多起恐怖攻擊事件。

整個時代快速進入變革的階段。

34 天下布武

任誰都知道不能隨便向巨人NTT挑起戰火。

但是卻有一個男人願意迎向這樣的挑戰。

「自從創業以來，從沒有過如此苦惱的時候。」

日本軟銀是在一九八一年九月設立，公司股價在二〇〇〇年二月降到史無前例的新低點。

但由於評鑑公司JCR將軟銀的BB網路服務認定為「投機的事業」，因此無法再籌措新資金。

這時候的軟銀可說是處在存亡與否的緊迫時刻。因為此時公司的市價總額已經縮減為原本的四十分之一。

二〇〇一年一月六日，日本正式施行「高度情報通訊網路社會形成基本法」（IT基本法）。許多的競爭政策和緩和規定都因為這條法規而被執行。

「這個時刻終於到來，我一直在等待這一天的來臨，因為我們終於可以加入這個市場了。」

於是孫決定要將所有資金都投入到寬頻網路事業當中。

然而本來應該會是一帆風順的寬頻事業，卻因為NTT而遭受到莫大的阻礙。已經有申請加入卻遲遲無法開通的使用者，都難掩內心的不滿情緒。

「軟銀創立至今二十年，從來沒有像現在這樣陷入如此絕境。」

為了應付各種場面，孫只能先做好充足準備，在任何不利的狀況下，想辦法去平息有可能會挑起戰火的風波。

但是孫卻選擇直接去挑戰，規模實力都壓倒性贏過自家公司的NTT。

即便整個市場已經被劃分為東西戰區，但是仍是在所有持股公司的掌握之下，實際上的情勢又倒退回到舊電電公社時代的獨佔市場狀態。那些管線、電線桿、局處也都是被獨佔。那些阻礙以各種形式不斷出現。

要開通Yahoo! BB必須在NTT基地台內進行連接工程，而此事遇到了阻礙。

舉例來說，電話持有人和Yahoo! BB的申請登錄者的名義一旦不同，那就得花比較多的時間來等待。還有就是國民的共有財產電線桿，幾乎都已被特定業者獨佔使用。再加上將網路機器設置在基地台內的申請文件內容相當繁雜，得需要花費許多時間才能完成。

於是NTT便展開一場「牛步」作戰。

基地台內的線路配置服務（設置網路設備）以及基地台之間要使用暗光纖（已經安裝卻沒有使用到的光纖）來連接一事，都不公平到了極點。

民營化的只有形式，NTT至今仍是擁有獨佔市場的支配權。根本就沒有進行所謂的公平競爭，而這也是讓孫最感到氣憤的原因。

「看來還是避免不了要一番廝殺了。」

提到信長就會讓人聯想到桶狹間之戰。信長當時雖居於下風，但仍是得挺起胸膛來正面對戰。

二〇〇一年六月二十九日，孫來到總務省。

他的內心已有所覺悟。

「NTT根本就是謊話連篇，明明就有裝設暗光纖卻全盤否認。」

暗光纖可以將多個基地台連接成環狀，但只要欠缺了某部分就無法連接成一個圓圈。

孫曾打電話給總務省，也曾直接以行動表達抗議，但是負責的公務員卻都只是安靜聽著孫的抱怨，沒有採取任何行動。

然後到了這一天，孫終於做了決定。

「你身上有一百日圓的打火機吧，等一下借我。」

孫向總務省內的公務員這麼說。

「你要做什麼？」

和孫差不多歲數的公務員吃驚地問。

「要用來點燃汽油啊。」

孫不是在演戲，他很認真。

由於 Yahoo! BB 在東京都內的實用化測試進行得相當順利，因此，當 NTT 基地台內的工程進行到一半時，他們就讓消費者先申請帳號。短短二個星期的時間，就吸引了多達五十萬人申請。但是因為 NTT 遲遲不願意給出暗光纖，這也使得工程進度停擺。官方說法是因為要給基地台內設備使用的電源已不夠用。

「我並沒有覺得你們有什麼過人之處，你們只是擁有核定許可權限的人。可是只要你們持續放任 NTT 再這樣下去，這項產業就不會有未來。」

孫對公務員施加壓力。

「不能再讓客戶就這樣無止境等待下去。對客戶說出請放棄我們家，改重新申請 NTT 的網路寬頻，以一個企業家身份來說，真的是比死亡還要難受。要是這樣的情況再繼續下去，對我來說就是事業的終點，我就會召開記者會宣布 Yahoo! BB 事業結束的消息。然後再回到這裡淋汽油。」

孫很有氣勢一口氣說了這一大段話。

公務員則是聲音顫抖地這樣回應。

「我們會展開調查。」

結果在這一天的深夜，孫就接到公務員的電話。

「ＮＴＴ東日本願意給出幾條暗光纖。」

接著ＮＴＴ就連絡孫表示想要和他見面。

孫對於ＮＴＴ的官僚體系感到憤慨，因為這家公司居然會讓客戶歷經漫長的時間等待。

「對我們而言最困難的部分，並不是網路的技術開發和實驗，而是要向ＮＴＴ繳交文件的這件事。因為只要有一個文字錯誤，就必須再等二個月時間。而且明明有電源卻謊稱沒有，因此我們才要自己負責電力工程。結果，雖然要將所有的設定都重新改過，但我們只花了二個星期時間就完工。不過對方這時又表示還要再花上三個月時間。這不是很奇怪嗎？」

每天都在跟ＮＴＴ作戰。孫每天都得工作到半夜三、四點，就連週六、週日、過年過節也沒得休息。

這簡直像是回到二十年前的創業時期，他時時刻刻都充滿興奮感。

「因為我為了這家公司賭上性命。因為已經讓客戶們等待太久，所以必須要讓網路順利開通才行。不是以賺錢為出發點，和利益所得也沒有關係。就算虧損我也無所謂。」

然而就在這段期間內，卻爆發了震撼世界的911多重恐怖攻擊事件。這導致機場的關閉，從美國進口的零件交貨期都只能被迫延期。設計都必須要重新構思。

孫在這段時間裡，就連他唯一稱得上是興趣的高爾夫球，他也一次都沒去打過。因為他必須保持專注來處理眼前的問題。

因為是用新的技術製作新的機器，也有可能會造成網路系統的大當機。

「系統當機了！」

孫收到消息後就馬上飛奔至現場。他不只一兩次自己開車前往名古屋，手機也總是在開機狀態。孫和其他的工程師都是二十四小時全天待命的狀態。

「那時候整個人頭腦一直是處在混亂的狀態。」

但是孫並不以此為苦。

在與NTT對抗的期間，老實說他其實覺得相當有趣。即便難熬，但還是很有挑戰性。因為他已經看清了自己想要努力的方向，然後只要投注所有精力，他就能夠燃燒自己且樂在其中。

孫和國家境內最大持股者NTT挑起戰火。

「我只能堅持下去繼續進攻，我想要一步一步地去瓦解對方的防線。就像是幕末時代的長州藩、土佐藩和薩摩藩那樣，因為勢力不大，資金也不多，也沒有所謂的既得利益存在。但即便如此，手中卻擁有最新型的武器。當對方穿上盔甲揮動刀具大喊進攻時，我們則是已經準備好了最新型的手槍來發動攻擊，然後一口氣逆轉情勢。就算在我們眼中武器仍有缺點存在，但還是希望以最新型的IP技術做為武器來迎戰。」

孫就是靠著最前端的科學技術以及滿腔的熱血，從這兩方面來與對方抗衡。

所謂的革命並不會出現在日常生活當中，而是一百年才會發生一次的根基大逆轉現象。

至於相關利益超過一兆日圓的NTT集團，則是在這個時期面臨到創業以來首次，營業額低於前一年的情況。雖然說下降率僅只佔二、三個百分比的幅度，但是社會卻已經出現「NTT真是無辜」的輿論。

「業績下滑所以認為NTT很無辜?真想叫大家別開玩笑了。我們公司可是面臨到史上最嚴重的虧損狀況，負債達一千億日圓的程度，但我們還是一如往常去努力想要挽回頹勢。若是要以少許的金錢和兵力來和對方挑起戰火，這絕對會是場混亂的對戰，但是最後獲勝的不一定就會是富足的那一方。」

對於想要以Yahoo! BB服務來為即將到了寬頻網路時代取得先機的軟體主導型企業來說，孫正義就是要以ADSL事業來與NTT正面宣戰。

「我一開始不會去插手自己最不熟悉的事業，因為不想打敗戰，所以必須要先營造出一個必勝的環境。」

二〇〇三年九月五日，軟銀將 Aozora 銀行的持股給賣出。外界的批評和輿論聲也陸續傳到了孫的耳裡。

「退場要比進場時多十倍的勇氣，而且也需要決斷力。追尋太多目標反倒會淪為無頭蒼蠅。軟銀從成立的第一天開始，就是為了數位資訊革命而存在的公司，這樣的信念是所有事業的基礎和中心思想。雖然感到抱歉，但是在寒冬裡，為了往後的辛苦作戰，還是得有所犧牲，不得不讓樹葉枯枝脫落。因為男人必須要取得勝利。」

就連長年支持並理解孫的人當中，也有人因此對他相當不諒解。

「對於各位多年以來對我的諒解，我仍然對各位抱持由衷感謝。即便短時間內事情的發展如此急轉直下，但是過了五十年、一百年之後再來回頭看，我相信大家一定就能夠理解我現在的決定。」

孫的信念沒有一絲動搖，因為他是一個想法積極正面的人。

「僅有一次的人生怎麼能受情緒影響來做決定。」

看來孫會選擇賣掉 Aozora 銀行股票的理由已經相當明確。

「就是為了要籌措資金，要繼續作戰就必須要有軍用資金。而且還要購買武器，也要招募作戰的軍隊人手。所以照道理來說，就完全沒有絕對不能賣股票的因素存在。但是最令我感到難過的是對那些合作夥伴的歉意。」

因為孫十分重視過程的公平性。

「我不能允許自己變得膽怯或是產生憎恨情緒，因為這樣會逐漸失去身為男人的品格。所以我才會那麼想要報恩，就情感面來說，還是會想報答這些曾經給予幫助的人。」

二〇〇二年五月十日，即便業績結算發表會上得知公司背負著八百八十七億日圓的巨額債務，孫的臉上仍是帶著燦爛的笑容。

然後又到了隔年的二〇〇三年五月九日的業績結算發表會，寬頻網路事業的營運虧損到達九百二十億日圓。

「我每天早上起床都很興奮，因為我的目標一天一天增大。日後還是會有出乎意料的事發生，在此之前只要保持愉快心情等待就好，因為充滿樂趣的藏寶箱會不斷出現在你面前。」

以信長的立場來比喻就是天下布武的旗幟。

數位資訊革命會不斷推進，但是孫卻從來沒有舉起旗幟投降。

二〇〇三年八月八日，第一次的四半期業績結算發表。

「Yahoo! BB 事業扣除增加用戶的相關花費後，單月的營業額達到盈餘目標。」

同年八月，在孫的四十六歲生日前，Yahoo! BB的會員數終於突破了三百萬人。

35 言出必行

這時發生了一件大事。

ADSL 服務「Yahoo! BB」約四百五十二萬用戶的個資遭到竊取，進而引發社會上的恐嚇未遂案件。

二〇〇四年一月十九日，地點是在總公司的十七樓長官辦公室。

在 SoftBank BB 副社長兼最高執行負責人宮內謙的報告結束後，孫便拿起聽筒撥了通電話。

「我是軟體銀行的孫……」

電話的那一頭是警視廳高科技犯罪對策中心。

這整件事的起源是發生在一月七日，名字縮寫為Y．T的某人（因為恐嚇未遂罪而遭到逮捕）將非法取得的八位用戶個人資料清單交給軟銀子公司的貿易廠商。直到十四日才終於確認這份清單的真實性。

而孫則是在十六日聽取宮內的報告，他當下就決定設置調查委員會，十九日直接向搜查當局通報此消息。

二十日，Y．T在打給軟銀子公司職員的電話當中表示「友人已掌握了數百萬人的情報」。

二十一日，又再次收到一百三十人的個資外流清單，同時對方還第一次恐嚇威脅要該公司「提供數十億日圓資金來成立海外合資公司」。該公司在與警視廳討論過後，便在二十三日於東京都內飯店拿到Y．T手中存有四百六十萬用戶個資的光碟，然後直接將光碟片交給警察。

二十四日，於一星期前以電子郵件傳送了一百零四人個資清單，並署名為fuufuu的人物，再次寄來郵件，並指定了歸還個資的條件與負責人。

二月十一日，警察連絡表示已經逮捕到了Y．T以及署名為fuufuu的K．Y。警察要求孫的公司不得公開包括逮捕事實在內的各項搜查相關情報。

十二日之後，公司仍然與警察合作繼續協助調查。

不過就在二十四日，讀賣新聞晚報卻率先取得獨家新聞。下午四點總務省舉行記者會向大眾報告。

二十五日一大早警方便開始核對遭到逮捕的Y．T所持有的用戶數據資訊。

二十六日，孫從出差地點的歐洲返國。他從成田機場直接奔向總公司，而且還召集了所有的幹部。因為孫已經先預想了萬一有社內職員因為資訊外洩一事而遭到逮捕的最嚴重情況。於是孫決定對職員採取過去類似事件最嚴格的處置方式，也就是六個月減薪百分之五十等情節重大的處分。

二十七日清晨，數據資料的核對作業完畢，確認包括解約者在內，共有四百五十二萬人的用戶個資外流。

早上十點，整個公司集團舉行ＣＥＯ會議。

主要是在商討包括個資沒有外流的一百四十萬會員在內，總計五百九十萬名被害者的補償措施。會議中某位外籍董事提出「這會變相助長（想要打擊企業的）犯罪者，所以在美國並沒有給予金錢或商品補償的前例」的說法，引發在場人士的議論。為表示歉意，最後決定寄送每人五百日圓的郵局提領券，總額高達四十億日圓。

之所以不利用信用卡公司等商品券，而是選用郵局提領券來作為補償，是因為這麼做對公司最有好處。因為只要過了兌換現金的期限，這些錢都會回到軟銀。然後再用這筆錢來設置「資訊安全基金」（假定名稱），以這樣的名義來舉辦提高社會整體情報安全性的活動，以及促進身障者使用寬頻網路等有利於公司的活動。

同一天的下午五點半，孫在東京都內的飯店舉行記者會。孫臉上表情相當嚴肅，以往就算公司虧損嚴重，也從來沒有在人前低頭道歉的孫，卻在此時深深地一鞠躬表示歉意。

「給各位用戶造成困擾，我表達由衷的歉意。」

二個小時的記者提問孫都親自回答。

甚至還有人點出孫應該要負責的問題。

但是孫卻是很堅決地這麼回應。

「我日後還要再持續推動寬頻網路的革命行動。」

自察覺到個資外洩之後，為了不讓用戶個資也外流到網路上，或是再被外洩給資訊業者等人，公司也做出最嚴格的安全措施。

雖然很想趕快知道為何資訊會外流，但也只能等待警方的調查結果出爐。

「事實是以往我都只專注於如何讓用戶更加滿意，卻疏於顧及各資的管理作業。這對於接觸作業系統的人來說，是過度站在人性本善的立場，以致未能嚴格管理。」

然而孫在最終卻還是決定日後要讓鐘擺朝向另一側擺動，也就是以人性本惡的立場來嚴格進行管理。

舉例來說，負責處理用戶資訊的服務中心，就必須以「高度安全性」方式來嚴格管控出入職員。而且還必須穿著沒有口袋的衣物，還要進行指紋確認，以及採用密碼化的ＩＤ。還要設置二十四小時的監視錄影器和金屬探測器。一律禁止攜帶手機和便條紙等隨身物品。還有就是當然不能利用外部記憶裝置來連接機器，而且也完全不能影印複製資料。

因此能夠接觸到用戶個資的職員，也從原先的一百三十五人大幅縮減到只剩三人。

而且還必須二十四小時三百六十五天，全天候將記錄下登入的使用者ＩＤ、時間和作業內容，以半永久方式保存下來。

「我要營造出世界第一安全的情報保存環境。」

這一切的作為就是要避免再出現情報外流的情況，必須記取此次的教訓。而孫也在記者會上表示「二〇〇五年九月底 Yahoo! BB 的會員數要突破六百萬人」的這個目標仍然不變。

等到使用者到達六百萬人時，那個時候的寬頻網路事業的年營業額利潤就已經達到一千二百億日圓。

二〇〇一年一月，正當要開始拓展 Yahoo! BB 事業之際，終於順利擺脫以往持續被用戶抱怨「申請好以後，過了好幾天都還是連不上網路」的艱困時期，調查結果顯示現在這項網路服務已經超越競爭對手，普遍都獲得相當高的評價。

「我絕不會落荒而逃，我選擇挺起胸膛帶著誠意去面對難題。」

藉由逆境來讓自己有所成長，這就是孫一貫秉持的人生哲學。

「這就跟你打開水龍頭就會有水流出來的道理相同，寬頻網路就應該以這樣的方式來融入日常生活中。」

現在是正要從窄頻網路走向寬頻網路的時期，新的時代即將來臨。

「我想要改變人們的生活方式，希望公司能朝著生活潮流企業的方向去努力，也期許社會上的網路基礎建設能隨著時代進步而有所進展。目標是人們能夠透過我們所發起的數位資訊革命來改變自己的想法和生活型態。」

然後隨著寬頻網路的普及化，包括IP手機在內的公用運算（Utility computing）會大大改變我們的生活形式。而這就是孫所背負的使命。

「所謂的企業是指要超越創業者生命長度的存在體。即使我離開人世，仍然盼望軟銀在往後的二百年、三百年後還能持續有所成長。為了達到這個目標，如何去創作公司的DNA，就是我目前最關心的一件事。」

對於經常去嘗試新挑戰的孫來說，他有時候還是會受到過度保守的外界批評。因為他們認為軟銀沒有生產商品，什麼事業都要摻一腳，而且缺乏實際操作經驗，只是一家在從事數位活動的賭徒式公司罷了。

「照這樣來說，生產東西且有擁有工廠，才算是有做出一番事業、才算是成功的經營者？那些人是認為這些才是必要條件才會做出這樣的評價。但是看看日本在這一百年、二百年間的經濟歷史，當中是否有以世界先驅之姿來發明、創造或是提供足以改變一般人生活型態的基礎建設，且帶領世界潮流的企業家出現呢？

將歐美國家所發明的汽車、家電用品，或是其他多數的產品，以較便宜但又不馬虎的手法做出來，並試圖將這些物品廣泛銷售出去的公司有很多。不過，那充其量就是仿效歐美的做法，依樣畫葫蘆罷了。」

因為孫所追求的終極目標就是身為企業家的孫正義。

「對我來說企業家的工作不外乎是建築道路、搭建電力網絡，以及設置社會基礎建設，也就是要肩負改變整個社會架構的責任。」

這才是孫正義最能展現自身價值、喜悅，以及充滿活力的目標。

任何東西都無法取代，創造出引領世界的技術潮流，以及跨時代產品的那股興奮之情。

一八七六年，貝爾發明了世界首支電話。

從那個時候開始，美國就靠著電話的基礎建設而引領世界。後來也陸續出現愛迪生利用電力發明電燈，多數的發明讓美國一舉成為世界第一的經濟、資訊大國。

「要是有一天，日本能再次引領世界科技與經濟的話，想必就是在資訊領域了。」

孫想要以企業家身份來改變日本的網路基礎建設，他要將日本打造成更適合數位資訊化的社會，成為世界首屈一指的網路基礎建設國家。雖然韓國是世界第一的寬頻網路國家，但是以連接線路數量來論，日本絕對更勝一籌。因為已經超過了一千四百萬的用戶，平均速度也比韓國要快上三倍，價格也比韓國便宜，且擁有世界第一的網路連接速度。日本的寬頻網路連接速度為美國的十倍快，比起歐洲更是快上三十倍的速度。

「這就表示日本的網路基礎建設比起美國還要快上十倍速度。以高速公路來做比喻，若美國的汽車時速為一百公里，那麼日本的時速就是一千公里。而且這樣的事實的確存在日本以前的歷史當中。在日本還能夠以最便宜的價格來使用到這樣快速的網路服務，這樣的技術就足以讓日本的各方實力再度復活。」

只不過有一說是未來光纖網路應該會取代ADSL。

「ADSL的技術會持續進化。因為根本不存在沒有光速就無法看到的網路容量。我們當然也有思考過光速的戰略，但是以適才適所的技術來說，現在這個時間點最適合的還是ADSL。」

那麼政府應該要做哪些事？

這時候孫的臉上看不到笑意。

「只有一件事，那就是不要成為障礙物。日本的現行規定會對新事業造成妨礙，以美國的法規來說，他們因為有對獨佔企業做出限制，所以能給予新事業生存的機會。」

孫在當時遭受來自各個領域的批評聲浪，而孫則是將這些責罵視為加油歌曲。

「那些人總是說我這樣那樣、很冷漠、有失公允，我只是在注視著眼前的變化罷了。過了一百年後回頭來看。我要做的、我的公司所必須進行的數位資訊革命。這才是符合現況公道的做法，如果不這麼做，就什麼也不會改變。」

所謂創業類型的經營者，在縮小經濟規模之後，就要來規劃未來業績成長的藍圖，也就是再一次將整個國家導向重整擴大經濟規模的態勢。

「如果不這麼做，整個市場就會變得灰暗、無趣且空虛。真正的領導者和船長不是要和所有人商討過後再做決定。萬一船隻快要沉沒、已經無路可退的時候，即使必須要去毆打一些船員，即是要用鋸子鋸掉一根、二根的船桿，即使要向不聽話的傢伙說：『笨蛋，那你自己跳下船去』，還是必須將還留在船上的大多數人平安送回岸上。」

這就是孫所抱持的領導者精神，也就是必須以大局為重的能力。

等到船隻靠岸登陸後，接著再次去尋找金銀財寶，找到大片的土地後再來開墾，然後繁衍後代子孫，一起攜手共創更加繁榮的生活環境。

「即便這個過程中多少會有些曲折也沒關係，最重要的還是得讓船隻靠岸。而重點則是在於如何再一次營造擴大經濟規模的助力。我必須保持鎮定的應對態度，即便被外界謾罵也要無動於衷。討好別人也沒什麼助益。」

在幕末時的那位風雲人物——坂本龍馬，也是直到最後一刻都在貫徹自己的信念。

「日本現在需要有嶄新的面貌。」

而孫也抱持相同的氣概。

他具備有能夠將國家整體、社會整體以及基礎建設都考慮到的規劃能力。他以義不容辭的姿態，企圖打造出公平的社會風氣。公平、自由、豐富多元，所有人都能夠挑戰。一個既幽默有趣，又能夠感受到人生意義的社會，這才是我們應該要擁有的生活樣貌。

但是日本有很多地方還是有不公平存在，也有許多錯誤的社會結構，貧窮的人不在少數，要創立事業還會遭遇到各式各樣的困難。

所以說日本必須要養成能夠在國際上競爭的能力。

「要規劃出一整套的遠大計劃，然後按照內容分配組織架構。要達成這個目標就必須要言出必行。」

俗話說條條大路通羅馬，因為羅馬是世界上第一個建造道路的地區。英國則是設置了讓船隻運行的航路基礎建設，最後成就了大英帝國的美名。而美國更是一手打造了電力、通訊、汽車化等的基礎建設。

這些都是因應時代的最新科技，而將基礎建設具體實現化的國家。這些國家都具備有在那個時代的最強國際競爭力。

「到一九八〇年代為止的期間，日本從戰敗國的陰影中逐漸復興，讓整體經濟有了急速的成長。但仍稱不上是世界頂尖的水準，頂多只能排名老二。而到了進入數位資訊社會的現在，對於在世界上，能夠以最便宜價格來使用世界最快網速，以及世界首次以ＩＰ技術不斷推陳出新的日本來說，著實是個很大的成功機會。」

二十一世紀的終極目標是，藉由資訊技術來打造出世界上最具水準的基礎建設。這對日本來說是個大好機會。

「我認為有三個相當重要的要素，第一個是信念和理念，再來是願景，最後才是戰略。」

孫以強而有力的口吻這麼表示。

「日本絕對有那個實力成為世界第一。」

第三部

36 不退轉

二〇〇六年，溜冰選手荒川靜香在義大利都靈冬季奧運以華麗的「Ina Bauer」技巧贏得了在場觀眾的掌聲，眾望所歸拿下金牌的絕佳成績。

王貞治在世界棒球經典賽（World Baseball Classic，WBC）帶領球員上演奇蹟逆轉秀，而成為首屆的王者，整個日本都沉浸在勝利的喜悅當中。

那一年的三月十七日，還處於早春時節的這一天，東京卻突然颳起暴風。

軟銀收購了 Vodafone 日本法人。已經過了召開記者會的五點，但是在會場內，仍然沒有見到孫社長的身影。因為此刻孫人在東京汐留的軟銀總公司的社長室內，他正在和 Vodafone 的工作人員展開激烈的交涉。

期間部分的公司職員還多次從社長室內慌張地進出。

由於這次的合作契約影響的範圍相當廣，律師得仔細地一個字一個字確認內容，所以當然需要花上好一段時間。

這可是花費一兆七千五百億日圓的巨額買賣，以歐美外幣計算，實際上高達二兆日圓，在當時這樣的收購規模為世界第二。

此時的孫，是否很在意巨額的收購金額呢？

「不，收購金額只是整體的一部分而已。重點不在於金額的多寡。（Vodafone 的）用戶約有一千五百萬人，在我收購這家公司後，是否還能保有這些用戶數？是會減少還是增加？這個部分才是最重要的。」

再加上同年十月，預定要開通電話號碼可攜式服務（Mobile Number Portability，MNP），如此一來，用戶數就有可能會因此銳減。

而且 Vodafone 也還有必須解決的問題存在。首先是電話很難撥通，再來是遠端服務過於粗糙，不太符合日本人的需求。容納量也是 NTT docomo 和 au 勝出。這家公司在營業能力、品牌能力的部分都相當薄弱。

而且也有調查結果顯示，隨著電話號碼可攜式服務的推出，至少會流失三成以上的用戶。

要是扣除這三成用戶，就有可能從好不容易有獲利的情況下，受到沒有變更固定費率的影響，導致公司營運一口氣衰退，進而出現虧損狀況。

企業的收購可分為股票交換收購和現金收購的二種方式。如果有自信能在收購公司後讓業績攀升，那麼選擇現金收購會比較便宜。相反地，要是沒有能讓業績攀升的自信，那麼股票交換就會是比較安全的收購方式，也不會因此讓借款增加。

孫選擇了哪種收購方式呢？

他選擇的是比較嚴苛的全額現金收購方式。

Vodafone 被外界戲稱是「即將沉沒的船隻」。不知能否有自信將此船修復，孫在交涉的那一刻起，就已經完全繃緊神經。

孫必須思考 3G 手機的網路服務基地台在各地的設置數量，要增加多少座基地台才能與競爭對手互別苗頭，以及追加的資本性支出（CAPEX，計算資產時的降價賠償對象，也就是指設備投資所支出的金額）需要花費多少金額。金額會落在二千億日圓還是六千億日圓的範圍內，或者還是需要到一兆日圓。這些都是孫所必須做出的判斷。

由於跟其他公司相比，Vodafone 是「通訊度較差」的公司，要判別是否有資格與競爭對手來瓜分這塊電信市場，甚至是超越其他家公司，所以孫才會如此慎重地思考要投資多少金錢。

而且還必須更改公司的品牌名稱。

「不能再沿用 Vodafone 的名稱，我也不想讓這個品牌再延續下去。因為這已經是個形象受損的品牌，要想辦法從逆境中翻轉形象。」

讓人感到意外的是「軟體銀行」這個品牌，幾乎沒有以一般消費者為對象來進行買賣。因為軟銀是以販賣軟體起家，Yahoo! BB 雖然是軟銀百分之百出資的事業，但卻大膽使用了子公司雅虎的品牌名稱。

對此，孫表示那是因為自己並不想要輕易使用軟銀這個重要的品牌名稱。萬一事業進行得不順利，那麼就連這個品牌名稱都會崩壞，反倒成為下一個事業的阻礙。

「或許外界對我的印象是經常不瞻前顧後，以大膽的態度去做一些高風險的事，但其實不論在任何情況下，我可是一直相當謹慎在思考如何防範致命傷的出現。」

所以他選擇了就算失敗也不至於會致命的大事業，一腳踏入手機通訊事業的領域。他抱持著不退轉的決心，並捫心自問是否到了該使用自家公司品牌名稱的時刻。

一般來說，律師之間的大規模交涉行動，應該要花上好幾個月時間來處理。像這次的大型併購案就至少要花費半年時間，但是孫實際上卻只用了一個月時間就處理完畢。雖然不能完全歸功於孫堅定的決心以及正確的判斷力，但這的確有可能就是加快速度的因素之一。

二〇〇六年的正月，孫突然跳脫以往的忙碌生活，一個人躲起來思考了好幾天的時間。

這時候的孫內心在想什麼？

「自己到底能夠下定決心到何種程度？」

一過完年，孫便開始與對方展開交涉。

他從去年底開始就多次與 Vodafone 的相關人員見面。不過那個時候並沒有談到收購公司的這件事，而是想要以移動虛擬營運（Mobile Virtual Network Operation，MVNO）的形式來租借設備，以在對方公司旗下的模式來展開手機通訊事業。而此次雙方的交涉行動實際上進行了大約有四個月之久。然而在整個過程當中，卻完全看不到孫以往的大膽縝密作戰策略。

接著迎來新年。

孫感覺自己「處理方式不夠明快」。

但由於已經參與了此項事業，所以最後一定要站上頂端。不過因為基地台數量過少導致電話不好接通，這個部分也使得用戶抱怨連連。

「因為 Vodafone 預定在三年內投資設備並增設基地台，只要在半年內執行預定計劃，說不定就能一舉解決這個問題。」

看來還是得收購這家公司。

不過這裡出現一個大問題。

因為軟銀好不容易才從 ADSL 事業虧損的谷底崛起，讓業績數字出現盈餘。之後還收購了日本 Telecom（現在的 SoftBank Telecom）。雖然剛開始的一、兩年業績還是呈現虧損情況，但最後仍是轉為獲利。此時終於可以稍微鬆一口氣，但是孫卻決定要在這個時候展開有可能會危及公司存亡的大規模投資。

不過孫最終還是讓軟銀的經營者們點頭答應，因為他們對孫的經商手腕相當信任。但是Vodafone的收購最大問題並不在於這些人是否贊成。

需要兩兆日圓的條件在交涉過程中算是主要的問題，因為公司手邊可調度的現金沒有那麼多。一開始原本有考慮到可以採用多家公司共同出資的形式，其中軟銀要負擔百分之三十的資金。

「因為沒有足夠的錢。」

話雖如此，孫還是沒有要打退堂鼓的意思。

因為孫從來就不是一個在決定要收購某家公司或是投入一項新事業時，先思考自己有多少資產，再去做能力範圍所及之事的人。

「用累積的方式來度過人生，實在是太無趣了。」

孫所有的想法源頭都來自「信念」二字，也就是將「想掀起數位資訊革命」這樣的強大信念列為最優先考量。

數位資訊革命就是從電腦開始，而單機電腦與網路產生連結。孫也比任何人都還要早發現，這樣的革命並不會就此結束，至少從一九九八年到一九九九年期間，孫的腦袋裡就已經擬好了進軍手機通訊市場的整個計劃。

「現在的手機就是延續了幾年前的電腦 CPU 能力。而且三年後的手機性能應該會比現在的電腦技術還要出色。以這樣的思考方式來說，要是我現在不從事包括手機通訊在內的事業，是否就無法完成數位資訊革命呢？」

換句話說，就是如果不打造出一個任何人在任何地方，都能夠收到任何資訊的環境，那麼數位資訊革命就不會有任何進展，因為將手機排除在外，這整個革命就不會成立。

同時孫在心中也擬定了自己要從頭開始將手機網路打造成 1．7GB 頻寬的計劃。另一個方式則是以 Vodafone 旗下的移動虛擬營運方式經營。

然而，孫卻迎向了人生當中最重要的決勝時刻。

孫在十九歲時就擬定了「人生五十年計劃」，他在二十多歲時就創立了自己的事業，就是從這個時候開始闖出名號。三十多歲時開始儲存所需的資金，到了四十多歲總算是要面臨人生的一大勝負結果了。因為他要在這個時候展開一個大事業。

這個時候的孫是四十九歲，剛好是在四十多歲的最後時刻。這時候的他身心充實，而且還擁有能讓下半生毫無後顧之憂的龐大資產。而且整個大環境和時機都已經趨於成熟，以連續劇的劇情來比喻，他已經準備迎接劇中的最高潮。

「現在剛好是一決勝負的重要時刻，所以我才會試著想要進行這個要價二兆日圓的收購案。我認為人到了五十歲的年紀，正是該賭上所有資產來贏得勝利的時刻，此時正是我完成心中信念的最好時機。」

孔子是在五十歲時知天命。

而孫則是在四十九歲就領悟到自己的使命。

孫選擇在這十年間要繼續奮戰，直到站上頂端。可以說是「十年戰爭」。

「但是如果要從零開始來打造出傳輸量達1．7GB頻寬的手機通訊設備，那就得自力來進行基地台的搭設工程，但光是這樣的工程就要花費五年的時間。這讓人不禁懷疑將十年戰爭當中的五年，都用來進行基地台工程是否值得。」

一開始的用戶數量少，能使用的機種也不多。在這樣子的情況之下，就算是孫親自上場也無法開戰。

「衡量自己人生中還有活力去做事的時間比例後，我想花錢買下時間。如果能夠用兩兆日圓來換取我的時間，這椿買賣算是很便宜。」

因此孫才會如此嚴格捫心自問自己是否擁有足夠的自信。

「只要能將 Vodafone 原有的一千五百萬用戶都給留下，在現金流量上就能夠用來償還之前的借款。但要是流失了一千萬的用戶，那就會嚴重損害財務。相反地，若是能讓用戶增加到二千、三千萬人，那當然就能大賺一筆。簡單來說，用戶只有一千萬人就會下地獄，用戶有一千五百萬人就剛好足以償還借款。」

於是孫就一腳踏進了這樣的深淵中。

不過關於機體的部分，他倒是有許多的想法，軟體方面他更是擁有豐富的創意。而在經營面上，他則是已擬定好了一套招攬用戶的戰略；至於基地台的部分，他的思考重點是放在，要投入多少程度的資金在設備上，以及要增加多少的基地台數量，才具備能與其他家公司競爭的水準。

孫在能力範圍內進行仔細的估算和縝密的模擬作戰。內容包括要是得降低收費該怎麼辦、客戶回饋金要花多少錢、要投入多少資金在設備投資上、萬一發生追加固定費用的情況要如何解決。所有可能會出現的情況組合多達三千種。

孫極其用心在思考這些問題的策略。猜猜看他直到做出結論前，總共花了多久的時間？

「兩個月時間。」

二〇〇六年二月，孫已經有所覺悟，他要以一個大戰略家的身份來發揮看家本領。

軟銀是持股達百分之百的股東，也將一肩扛起所有的風險。孫已經下定決心要執行收購的這個動作。

「對了，那我到底有多少錢？」

孫和身旁的人在談笑之間這麼問。

因為他總是將信念擺在第一，然後才是金錢。他壓根就沒有考慮到金錢方面的問題。

「只要擁有信念，那麼金錢總有一天會再回到身邊，情況總有一天會好轉。」

這就是孫真正的想法。

「我會估算股票上漲、下跌的目標為何。只要內心有一定的自信，就能夠說服他人。」

看來孫真的是已經將所有的難題都攤在自己面前了。

「只要經過深思熟慮，金錢調度就不成問題。」

軟銀準備好能動用的二千億日圓現金。但還是缺少了一兆八千億日圓。

「我們只出資二千億日圓，佔出資比率的百分之百。這樣的情況相當少見，感覺很厚臉皮。」

更重要的是，萬一業績不如預期，那麼軟銀就得負擔全部的風險。

「只要有自信，就算是二千億日圓的資金也能買下價值二兆日圓的東西，而且將來百分之百能有賺錢的機會。」

那麼這個收購案的內部結構為何呢？

以普通股來說，軟銀本身是百分之百的持股者。然後再透過優先股（以優先收取股利的方式來限制參與經營權的股票）形式，以日本雅虎和 Vodafone 的名義各拿出數千億日圓的資金。這個優先股就等同於次級債券，可以用來支付大部分的利息。然而就算事業營運狀況相當良好，能夠發放的金額上限只能是出資者資產百分之六的利息金。換句話說，就是以制定上限的方式來讓二家公司出資，剩餘的部分則是向各家銀行融資。

「我們公司出資二千億日圓，日本雅虎以優先股形式出資一千二百億日圓，至於Vodafone除了以優先股形式出資三千億日圓以外，還支付了一千億日圓的借款，剩餘部分就跟各家銀行以支付百分之三到四左右的實際利息方式來籌措。」

由於Vodafone原本就擁有一千五百萬用戶，再加上稅前息前折舊攤銷前獲利（EBITDA），透過實質營業現金流量方式，一年就能賺到約三千億日圓。若是能夠透過手機通訊事業的現金流量來償還銀行借款，那麼銀行就會同意融資條件。

而且也不需要以軟銀的名義來借款，可以用Vodafone Japan的資產價值作為擔保的槓桿收購（LBO）方式，因此對軟銀而言，實際上就是所謂的無追索權貸款（原為不動產用語，以特定事業的債務無法溯及公司的形式進行融資）。

就是將有決議權的普通股部分設定為二千億日圓，把這筆錢當做是百分之百自己的出資金。剩餘部分則是採用普通股以外的資金調度方式補足，再以現金償還借款和出資金，也就是完全以現金來交易。

如此一來，軟銀就沒有必須償還巨額收購金的義務，同時阻絕了所有可能會產生的風險，而且將來股票絕對百分之百會上漲。

「以軟銀持股者的立場來說，這的確是相當理想的交易，不過前提是要有能夠增加用戶數的自信。失敗頂多就是這二千億日圓憑空消失，但若是經營順利就能夠創造出好幾兆日圓的價值。不過如果要說這一切都要歸功於 Vodafone Japan 一千五百萬用戶所帶來的現金流量，那麼換個角度來看，就是表示這家公司也只值這個價值罷了。」

因為就算沒有錢也能夠調度資金。

孫看起來春風滿面。

孫打從一開始就胸懷大志。

二〇〇四年五月，他收購了日本 Telecom，事業跨足固定通訊市場。

二〇〇五年一月二十八日，孫買下知名的福岡大榮鷹職棒球隊（現在的福岡軟體銀行鷹）。

「接下來是以資訊內容決勝負的時代。」

孫其實一直將「棒球」列為寬頻網路上的重點資訊。為了推動數位資訊革命的進程，資訊內容就顯得相當重要。

軟銀現在是以世界為目標，孫的理想非常遠大。

「軟銀要成為日本第一和世界第一，就像之前的SONY、HONDA、TOYOTA那樣。因此軟銀會朝著稱霸世界的方向來努力。」

那我們就來檢視二〇〇六年底的軟銀現況。

在日本的用戶當中，SoftBank Mobile為一千六百萬人，Yahoo! BB為五百萬用戶，SoftBank Telecom則是有六百萬用戶。

總計每個月付費的用戶數達二千七百萬人。孫以億為單位，強調用戶數為「〇．二七億人」。

「當然要用億作為計算單位。」

由於雅虎的用戶數在日本為〇．四二億人，中國則是〇．三四億人，全部加起來接近一億人。另外，合作夥伴Vodafone在世界上的用戶數有五億人，雅虎有四億人，總計有九億人。兩方相加就有十億人之多。

「我們公司是向為數眾多的這十億用戶，提供自家公司開發的技術、營運模式和資訊內容。這是放眼世界的思考方式。」

孫所瞄準的目標是十億人的網路服務，這是個以十億人為導向的企劃。

「只要其中一個項目進行順利，公司就有機會能夠稱霸世界。」

孫的眼界就是如此廣闊。

二〇〇七年五月的手機通訊契約的單月增加數據當中，SoftBank Mobile 贏過 NTT docomo 和 au，躍升成為第一名（dokomo 為八萬台，au 為十四萬台，SoftBank Mobile 則是十六萬台）。

「雖然我們在五月有十六萬台的業績，但是預付手機卻減少了四萬台。這是因為公司認為這類型的方案無法有效提升業績，而刻意減少推銷。總增加數減掉四萬台以後得出十六萬台，反推回去就可以得知，使用一般普通方案手機的用戶，其實是增加到了二十萬。」

雖然只得到了一個月的銷售冠軍頭銜，但卻是孫無論如何都想要達成的第一步。

在過去的十年間，他已經嘗到無數次的失敗滋味，也因此培養出不畏懼敗戰的心態。而且成立 Vodafone Japan 的那段期間，他可是都沒有拿到過第一名，更早之前成立 J Phone 的時期，也從來沒有拿下好成績，久而久之當然就對失敗二字感到司空見慣。

然後孫現在終於拿下第一名的銷售成績。

「這是會有好事發生的徵兆！」

孫由衷為此感到雀躍。

「看來這股氣勢說不定還會再延續下去。拿到第一名，第一次獲得金牌，或許接下來還有拿下獎牌的機會。對此我很有自信。」

不過孫也強調接下來的發展才是重點所在。

「請試著想想看。那些公司職員、專賣店的店員以及用戶們，或許都覺得自己是坐在一艘即將沉沒的船上，或是盲目追著朝陽前進的船上乘客和組員。這麼一想，這一次的勝利，當然會讓人格外感覺更有工作幹勁。」

而且軟銀也開始針對一般消費者，在電視上強力播放廣告。這也是能締造冠軍業績的因素之一。

而軟銀也在從開始提供電話號碼可攜式服務的二〇〇六年十月到十二月，從所有產業的公司當中，獲得了電視廣告好感度排名第一的佳績。緊接著在二〇〇七年一月到三月也是榮獲第一名，到了四月也還是佔據第一名位置。

針對七個月連續獲得第一的這個現象，長年在進行調查的CM綜合研究所則是表示「這簡直是奇蹟」。這也讓之前在消費者之間，知名度不算高的這個軟銀品牌，一舉超越了松下電器、SONY、SUNTORY等知名企業，躍升成為第一名的品牌。

每個月至少有二千家公司會在電視上打廣告，而軟銀卻可以脫穎而出拿下冠軍。

「這絕對是有事會發生的徵兆」，孫以開玩笑的口吻這麼說。

但是他的眼神中卻不帶笑意。

因為孫眼中所看到的是殘酷的十年戰爭。

如今SoftBank Mobile在種類和顏色數量都遠遠超越了docomo和au。

但由於想要將柔和的形象置入電視廣告和品牌宣傳上，因此孫也親自來設計機種。在新產品發表會上也是以「外型」作為銷售重點。

其中提供新用戶家人之間可二十四小時免費通話的「WHITE 家人 24」方案更是相當受到好評。

「接下來的一年、二年、三年，公司要一步步在各個領域拿下第一。一定要做出能夠讓人感動且興奮的產品。要全面拿下勝利。」

那麼 Vodafone 的收購行動就算是成功了嗎？

就資金面來說，二兆日圓借款中短期借款的一兆四千五百億日圓可以轉換為七年的長期借款，這也讓公司的財務可以稍微鬆一口氣。光是手機通訊部分的收益就讓營業利潤增加了一・七倍。用戶數的成長狀況則是，年度用戶數增加為前年的四倍。

軟銀在二〇〇七年的整體營業利潤為二千七百億日圓，業績從谷底到達頂端。在所有領域也都有業績好轉的現象，經常利潤同樣呈現V字成長。在考核機關的排名也都是名列前茅。

孫雖然掛心於電話號碼可攜式服務是否能突破難關，不過事實證明契約數從一千五百萬增加到一千六百萬之間，也就是多了一百萬用戶。

而且到了五月之後，一個月的實際增加用戶數則攀升至二十萬人。自從孫宣布收購行動以來，用戶數在一年之間就增加了一百萬人，由於光是五月單月就成長到二十萬人，可估算出一年可增加到二百萬人的用戶數。從原先的一千五百萬人增加到一千六百萬人，然後又以一年增加二百萬人的速度在持續成長。

在進行收購前，孫總是問自己是否有足夠的自信，現在他總算是給大眾看到一個確切的答案了，因為收購後的成果相當豐碩。

但在此之前，孫也曾經陷入旁人無法想像的困境。

二〇〇六年十月，孫提交契約用的網路申請，但卻被打回票，而且還因為廣告內容引起競爭對手的抗議。

他甚至要向公平交易委員會說明廣告中強調0元費率的「驚喜折扣」方案內容。他決定要更改電視廣告等廣告宣傳的手法。

結果苦難才剛結束，緊接著又出現了另一波的磨難。也有公司職員因為不諒解孫的奇襲作戰策略，就憤而離開工作崗位。一個接著一個的難題持續出現在孫的面前。

「每一件事都有它的困難存在。即便是水準相當高的運動選手，也還是會有受傷的時候。但是他們擁有度過那些難關的精神力、潛力和自信。」

因為人生就是會一直遭遇到困難。

就像是孫在進行ADSL事業時，曾發生過的個資外流等事件，歷經多次的重大試煉，最後也都平安度過。

「在《人生遊戲（THE GAME OF LIFE）》當中，有時不也會抽到幾張火災、遭小偷等遭遇不幸的卡片嗎？可能抽到一次或好幾次。幸運和不幸的發生機率，對所有人來說相當公平。所以，當不幸的時刻降臨到真實人生中時，我最討厭的就是為自己找理由說自己是全世界最不幸的人，或是辯解說明自己很有實力。」

有時候孫會大聲責罵公司職員，因為他也是繃緊神經在對外戰鬥。現在正處於激烈對戰的最重要階段，所以他才會大聲來激勵這些一起作戰的同志們，因為現在正是要互相幫忙克服難關的試煉時刻。就是因為在這樣的狀況下，孫才會如此要求職員們展現出「勇於面對」、「包在我身上」以及「要度過難關」的積極態度。

孫認為這就像是在接力賽跑，在接下接力棒時才更要抱持「興奮的情緒」。然後趕緊追上在自己前方的跑者，不能只想著要和對方跑得一樣快，而是要想辦法超越對方。持續不斷地追趕，終將會成為第一名。這樣的快感孫至今已經親身體驗過好幾次。

這就跟現在軟銀對於手機通訊事業所抱持的態度相同。

「這不是短短二、三年就能獲得成果的事業，因為就連對手也都是花了將近二十年才有今日的成績。不過對我來說，要是十年內沒辦法做出像樣的成績，我就會唾棄這樣的自己。」

基地台數量不夠、用戶無法諒解、品牌知名度不夠高、營業據點和展店數不多。這些都不能作為藉口。

「雖然不可能一下子就把這些問題都給順利解決掉，但總是有辦法存在。」

不退轉。只要堅持自己的信念，就不會再往後退。這三個字在佛教中，也包含著當修行到達某個階段後，就無法再往後退的意思存在。

與至今為止所從事過的事業相比，手機通訊事業對孫而言，確實是最大的戰役。因為他的競爭對手都是大規模的公司，對方所擁有的資產、客戶數都會對社會造成相當大的影響力。因此孫才要賭上所有的力氣，直到獲勝之前，都要死命地持續奮戰。

「我才不要以第三名之姿死在戰場上。」

「我要成為拿下壓倒性成績的第一名。」

37 實現夢想

應該沒有人會想像得到將 Vodafone 日本法人（現在的 SoftBank Mobile）買下的軟銀會有如此驚人的好表現。

二〇〇七年八月，孫進入了五十歲的階段。

在孫的「人生計劃」中，五十歲應該是事業終於有所成就的階段。而他也的確朝著這個方向踏實地往前邁進。

時間回到孫在收購 Vodafone 前，當時是 Apple 發表 iPhone 的兩年前。

這個時候的孫相當堅持「如果自己要踏入手機通訊的市場，那就必須準備好武器」的這個想法。

那麼有誰能夠打造出世界最強的武器呢？

「這個人絕對就是賈伯斯」，孫這麼認為，然後他就立即展開行動。

於是孫便打電話給賈伯斯，約定好兩人要碰面。

史蒂芬．賈伯斯（Steven Jobs）雖然是讓 Apple 成為國際企業的經營者，但他總是因為情緒性的發言，而多次引發社會上的「衝突」，以創業者之姿持續在創造公司的利益。

當賈伯斯奇蹟似地「回歸」之後，他陸續推出 iMac、iPod 等創新的商品，進而改變了世界所有人的生活型態。

孫將自己親手所繪製，加上手機通訊功能的 iPod 圖交到賈伯斯的手上。

然後賈伯斯這麼說。

「阿正，我不需要這個東西。我有我自己的。」

「這個畫得很差的圖不收也無妨，但是如果你的商品完成了，到時候請將日本的代理權賣給我。」

接著賈伯斯這樣回答。

「阿正，你太瘋狂了。我根本還沒跟任何人說我在開發這項商品。不過我願意把它交給第一個來和我見面的你。」

「如果你能夠遵守約定，那麼我也會將日本的業者（通訊業者）給帶來。」

之後孫就按照約定投入了二百億美金（約一．七五兆日圓）的資金來買下 Vodafone。

二〇〇八年七月十一日，Apple 公司的 iPhone 3G 開始搭載 SoftBank Mobile 服務。這股合作氣勢順利帶動買氣而讓用戶數激增，從二〇〇八年到二〇一三年的六年期間，持續佔據契約用戶數成長第一的寶座。

賈伯斯人雖然給人只忙於事業的印象，但讓人大感意外的是他那居家的一面，尤其是在他晚年的階段特別重視家庭生活。當他待在位於美國加州帕羅奧圖的住家時，仍是會從忙碌的生活中，抽空參加家長座談會、課程觀摩、變裝的遊行活動，以及募款活動，夫婦倆人也會連袂參加小孩的小學活動。他也會穿著一貫的黑色上衣搭配上牛仔褲裝扮，騎著腳踏車接送小孩上下學。

賈伯斯對抗病魔生活的最後一天，也就是二〇一一年十月五日，他告別了人世間。而孫則是這麼描述賈伯斯。

「說到以前的時代，總是會提到當代藝術潮流的領航者——李奧納多·達文西（Leonardo da Vinci），而他（賈伯斯）就是這樣的人物。我認為他偉大的功績會持續不斷地流傳於後世。」

孫當然相當欣賞賈伯斯那出類拔萃的能力，而他對賈伯斯的人格，也同樣抱持相當深的敬意。

賈伯斯住家前方除了有一整片綻放的雛菊和向日葵，還停放了彷彿都還在等待主人歸來的銀色賓士車和運動型跑車。

就在賈伯斯過世二年後的二〇一三年十月二十一日，另一個對孫來說相當重要的人物也離開了人世。這個人就是笠井和彥，享年七十六歲。

「笠井先生，失去您我真的感到悲傷又空虛。」

孫因此陷入極度悲痛的情緒之中。

二〇〇〇年六月，孫對剛從富士銀行（現在的瑞穗銀行）離職的笠井表示「和我一起打拼，請您一定要加入我們的工作團隊」，孫三顧茅廬去說服對方，終於讓對方點頭進入軟銀。笠井在六十三歲時以軟銀的董事身份入社。就在笠井進公司後，市場上就出現了網路泡沫化的崩壞現象。當時軟銀的股價跌到只剩下原本的百分之一，業績也持續惡化。

「那時我真的感到很抱歉。」孫回過頭來看那段記憶。

接著笠井在二〇〇五年就任福岡軟銀鷹的社長兼代理總裁。他以軟銀的公司大家長之姿一路上扶持並鼓勵著孫。

二〇一三年十一月十八日，在東京和福岡飯店所舉行的「追悼會」上，約有二千五百人列席參加。第一個起身唸弔唁詞的孫，以不時停頓的聲音對著遺照訴說自己的情緒。

笠井待在軟銀工作的這十三年間，正是公司出現戲劇性發展並且快速嶄露頭角的時期。公司一開始提供 Yahoo! BB 服務時，一年的虧損金額多達一千億日圓的情況持續了有四年之久。那時笠井總是用

「沒關係，情況一定會好轉，讓我們一起努力」的話語來鼓勵孫。就在公司業績終於不再出現虧損，相關事業都正要起飛之際，孫也向笠井尋求意見。關於要從電腦的網路事業，轉移跑道至手機通訊的網路事業一事。

「我那時跟他說，雖然網路是我們的本業，但若要再繼續經營下去，只有經營電腦網路是行不通的。必須也要著手進行手機通訊才行。而他在聽了我的想法後，說『我也有相同的想法。一起努力吧』，他表達了願意和我一起打拼的決心。而為了讓事業進行順利，公司就需要一個品牌。於是我就和他商討想要買下職棒球隊的想法，笠井先生隨即回覆『我瞭解了』。一般人應該會認為，在公司好不容易脫離虧損狀態下，提出這種需要砸相當多錢的構想，是沒有看清時勢的做法。但是笠井先生卻對我說出『一起努力』。然後我就買下了大榮鷹，將這家企業當做相關公司來經營。」

「之後我終於開始踏入手機通訊的市場。那個時候很猶豫應該是要從零開始打拼，還是要買下Vodafone Japan。因為當時銀行都很擔心公司的財務會出狀況，所以我就和他商量是否由軟銀出資百分之五十，餘款的部分就交由其他家公司負責，因為這樣可以降低公司的風險。結果笠井先生卻表示『我不贊成出資百分之五十的做法，如果要買的話，就要採用百分之百的出資方式』。」

多年以來笠井只有一次向孫表示強烈的反對意見。

「在爆發雷曼兄弟連動債事件不久之後，我們公司的股價也不斷下跌，就在我擔心自己失去所有財產，公司面臨倒閉危機之際，笠井先生卻反過頭來鼓勵我說：『現在業績還算不錯，不用太擔心。』等到這個事件稍微平息後，公司業績果真漸入佳境。就我的立場來說，一旦公司股價出現擺幅震盪情況，不但會讓持股者感到不安，還得要拜託分析師和新聞記者幫忙做出說明。那時我本來想乾脆就讓股票下市，由我自己來背負個人社會責任，當我和笠井先生商討此事時，他卻說：出『我絕對反對這麼做』，阻止了我。」

那時笠井對孫這麼說。

「現在的業績有顯著的成長，若在此時讓股票下市，回歸單純的公司經營模式，或許比較有空間能夠調度資金，反正船到橋頭自然直。但是社長，這麼做真的好嗎？真的可以這麼做嗎？軟銀還是應該以世界為目標來張開羽翼飛翔。所以真的要讓這些煩人的瑣事，打破我們一直以來的夢想嗎？」

對此，孫則是這麼描述這段回憶。

「現在回想起來，要是當時笠井先生沒有阻止我，那麼就連之後的 Sprint 併購案也不會進行。之後也不會有機會能夠繼續在商場上逐步實現夢想。」

沒有任何人察覺，孫那失去少數能讓自己敞開胸懷摯友的那份空虛感，因為孫正要拼命去實現自己的夢想。

二〇〇〇年六月，後藤芳光（現在的軟銀常務執行長）和笠井在同一天進入軟銀工作，他將笠井視為「人生導師」。一九九八年四月，富士銀行為了要拯救面臨經營危機的安田信託銀行（現在的瑞穗信託銀行），於是便讓銀行高層笠井前去幫忙。後藤描述了當時兩人令人大感意外的認識過程。

「笠井先生在一開始向大家問候時，將雙手放在背後，然後看著所有人的眼睛，以話語來激勵在場的同仁。當時的說話內容，我已經不太記得了，不過那時候大家都很感動。」

一般來說，銀行的高層人員，應該只會照著準備好的稿子說話，打破傳統的笠井卻成功地激起行員的士氣。「其實笠井先生是個很注重工作現場處理應對方式的人，不論是處理融資案或是不動產案，每次和他前去拜訪客戶時，他總是能靠著豐富的人脈關係，發揮驚人的推銷手腕，讓人感受到他強勁的領導能力。」後藤如此形容笠井這個人。

接著笠井向後藤發出了邀約。他問後藤：「要一起加入嗎？」，而後藤則是立即回答：「要。我要加入。」之前笠井就已經表明自己要離開銀行到軟銀工作，因此當笠井詢問他的意願時，他立刻就知道對方所指何事。兩人在前往軟銀的座車上這樣交談。

後藤說：「我雖然對經營戰略和諮詢方面有自信，但是我的英文不好。」笠井回說：「沒關係，就我瞭解這個工作不需要用到英文。」後藤又接著說：「我也沒有實際的事務管理經驗。」笠井這麼說：「應該不必做這方面的工作。」後藤又問：「那要做什麼工作？」笠井回答：「好像要在社長室內工作。」

在軟銀（當時的總公司位於東京．日本橋箱崎町）的社長室裡，孫看著後藤這麼說。

「眼神很不錯。那麼笠井先生和後藤先生就都錄取了。」

就在後藤還來不及反應的時候，面試就這樣結束了。

於是後藤就這樣加入了軟銀的工作團隊。他所屬的財務部門裡沒有其他同事，他只能一個人從頭做起，終於打造出在今日被稱作是「日本第一財務」的穩固財務管理基礎。

而笠井則是在轉職進入軟銀後，就將帶領公司前進的「參謀」一職作為自己的使命。他在幹部會議上的發言次數並不多，「但是他的一句話就很具份量」，後藤如此表示。

「笠井先生總是展現出積極的態度，就算是多麼微不足道的小事，他也會面帶微笑靜靜聽你講述。所以當他很罕見地表現出否決態度時，當然會帶來一定的影響力。」

笠井先生晚年都是坐著輪椅來出席公司會議，即便後藤要他「不要勉強身體」，笠井的臉上仍舊是掛著微笑。

「有些工作你們還做不到。我光是在這裡，就成了（你們的）工作。」

笠井不愧是傳說中的外匯經紀人，直到最後都還在展現精準的處理能力。在二〇一三年的 Sprint 併購案當中，笠井先生也準確估算日圓匯率的變動，以一美元兌換八十二日圓的外匯避險（避免因匯率變動而導致外幣資產的日圓價格變動）方式，實際上為公司賺回四千億日圓。

而後藤在 Vodafone 和 Sprint 併購案當中，則是獲得「進攻的後藤」的稱號，引領許多大型案件走向成功之路的後藤，對此則是這樣表示。

「我的工作課題只有一個，那就是讓公司朝著日本第一的經營與財務的目標邁進。我們公司的經營模式，就是由社長以外的其他人找出良機，像是為了提高企業價值所進行的收購案，還有跨足新事業領域都是不錯的辦法，不過機器人的部分倒是真的蠻讓人吃驚的。總之就是抓住各種商機，將這些都當做是能賺錢的好機會。」

不過也有很多意見表示要考慮那麼多因素其實很花錢。

「一般的公司在知道要花費好幾千億日圓的那個瞬間，通常都會想要打消念頭。不過我們卻是將這件事看做是經營的一部分。思考這件事是否是能提高企業價值的機會，我們會很認真且比任何人都早一步來思考這個問題，因為這樣的財務問題，就是應該和經營放在一起同時思考的議題。」

笠井有留下一句對後藤來說很重要的話。

「要做你能接受其結果的工作。」

對於現在正從事的工作，你是否有付出能得出結果的努力？工作是不會騙人的。不能在還沒有結果前就撂下大話，這句話的背後其實蘊含如此嚴厲的訊息。

「但也不是說結果就足以代表一切，我認為只要你從事自己能夠接受其結果的工作，那麼你所預期的結果就會發生。我時常用這句話警惕自己，也會希望在天上的笠井先生能看著我的表現。」

是否只付出為達成所盼望之結果的努力而已？是否流於安逸？

後藤曾經因為想要去上阿部謹也的課，而進入到一橋大學社會系就讀，即便他是歷經二次落榜才順利考上這所學校。阿部因為《何謂「世間」》、《哈美倫的吹笛手》等多數著作而聞名，之後也成為一橋大學的校長，他是足以代表日本的歷史學家。

後藤稱自己是「快被退學的人」，因為他在大學時期，都忙著爵士演奏和去補習班打工，所以「幾乎都沒有在讀書」。

所以當他要決定未來出路時，他就去詢問阿部的意見。

「我到底要做什麼工作才好？」

阿部則是這樣回答。

「你要選擇不做就會感覺要死掉的工作。」

後藤被這句話給震撼到了。後來後藤就憑藉著「想要從事會接觸人群的工作遂而進入銀行工作」的想法，來按照自己的步調工作。

「其實我到現在還是不知道，我是否已經找到了不做就感覺會死的工作，不過我卻因此找到了擁有相同想法的人。」後藤這麼說。

「這個人就是孫先生。」

後藤表示笠井先生也是這麼認為。

「他可以將整個人都投入到工作當中，這樣的想法很了不起，而且效率非常驚人。不要說日本了，就連在世界上也找不到像他這樣的經營者。」

二〇一一年夏天，針對 Sprint 的併購案，孫把笠井和後藤都給叫了過來。

「我是認真想用這個方式來一決勝負，你們覺得會成功嗎？」

孫這麼問。

笠井自己沒有要回答的意思，他反倒催促後藤開口表達意見。

然後後藤這樣說。

「會成功。」

二〇一四年十月，笠井過世之後，就任軟銀鷹球隊社長一職的後藤，在笠井的遺照面前報告了「軟銀鷹球隊拿下日本冠軍」的消息。而掛在雅虎巨蛋內的「笠井遺照」臉上，也還是一如往常掛著讓人感到安心的微笑。

有一位笠井和彥決定錄用的人物，這個人就是藤原和彥（現在的軟銀常務執行長）。藤原是在二〇〇一年四月，透過公開招募方式，從原先工作的 MAZDA 跳槽到軟銀。他在 MAZDA 時期有過經營管理的經驗，所以能和不同產業的人士一同展開新事業，並發揮實力讓業績虧損公司，有起死回生的機會。因為他相當熟悉嚴格的美式商業作風。

他還具備有美國認證會計師（USCPA）資格，TOEIC 成績也在九百分以上，藤原抱持著要在金融領域「挑戰更大舞台」的想法，這時候他四十一歲。

而軟銀則是為了要在國際上展開相關事業的部署，所以需要各方人才加入公司行列。藤原一開始的工作，就是向孫報告關於國際投資的分析資料。

他一進入公司，就不得不先跟孫報告，需要先整理好投資客戶的資訊。而在整理了今後金融趨勢預測的相關情報後，所得到的結果是公司要花費一千億日圓以上的金錢，而且可能會蒙受相當大的虧損。

因此他必須對那些孫想要進行的企劃案，提出「應該收手」的建言。這也讓藤原對孫的反應感到不安。

而那時笠井對此給予了意見。

「就直接了當說出結論。」

於是藤原就照笠井所說的，直接向孫說明。

結果孫這樣回應。

「損失真不少啊。」

藤原嚇了一跳。沒想到孫竟會坦然地承認並且接受自己應該要改變決策的這件事。因為一般來說，一旦聽到自己準備要接觸的事業會導致財務虧損，應該會想要試著從挫敗中討回失去的，因而越陷越深。

然而孫卻不會陷入過去的失敗當中。他總是展望未來。

之後，每次在報告公司業績狀況時，孫總是會習慣性地這麼說。

「我們是駕馭公司的司機，雖然能從後照鏡看景色，但是不能再回頭看，應該要看著前擋風玻璃的風景才對。」

要準確預測未來的情勢走向，至少要準備三套劇本才行，而且還不一定會猜中。最重要的是，規劃未來目標的這個動作。

「走錯路總是會讓人產生悔恨，所以必須思考為何會做出錯誤的選擇。」

然後抱持著下一次會成功的信念。而且只要每天重複做些訓練來提高自己對數字的敏感度，這樣就能有效改變自己和事業之間的磨合度。藤原這麼表示。

孫經常在思考公司五年後、三十年後會變成怎樣。

未來才是最重要的。「感到迷惘時就望向遠方」，孫這麼說。

孫在檢討公司正進行的大型公司併購案時，並不會將過去的實績和現在的企業價值當做是判斷標準。

「孫社長因為有在接觸劍道運動，所以就如同他能夠一次對上好幾個對手一樣，在商場上面對來自四面八方的競爭者。他就是以這樣的狀態在強化這家公司，所以會想要將對公司有益的東西都吸收進來。當孫社長遇到無法認同的某個做法時，他也會直接表現出自己的不滿情緒，所以底下的職員都得要做足心理準備。但是當社長真心接納你的意見時，你就會感到無比的喜悅，能夠有效激勵職員再繼續努力。」

而笠井也傳授了不少工作上的技巧給藤原。

當藤原想要以「社長這麼做會導致怎樣的結果」這樣直白的方式來向孫報告時，笠井卻這麼告訴他。

「藤原，跟社長說話時，請用在傷口上撒鹽的方式來表達。」

所謂的在疼痛的傷口上再撒鹽，就是指要在不好受的事情上，大膽地再做可能會更不好受的事。笠井其實是在教導他要具備有做到這種程度的決心。

之後藤原提出了軟銀新的付費專案，以及「汽車業界」經常使用的分期付款銷售的構想。

然後藤原每天就盯著數字看，思考還有哪些地方需要改善。營業的數值、管理部門的數值、網路投資資金的調度、手機通訊事業整體的經營課題等項目都是他分析的重點。如此一來，藤原和孫就能真正地在商場上「一決勝負」，那是因為兩人都抱有要「實現夢想」的那份相同信念。

就旁人的眼光來看，藤原在工作的時候其實是個「保守派」。但是認識他多年的朋友卻是這樣形容他。

「他很樂天，個性很像拉丁人。」

猛將手下無殘兵，原來藤原也是個勇猛之人。

二〇〇八年九月，世界上爆發了雷曼兄弟連動債事件，使得股票市場嚴重受挫，軟銀當然也在受害名單上。

就在即將舉行第2次的四半期結算說明會的十二天前的十月二十四日，孫把藤原與管理金融財務的負責人——君和田和子（現在的軟銀執行長）給叫了過來。

「我想將結算發表提前一個星期舉行，如何？」

也就是要從預定的十一月五日提前到十月二十九日。而且還要將原先剩下半期的一年間業績估算，更改為到二〇一〇年三月期為止的內容再來發表。

「那就將結算時間提前囉。」，孫是在星期六這麼說，而發表日則是訂在二天後的星期一。

「就這麼做。」，孫這樣說。「不，那辦不到。」，藤原回答。「不是辦不辦得到，而是必須這麼做。」，孫再次強調。

在此之前軟銀從來沒有公開發表過公司的業績預估利潤。但其實業績預估利潤是可以被公開的，只是軟銀過去沒有這樣做。

過去有公開此項資訊的其他公司，由於雷曼兄弟連動債事件的發生，導致景氣不斷往谷底下探，只得在公開發表預估利潤後將其作廢，或是下修，陷入無法給出準確預估的狀況。對此，孫這麼表示。

「我們則是要反過來，將過去從未發表過的，不光是今年的預估利潤，就連明年的預估利潤也都一併估算出來。」

從來沒看過會發表二年份預估利潤的公司。

「因為現在整個市場都處於信任度相當低迷的狀態，所以不只是要提前發表，還要給出過去從未公開過的預估，並將二年份的估算值都一併公開。」

不僅如此，孫甚至連現金自由流向的評估，以及預估借款金額都完全公開。

「就是要做到這種程度，才能安撫消費者對金融市場所產生的不安情緒。」

結果公司的股價從結算說明會前一天的低點，一下子強力反彈而持續上升。

軟銀很快就成功扭轉局勢。

38 三百年後的未來

推特（twitter）的網路服務在全世界快速風行。

二〇〇九年十二月二十四日，當孫開通推特帳號後，追隨者人數立刻爆炸性往上攀升。

公司職員也透過推特而產生了各式各樣的創意。

因此孫都稱推特是「綜合腦」。

二〇一〇年六月二十五日，孫發表了「軟銀新三十年願景」。

藉由資訊革命讓所有人得到幸福。

要成為世界前十大企業。

公司市值達到二百兆日圓規模。

集團企業要從現有的八百家公司成長到五千家公司。

三百年後還持續成長的企業。

軟銀學院開校（接班人培養計劃）。

孫在收到追隨者留言要公司「改善訊號」的要求時，孫也回推表示「會改善」。而且當電視播放NHK大河劇《龍馬傳》時，身為龍馬迷的孫，也在推特留下以龍馬為話題的內容。二〇一一年四月，孫的追隨者人數突破一百萬人，成為日本追隨者人數的第一名（二〇一四年十二月五日，追隨者為二百二十七萬九千零五十九人）。

孫曾接受一位追隨者的「軟銀職員食堂體驗」活動提案，然後轉推內容到自己的推特上：「青野，來做做看吧。請在星期一前留下你的意見。」（二〇一〇年二月五日）。

這也讓青野史寬（軟銀執行長，負責人事、總務、社長室工作統籌）這個人的名字，在整個日本流傳開來。

青野和孫第一次見面是在二〇〇四年六月。

當時軟銀的職員人數約為一千七百人，但是為了要擴展 Yahoo! BB 的事業版圖，公司便著手進行以錄取三千人為目標的大型企劃。

青野以 RECRUIT 公司的顧問身分，協助進行錄用新進人員一事。

最後錄取了大學應屆畢業生二千人，轉職者一千人。但是青野卻預估當中有一半的人會在一年內離職。因為當時的軟銀，並沒有建立一套能夠用來應付大量新進人員的教育體制，於是青野便將這件事告知了負責人，然後青野就直接和孫見了面。

以下是青野之後在《PRESIDENT》（二〇一四年八月四日號）雜誌中所透露當時兩人的對話內容。

孫穿著拖鞋和白襯衫，彼此也沒有交換名片。然後孫就突然這麼說。

「你要跟我說什麼事？」

青野告訴孫，之後公司可能會出現大量職員辭職的情形。

「只要建構一套完備的新進人員教育系統，就能夠將原先的離職潮風險扭轉為培養具領導能力人才的好機會。」

「這是不錯的辦法。」孫表示同意，並便決定簽訂這份大型契約。不過最後孫卻這麼說。

「如果你有這份工作熱忱，不如不要留在那，乾脆來我這做事好了。」

「我只是覺得應該要這麼做，而不是我想這麼做。我沒有要跳槽的意思。」

後來青野則是以「就算地球往另一個方向轉，位置也不會有所改變，這樣也沒關係的話我就去。」而來答應孫再一次的邀約。

孫一劈頭就這樣問。

「你覺得三百年後的世界會是什麼樣子？」

「你不覺得現在的世界很奇怪嗎？那些政治家和官僚都想試著去改變世界，你認為有哪個經營者，有那個能耐可以讓商業買賣的世界開始有所轉變？」

孫不停地追問。

青野這樣回答。

「或許是孫先生。」

孫大聲地說。

「沒錯，我會改變這個世界。」

然後孫以嚴肅的表情這麼說。

「我終於找到你了。你來我這邊幫忙處理人事工作，八百家公司就拜託你了，乘著我的夢想來改變這個世界！」

結果青野也很爽快地回覆。

「我願意搭乘這樣的夢想！」

雙方對話的時間只有三十分鐘。青野就這樣成為公司的第一位人事部長，部門內的職員就只有他一個人，他要從零開始為集團企業打造出一套完備的人事系統。

從那個時候開始，青野就不斷在各個新議題上有出色的表現。

「誰叫我是在全世界擁有最遠大理想的頂尖企業裡工作呢！」

青野豪爽地開懷大笑，他那燦爛的笑容擄獲了不少人的心，孫當然也不例外。

孫之所以能夠看出青野的領導才能，並且任用他為人事部長，就是因為多年的經驗所培養出的能力。

而青野在公司收購 Vodafone 和日本 Telecom 的那段期間，一開始就是以「意志、技術、體力」的三個面向來處理工作上的一切事務。

「重點在於先處理『體力』相關問題。就是指配合工作規定、工作時間、休息時間，或是工作方式、場所、系統融合等物理的部分。『技術』的部分，則是學習彼此好的優點和技巧。再來就是也很重要的，朝著同個目標努力的那份『意志力』。只要處理好這三個面向的問題，公司的併購行動就會更加順利。」

接著再來思考是否行得通、要委託哪個人來負責這項工作、一起工作的時間太少、搞不清楚狀況時該怎麼辦、如何從幹部所準備的簡報內容中，找到判斷關鍵等問題。對此，青野這樣表示。

「相較於單純的文書處理工作，這一種被他人信任的感覺真的讓人相當高興。我從中實際感受到了。」

青野的父親在他三歲時就去世了，他原本想要在「中學畢業後就直接就業」，但最後還是靠著獎學金和打工讀完了高中。他表示自己當時一年三百六十五天都在工作，直到他高中畢業時讀到一本書，那本書的書名是《時差就是金錢》。他產生了「一個人居然能做這麼多的事，我也想成為這種人」的想法，開始拚命讀書，最後終於考上門檻相當高的慶應大學經濟系。他在大學時期還是有繼續打工，地點就是 RECRUIT 公司。後來進入這家公司後，還曾經擔任過 RECRUIT 公司創始者——江副浩正的秘書。他是在公司創立二十五年的時候入社，而他進入軟銀工作時，也剛好是公司創業的第二十五週年。

「感覺待在 RECRUIT 公司工作的那十年時間，就是在為現在的工作做演練。」

現在是青野演練過後，終於要上場表現的時刻，而且他的上場次數相當多。

二〇一一年三月十一日，發生了日本東北大地震。伴隨地震而引發的大海嘯直接侵襲了福島第一核能發電廠。

那時東京的總公司正在開會當中，整棟大樓劇烈晃動。孫看到電視新聞所播放的「大海嘯直撲眼前的畫面」，整個人呆滯在原地。

這樣的畫面讓孫的內心感到十分震撼。

他思考著「我能做些什麼？」

於是軟銀便投入日本各地的重建工作。

孫在三月二十二日，造訪了福島核能外洩事件的避難所。

「要是通訊功能可以更加完備，或許就能拯救更多人的生命吧？」

孫感到痛心地這麼問自己，完備的通訊網絡是自己對於社會的使命。資訊＝維生管線之一。

孫不僅要整備手機通訊的連接訊號強度，他還做了一個重大的決定。

「自從創立公司以來，我從來沒想過要跨足和本業完全不相干的行業，本業是資訊革命。但是看到眼前那一大群遭受巨大打擊的痛苦人們，這讓我開始思考，單方面持續獲利這件事是否是對的？我對此產生了相當大的疑問。」

於是孫以個人名義捐出了一百億日圓的款項。

他也變更公司規定，不顧公司職員們的強力反對意見，設立了SB Energy公司。

「有很多方式可以增加電力供應，但最重要的還是錢的問題，因為不仰賴核能，就很難提供便宜又穩定的供電量。」

人類近百年以來，為追求能源而引發了戰爭。重點在於如何讓接下來的一百年，避免再同樣出現這樣的能源戰爭。

「核能也有很大的問題存在。應該要以活用自然能源的新能源來取代核能發電。」

孫的思緒相當清晰。

日本東北大地震過後，有一位就讀軟銀學院的男性學員所提出的簡報內容吸引了孫的注意。

軟銀學院是為了要培養自己的接班人而設立的機構，這是一所公開招收軟銀集團內部或是外部學員的學校。

三輪茂基（現在的社長室室長）。三輪在當時是三井物產的職員，他是來自軟銀集團外部的學員，是學校的第一期學生。

三輪不僅是能力出眾的商界人，還在國際性併購資源商界裡打滾多時，他正滿腔熱血地訴說著能源議題的相關資訊，他那「出色」的英文能力，也吸引了孫的目光。但真正打動孫的，是三輪所展現出的熱忱。孫認為他是個值得公司託付未來的人才。

「來我的公司工作，一起在世界上展翅高飛。」

孫這麼向三輪說。

「感謝賞識。」

三輪很坦率地這麼回答。

於是三輪就在二〇一一年十月三十一日離開三井物產，並在隔天的十一月一日就進入到軟銀工作。

三輪表示發生三一一大地震時，他人正在三井物產位於大手町的總公司開會，他體驗到了面臨大樓可能會就此倒塌的恐懼感。他如此說道。

「在那個時候我深深感到人類能力的界限，同時也讓我不禁思考，我的人生最重要的東西到底是什麼。」

於是孫這樣問三輪。

「洛克菲勒家族最了不起的地方是什麼？」

「石油。」三輪回答。

「不對。」孫這麼說。

「洛克菲勒家族是因為擁有產石油的土地才會這麼富有。」

孫則是在蒙古戈壁沙漠擁有一塊二十二萬公頃大，風力強勁的土地，大小和東京都一樣大，那裡有世界第一的強風。

「與其說是沙漠不如說是土漠。那裡有泥土也有草木，並不是一整片都是沙子。」

聽到孫的這一番說法，三輪感覺自己彷彿置身戈壁沙漠。

孫想要將眼光放在往後的一百年、二百年、三百年後的變化。

「孫先生時時刻刻都在思考如何開始新事業，並為此做好準備。只要有公理道義，就會有人追隨。」

這時候三輪又再一次體會到孫所秉持的理念。

二〇一二年的年底，人在美國矽谷的孫，寫了一封內文只有三行文字的電子郵件給三輪。

「使用天然瓦斯的乾淨能源發電系統。很有趣。進行議題討論。」

於是三輪便立即飛往當地。不只ＩＴ產業，就連下一個世代的能源開發也會落在美國矽谷身上的時代已經到來。

二〇一三年五月，Bloom Energy Japan 設立。

如此一來，二十四小時三百六十五天就都能夠提供足夠的發電。而且不是燃燒瓦斯，而是利用電化學反應來發電，乾淨且可抑制二氧化碳的排放量，發電效率也相當高。

原本想要成為音樂人的三輪，靠著敏銳的觀察力、旺盛的求知慾與行動力，在孫的授權下，將公司帶往國際舞台上。

「孫先生的腦袋裡有一個宇宙，裡面存在有不同種類的組合排序，所以他能夠從模糊的東西當中設定出一定的秩序。如此一來，軟銀就能從這當中產生新的物力論（dynamism）。並不是專指哪種產品和哪個領域，而是代表未來軟銀能靠著這些東西成為下一個矽谷。」

孫在二〇一三年一月的ＮＨＫ訪談當中，提到了「要在美國矽谷創造出新的企業模式」這樣的願景想法。

「以矽谷為中心來發明所有東西，然後再來定義這樣商品。與其說是要稱霸美國市場，但整體意象是想要來掌控美國矽谷的動向。利用矽谷來製造最新科技的物品，接著再將這些物品做統合，這樣就能研發出世界上所有人都在追求的下個時代的商品，以及科技服務項目。」

孫接觸手機通訊事業至今已經過了六年，所以他在某種程度上很瞭解作戰方式，當察覺到時機來臨之際，孫也會早一步去「反省自己是否開始掉入形式主義的陷阱」。

二〇一二年五月二十二日，世界上最高的六百三十四公尺獨立式電波塔──「東京晴空塔」（東京墨田區）建造完成。

那一年的一月，孫把雅虎事業統籌本部長的宮坂學叫來位於東京汐留的，軟銀集團總公司大樓二十六樓的孫的事務室內。

突然被一封電子郵件叫來這裡的宮坂內心感到不安。

「那個時候我還以為是要去挨罵，因為我從來沒有被社長稱讚過說你做得很好之類的，總覺得會被罵得很慘。」

那是因為孫在TVBank（負責影片內容的蒐集、企劃、開發等項目的事業）的會議上總是親自上場指揮，所以宮坂曾經有過因為雅虎負責人身份，而遭到孫嚴厲拷問一番的經驗。

不過這還是他第一次要和孫直接對話。

孫一開始就切入正題。

「我認為應該由你來擔任雅虎的社長一職。」

宮坂被孫的這一句話給嚇到了。

之所以會讓孫產生這個想法的關鍵點，是在前年的二〇一一年十月二十六日，那時軟銀總公司的二十五樓咖啡廳，正在舉辦「軟銀學院」簡報大會。

被選拔上的學員，要上台發表簡報。大會的目的是讓學員們在擔任校長的孫，以及事務局長的青野面前，發表新事業的提案內容。

而其中一位學生則是提出了一項前所未有的創新提案。螢幕上顯示出英文字母「MOTTAINAI*」，以及一個帶著笑容的黑人女性臉孔。這位肯亞女性是發起名為「綠帶運動」（MOTTAINAI）的環境保護運動，而榮獲諾貝爾和平獎的旺加里・馬塔伊（Wangari Maathai）。

那位學生立即切入正題。

「現在最可惜的就是雅虎的經營體制。」

因為沒有跟上智慧型電話等新科技產品來一次人事大地震，所以十分可惜。

這位學生（雅虎的前員工）表示「雅虎這家公司應該有能力再有所成長」。

「嗯。」孫發出些許的聲音。

孫立即詢問身旁親近人士的意見。

然後孫就把宮坂給叫了過來。

「我問了身旁許多人，很多意見都認為你是不錯的人選，你還真是個幸運的傢伙。」

在這之前，雅虎一直是在有菁英經營者氣息的井上雅博（之前的雅虎社長）帶領之下，快速達到業績急速成長的目標。不過在這個時候卻出現「決策太保守」的聲浪。

＊MOTTAINAI：もったいない，表示可惜的意思。

而宮坂則是這樣回答孫。

「我還不曉得我是否能勝任這個職務，請給我一個晚上的時間考慮。」

縱使宮坂認為不管是一個晚上時間，還是給他一個星期思考，答案大概都會一樣，但他還是跟孫說了「請給我時間思考」之後就退席離開。

這個時候宮坂的心裡已經有答案了。他很罕見地先告訴妻子這個決定。

「或許我有機會能讓公司變得更有活力。」

宮坂決定要擔任雅虎的社長CEO一職。

一個月達六百億閱覽數的網站，同時也是日本使用率大贏其他家的搜尋引擎系統，還擁有超過一百種以上的服務項目。

宮坂是在一九九七年，雅虎創業第二年的時候進入這家公司，當時的職員只有五十人，現在的職員數已經來到六千八百人。二〇一二年六月，他以四十四歲年紀就任這家公司的最高職務。

有一句話孫經常掛在嘴邊。

「必須要讓職員的才能與熱忱有機會釋放。」

他對於科技的進步抱持相當樂觀的態度，不過在技術方面當然還是有悲觀的時候。

不過孫總是只看樂觀的那一面，因為他知道悲觀的部分，一定能透過技術來解決。他的思考模式是先不要去急著否定，因為他相信技術總有一天能夠解決這些問題。

對此，宮坂則是有這樣的看法。

「我自己也有感受到那股，技術絕對能解決任何問題的強烈信念。技術實在很偉大，雖然意識形態不太有可能會改變，但技術卻能夠改變世界。」

日本雅虎也從二〇一三年開始，在宮城縣石巻市舉辦了名為「TOUR de TOHOKU」的活動。活動內容是在網路募集參與者到受災地，以自行車方式繞行當地，而宮坂自己也有參加這個活動。

「這個活動的主要目的，是讓參與者能夠親眼看到當地的重建情況，然後思考自己能為當地付出些什麼。」

宮坂在高中時代的興趣就是爬山和山頂滑雪等戶外活動，現在他也會在夏季和冬季去爬山。

「在我出生長大的山口縣防府小鎮裡，幾乎沒看過打領帶的上班族，我從小的夢想一直是想成為漁夫。」宮坂這麼表示。

當被問到日本雅虎是怎樣的一家公司時，他是這麼回答的。

「解決世間各式各樣問題的一家公司。」

因為宮坂很相信網路的力量。

宮坂認為孫和來自岩手縣的童話詩人作家——宮澤賢治十分相像。

宮澤賢治是學識研究相當廣泛的人物，他擅長地質學、天文學和物理方面的知識，會說世界語也會拉大提琴。但是也具備文學上的造詣，他會寫詩和童話。他是同時擁有高水準科學腦和藝術腦的偉大人物。宮坂這麼表示。

「我認為達文西有科學腦和藝術腦，賈伯斯應該也是，但其實現在幾乎沒有同時擁有這兩種頭腦的人，不過孫就是這種人。」

至於孫則是這樣來述說軟銀的未來遠景。

「之後要繼續提升企業價值，有一天要站上世界的頂端，然後長時間維持在那個位置上。因此集團內的各家公司在自律性決策的原則下，以秉持著相同理念而創造相乘效果，同時持續進化成長的『聯邦經營』為目標。

越是成功的經營者，大多無法再接受別的經營者或商業模式，總有執著於自己的成功模式的傾向，但我並不會如此自我。我很高興看到阿里巴巴集團的創始者馬雲（暱稱是傑克）會長和日本雅虎社長宮坂學等新的英雄誕生。

我所描繪的『聯邦經營』模式，就是將他們那樣的英雄給聚集起來，讓他們以各自不同的經營模式，來讓整個集團走向複合式的繁榮道路。我並沒有要其他家公司一定要打著軟銀這個品牌的名號。十年過後，或許會發展成和其他哪家公司類似卻又不進相同的『軟銀』，這樣特別的存在吧。」

因為孫已經預見了三百年後的未來。

39 生金蛋的鵝

「只要有我在的地方就是總公司。」

孫在世界上到處飛行奔波，一個月有一半的時間是待在國外坐鎮指揮。

二〇〇六年，他以一．七五兆日圓收購了 Vodafone 日本法人（現在的 SoftBank Mobile）。採用便宜的收費制度和搭配 iPhone 機型的方案，在六年間就讓契約數成長了多達兩倍之多。

二〇一二年，軟銀發表即將以一．六兆日圓併購美國手機通訊市佔率第三名的 Sprint Nextel 的消息。兩家公司的業績銷售合計高達二．五兆日圓，躍升成為世界第三大的手機通訊公司。

對此，孫這麼認為。

「公司已經做好要挑戰世界的準備了。」

「不去挑戰的風險更大，從今天開始要轉移陣地。」

「要贏過 docomo。」

二〇一三年九月，孫前往位在美國堪薩斯州奧弗蘭帕克的 Sprint 公司。Sprint 公司是在當地創業超過一百年歷史悠久的企業。在穿越整片玉米田，被稱作是「畫布」的廣大土地上，能看見一整排紅磚瓦搭建而成的十九棟建築物，裡面大約有七千五百位的員工正在工作。

「我們是一體的。在往後的三百年要一起持續成長。」

孫在 Sprint 總公司所發表的演說，讓底下的幹部職員都一致起立拍手叫好。

十月中旬，孫待在美國矽谷九月才新設立的軟銀辦公室內的職員室。

「你們是傻子嗎？」

當時正在舉行一個月一次的 Sprint 經營戰略會議。在場聚集了 Sprint 的十位幹部職員。

孫大發雷霆的原因在於廣告費用的支出。軟銀在日本的電視廣告連續八年都榮獲好感度第一名，廣告效果十分驚人。Sprint 花了好幾倍的廣告費用，但是「廣告效果卻出奇的差」，因此孫才會一臉怒氣。

另一方面，孫去參加了美國的電視節目錄影，也積極在華盛頓地區進行演講和遊說等活動，這些都是為了之後要與美國手機通訊市佔率第四名的 T Mobile 的併購行動來做準備。

「只要讓公司擁能夠和二強（AT&T、威訊）競爭的實力，那麼就可以順利將美國的通訊高速化，而且還能降低費率。」

不過到了二〇一四年八月六日，Sprint 與 T Mobile US 之間的收購交涉進度卻仍然是「白紙」狀態。由於當時美國政權的政策方針是不要讓這四家手機公司的並存體制崩解，因此 Sprint 和 T Mobile 兩方都為了要獲得政府的認證，而下了極大的賭注，但是最後按照體制情況，卻還是判斷 Sprint 無法獲得認證。

Sprint 公司的問題堆積如山，陷入從第四名跌落的危機之中。

用戶數的減少，通訊困難等問題都和收購 Vodafone 的情況相當類似。

原本的 CEO 唐．荷西（Dan Hesse）已經被解雇，二〇一四年八月十一日，孫讓馬希羅．庫拉爾（Marcelo Claure）擔任 CEO 一職。孫是這樣形容當時的情況。

「馬希羅長的一副山賊臉，但卻是一個直來直往的鬥士。」

我（井上）在拜訪馬希羅時，雖然是秋天的楓紅季節，但是外頭的冷風相當刺骨。

待在事務室內的馬希羅穿著襯衫，工作多到片刻都不得閒。

馬希羅是個身高有二公尺的彪形大漢，我的身高只到他的肩膀而已。

馬希羅已經開始展開公司的改革行動。

他每天都會和營業、網路部門開會，還會在各自的會議上，直接詢問是否有職員願意參與，採取公開透明的會議討論模式。此外，原本在Sprint公司內要前往社長室必須先通過四道門，馬希羅則是選擇將這四道門都給拆除。

「正確說來Sprint公司現在是逐漸走向死亡的一間公司，因為每年都會流失百分之二・五的客戶，再這樣下去真的會陷入連一個客戶都沒有的危險狀態。所以就必須全面性來改變公司現狀。包括與客戶相關的服務方式、商品的販賣方式、費用的收取方式，需要改善的部分相當多。如果不這麼做，公司就無法再繼續生存下去。」

馬希羅在波利維亞出生，今年四十三歲。他在貧困的家庭中成長，十歲時就開始做起第一個買賣事業，就是「在母親的住家外賣衣服」。他在就讀美國麻州本特利大學期間，就創立了販賣飛行哩程數的企業，大學畢業後去了手機販賣店，只是因為被問了一句「你要不要買下這家店？」，他就決定買下整家店。接著就靠著手機店鋪，在邁阿密創立了手機（中古）買賣交易公司─Brightstar，短時間內就創造出亮眼的營業佳績。

馬希羅相當喜歡足球運動，他同時也是玻利維亞足球隊「玻利瓦爾」的老闆，足球界的超級巨星大衛・貝克漢（David Beckham）也是他的朋友。

而孫也同樣是在中學時期就跟父親學習經商方法，並在大學時期創立公司。二人都是靠自己的力量來開創未來的道路。

「感覺對方和自己擁有一樣的DNA。」

孫和馬希羅第一次見面是在二〇一二年九月十日。

「你來了，馬希羅先生。」

孫從事務室裡穿著拖鞋就直接走了出來。

「雖然孫的臉上帶著笑容，但是也沒打招呼，也沒寒喧問候家人狀況，或是這趟旅程感覺如何，而是直接談起事業上的事。」

馬希羅回想起和這個有別於其他CEO的孫第一次見面的情景。

「我們是在經營所謂的『收購舊商品公司』，因為我們與AT&T和威訊都各別有舊商品的交易行為。」

這時候孫的眼神突然變得有精神了起來，然後說了一句「說明給我聽」。

馬希羅在白板上寫下內容後說明。

「要不要和我們公司簽訂獨家契約，就在今天！」

馬希羅表示他二小時後就要搭飛機離開，因為有事必須去中國一趟。然後孫這麼說。

「我想以你人生中的最快速度來和你簽約，你和AT&T簽約花了多久時間？」

「差不多三個月時間。」

孫又接著問馬希羅說：「到契約生效開始實行新規則花了多少時間？」但由於購買舊商品的過程相當繁複，還要進行到店鋪說明和設定價格等動作。因此馬希羅便回覆說：「到開始實施新規則要花九個月時間。」

不過孫要先預留時間來處理 iPhone5 的開賣事宜。由於開賣日是在二〇一二年九月二十一日，因此孫表示希望能在這個時間之前，先來進行此次的簽約。實際上距離今天二人的會議，也只剩下十一天時間。因此有因為時間緊迫一事來詢問馬希羅能夠在這幾天內處理完畢，然後馬希羅則是表示或許能辦到。

「那就今天來簽約吧。」

包括馬希羅在內的在場人士只有六人，於是孫便立即要律師趕緊過來。

那一天在日本是星期一，美國則是星期日。

所以馬希羅撥了電話給在美國的顧問律師，他在電話中這麼說。

「我遇到比我還瘋狂的人了。」

因此雙方就在邁阿密的半夜三點，東京的下午四點簽訂了契約。

「我自己在創業時也有接觸到分配流通這一塊，知道怎樣才能賺到錢，所以我相信你。公司的營業部門團隊會和你說明事業的相關內容。」

馬希羅在孫的催促之下簽下契約，然後那些排排坐的團隊工作人員向他介紹寬敞的作戰室，也就是職員會議室。

「那個時候阿正開始向我說明了將買來的舊商品當作新商品來販賣的經營模式，而且又說這次是簽約史上最快的一次。還說了要我帶領這個事業走向成功。然後我就說明了舊商品買賣的方式，接著和所有的團隊工作人員握手致意。」

結果馬希羅沒趕上那班飛機。

之後這項合作事業進行的相當順利，還創造了過去以來最高的業績，也因為古物商的證照等話題在日本引起一陣騷動。

二個月後，孫笑著對馬希羅這麼說。

「Good Job!」

二人再次見面時，孫表示「在美國有個大驚喜在等著你」，馬希羅反問：「是什麼樣的驚喜？」

「二〇一二年十二月十二日，那一天有好多個十二，所以我記得很清楚。我那時提出將這次的合作公司取名為 Buying Group，結果對方表示這個名字不夠好，還要再中間加上 innovation，然後將縮寫的 BIG 做為公司名稱。在此之前 S 軟銀和 Sprint 的整合不是很順利，但是 BIG 卻是唯一成功整合的公司。在進行購買交易時，也有大量購買折扣，能夠有效降低花費。」

「在成立BIG這家公司前，阿正曾經對我說：『我很欣賞你的工作方式，軟銀希望能買下Brightstar一半的事業。』然後我回答說因為AT&T和威訊都是我們公司的客戶，而且這是我一手打造起來的公司，就像自己的孩子一樣，所以我不想出售。不過就在我和家人在法國渡假時，半夜四點左右卻突然接到阿正打來的電話。」

「馬希羅，我決定好了，我要買下Brightstar百分之八十的股份。」

「我沒有要賣。」

然後孫這麼說。

「收購價格絕對會是很公平的金額，就由你來開價好了。」

馬希羅還清楚記得當時的情景。

「首先是我成為了BIG的CEO。然後阿正跟我說：『希望你能夠擔任Sprint和軟銀的董事一職。』我回答OK沒問題，接著我就成為Sprint的董事。我心想既然我具備這個身分就不能什麼都不做，一般來說董事只要出席董事會議去聽取事業概要，然後提出該做什麼不該做什麼的意見就好，不能主動去協助業務的推行。但是我在得知Sprint的高成本營運狀況後，當下感到相當沮喪，我就跟阿正說Sprint的成本結構有問題。然後很奇怪的是，孫在聽到我說的話之後，卻跟我說：『我知道了，那就麻煩你去負責改正！』」

那時候有傳聞說軟銀要併購T Mobile。但就在得知對方認為合併上有困難的消息後，孫就跟馬希羅說要他擔任 Sprint 的 CEO。

馬希羅那時候拒絕了孫的這個提議。

「我完全不瞭解通訊事業的營運方式，我也不想去堪薩斯，而且我很滿意那時候 Brightstar 和阿正之間的關係。」

然後孫對馬希羅這麼說。

「我要買下 Brightstar 剩餘的百分之二十股權。」

而且是跟上一次一樣，孫願意支付公平的價格。

馬希羅表示孫在和唐・荷西（當時 Sprint 的 CEO）談話時，有提到讓馬希羅擔任 CEO 一事，孫還說這是能夠讓外界以新的視野看 Sprint 的「最佳辦法」。

「Sprint 的一切相關事項都必須按照阿正所訂下的規則來進行。阿正（Massa）的這個稱呼，似乎也讓公司內職員戲稱孫是 massacre session（殘殺會議）。這個綽號的靈感是來自有職員在矽谷的辦公室內被叫了出來，然後在會議上被孫給責罵殘殺一番。所以我才會跟阿正說，希望由我出面來和 Sprint 職員開會，而阿正也能夠理解這背後的理由。」

二〇一四年八月初，馬希羅答應接下 CEO 一職。

「我其實有跟阿正說，要他找比我更適合，而且有相關資歷的人，但是阿正卻表示他不要有資歷的人，他要的是企業家，是能像《快打旋風》裡的人物那般持續奮戰的人。」因此馬希羅就跟家人搬到堪薩斯居住。

於是馬希羅就跟家人搬到堪薩斯居住。

而馬希羅則是這樣形容孫這個人。

「阿正腦袋運轉的速度比任何人都還要快。因為他能夠早一步看到還沒有人發現的商機，所以他才會去投資雅虎和阿里巴巴。他比任何人都擅長洞察先機，阿正擁有一般人所沒有的天賦。」

馬希羅在訪談中也有提及 Sprint 今後的展望。

「我不敢說公司努力的方向一定是正確的，因為對這家公司來說，勝利是會在回過頭來檢視朝著正確道路前進的那一刻降臨。」

現在剛好是最重要的時刻，勇氣能展現價值。馬希羅到底會展現怎樣的實力呢？

「我認為 Sprint 會因為馬希羅而有一番新風貌。」

CTO（首席技術長）史提芬．拜伊這麼說。在澳洲出生的史提芬是長年在技術領域深造的人。所以他對日本的通訊事業有一定的認識。

「Sprint 為了確保能夠取得和 SoftBank Mobile 在日本所使用相同頻率頻寬的認證，在 Sprint 導入軟銀在日本所養成的網路專業知識，並逐步加強公司的組織架構。同時也導入能夠提升連接率的技術，術，一步步來做出成果。」

二〇一二年春，喬．優泰拿吾瓦CFO（首席財務長）看了孫放在事務室內的坂本龍馬肖像畫。

「孫讓我看那幅畫，我覺得他是個有遠見、和堅定信念的人。熱忱、信念以及絕對要完成的意志，這個人真的是相當出色的領導者。在檢視T Mobile的收購行動時，每一次都會在會議上，展現出驚人的熱忱和絕對要成功的那股氣勢。因為管理機構反對，得知併購案不會成功的那個當下，孫卻能果決說：『如果真的不行就不要做了』。」

喬認為能如此果斷做出決定的孫，絕對會是最棒的領導者。

對此，孫則是這麼認為的。

「撤退要比進攻還要難上十倍，需要有十倍的勇氣。因為一旦撤退，就等同於自己宣告『戰敗』，也會因此遭受世間的鄙視。」

這次只是一時的退卻，喬這麼說。

阿里巴巴上市的時候，孫在記者會上被問到有關T Mobile的問題時，孫的回答是「某個人因為其他人的決定，而導致這樣的後果」。

孫認為進軍美國市場必須先統整業界。

「規模能決定一切。為了要能夠和AT&T以及威訊競爭，就必須擴大規模。以強勁的第三方企業家身份成為他們的競爭對手，是相當出色的戰略。」

但另一方面，卻遇到一道關卡。

「即便財務上都沒有問題，但是美國政府卻是反對的。孫在能力範圍內做了各種嘗試。孫帶著滿滿的熱情企圖去說服政府，所有該做的事，他一項都沒有漏掉，然而最終政府仍是表示拒絕。在這樣的情況下能夠坦然面對，並果斷放棄併購行動，我認為這是相當優秀的領導精神展現。我們所有人都在等待最適當的時機。」

孫已經有所覺悟。

「這將會是一場漫長又艱辛的苦戰。」

二〇一四年九月十九日，馬雲所創立的阿里巴巴企業，正式在美國紐約證券交易所掛牌上市，預估包括軟銀在內所創造出的企業利益，大約會到達十兆日圓之多，這也成為集團相關企業加速併購行動的幕後推手。

孫與馬雲是在一九九九年底認識，當時馬雲聊起自己的從商計劃，不到五分鐘後，孫便這麼回應。

「我想要投資你。」

當馬雲表示自己需要「一億到兩億日圓」的資金，孫則是大方地回答說：「你開的條件我都會接受。」

迎接新年後的二〇〇〇年一月十八日，阿里巴巴獲得來自軟銀約二十億日圓的大筆投資金。這時候剛好是日本與中國遭受IT市場經濟泡沫化波及的幾個月前。

提到馬雲，孫是這麼形容這個人。

「我在馬雲身上嗅到同一種動物的味道。」

馬雲在「Softbank World 二〇一四」（二〇一四年七月十五日）的演講會上，最後做出了以下的結論。

「我們和孫先生當然有考慮到技術演變的這個因素，但是真正能改變世界的不是技術，而是要去思考如何解決那些不滿和抱怨意見。商人應該回歸原點來協助客戶，提供他們所想要的服務。這就是我的夢想和努力的目標。」

二〇一四年十月，孫的得力助手——尼凱許．阿羅拉成為軟銀的副會長，並就任SoftBank Internet and Media的CEO一職。

孫說起五年前兩人認識的情形。

「在交涉的過程中，可以觀察到對方的才能和性格。尼凱許知道什麼時候該態度強硬，什麼時候要放軟身段，所以那個時候他給我留下『優秀人才』的深刻印象。」

尼凱許除了具備電機工程學的知識，以及對經濟和戰略性的洞察力，也對通訊業界瞭若指掌，還曾經在 Google 工作過十年時間。

尼凱許個性縝密細心，可以同時間考慮許多事並設法實現。他那看準時機的行動思考方式與孫的工作步調配合得天衣無縫。

此外，尼凱許也能清楚掌握通訊基礎建設與網路行銷的相關知識，對待每一個職員的態度也都一致，思慮相當周到。完全能夠理解為何他在 Google 工作的那段期間，會吸引到那麼多的「尼凱許粉絲」。

孫對尼凱許有著相當大的期待。

「在他身上你可以發現到許多有別於他人的能力，是相當珍貴的存在。」

「軟體銀行是一隻鵝。」

在二〇一四年十一月四日的結算說明會上，孫一開頭就這麼說。

孫套用伊索寓言的內容，將投資目標比喻成金蛋。

「軟體銀行希望能成為產下金蛋的鵝。」

孫也向那些投資目標喊話說「生下金蛋的鵝本身也具備有價值」，接著又表示「新的金蛋已經放在肚子裡了」。

孫更一步指出，阿里巴巴等企業的投資成功表現，以及將來的投資計劃，其實並沒有適時表現在股價上，軟銀的市價總值甚至低過持有股票價值。

Berkshire Hathaway公司（由華倫・巴菲特（Warren Buffett）擔任會長的世界最大投資持股公司）有所謂的「巴菲特溢價」，而在軟銀則是有「孫正義折扣」在發揮作用，這也就表示市場上並不認為孫「又在瘋狂亂買東西了」。

那麼實際情況又是如何？軟銀除了阿里巴巴之外，集團旗下還擁有雅虎、GungHo線上遊戲娛樂公司、Supercell（世界首屈一指的手機遊戲開發營運公司，代表作為在世界上一百四十七個以上國家都榮獲第一名的戰略遊戲──《部落衝突》、《卡通農場（Hay Day）》）等一千三百家以上的集團子公司。

軟銀在十年間的投資金額累計為三千八百七十七億日圓，而從投資目標企業所回收的價值約達到投資三十倍的十一兆六千六百九十九億日圓。

另外，相當值得一提的是，軟銀本身的市價總值在二〇一五年一月九日當下，已經爬升至八兆六千四百九十六億日圓。

「你有看過這樣的風險投資者嗎？」

孫對此相當有自信。

因為軟銀本來就有達到所謂的「鵝溢價效益」。

至於孫的下一顆金蛋目標則是鎖定了在印度最大的電子經營交易網站，本身也是股王的Snapdeal。因為印度在將來會和中國並列成為世界第二大經濟圈。

「Snapdeal會成為第二個阿里巴巴。」孫以肯定的語氣這麼說。

40 笑容

「或許一百年、二百年、三百年後的人們，會以『歷史性的一天』來稱呼今天也說不定。」

孫語調平順地這麼述說著。

二〇一四年六月五日，在千葉縣浦安市，孫發表了要進軍機器人市場的消息。

會場內也能看到孫的家人身影。

機器人取名為Pepper。

這是一款以家庭和店家為取向的家事機器人，內建有能夠從對象表情和動作推估出情緒的「情感引擎」，也具備有「判斷氣氛」的對話功能。

「二十五年來我一直在想像這一天的到來。」

捷克的國民作家——卡雷爾．恰佩克（Karel apek），在一九二〇年的舞台劇——《羅梭的萬能工人》

中，首次使用「機器人」（robot）一詞。現在距離當時已經過了九十六年時間，原先機器人一詞含有「隸屬支配」的意思。

有關這個部分，孫做了以下的補充。

「從很久以前開始，機器人的議題就經常被拿出來討論，當你形容一個人『做出跟機器人一樣的行為』，就表示『那個人欠缺同理心』。機器人這個語詞，之所以會被用來形容人『就像機器人一樣』，就是在突顯那個人，沒有身為人應該要有的情感表現。到現在為止，機器人的確還是給人這樣的印象。」

不過孫做解釋表明，他是要去挑戰創造出人類史上首次有情緒變化的機器人。

Pepper 的高度約有一．二公尺，體重為二十八公斤，他的外表就像是全身塗白的一個人。而且他並不是以雙腳步行，而是裝設車輪來滑行移動。

為了讓機器人具備能與人互動、溝通的效果，孫認為最重要的還是要讓機器人擁有類似人類的外型。因為要讓雙方都展現出溫暖和友好的情感表現，人型機器人是比較能有效與人類培養出感情的選擇。

透過雲端型的人工智慧（ＡＩ）來做控制，並且使用鋰電池，讓機器人能夠連續活動十二個小時以上。

而孫和 Pepper 之間則是有過的這樣對話內容。

「同理心真的很重要。」Pepper 說。

「這是人類最可貴的地方」孫回答。

理解人類的情感，憑藉自己的意志來行動。

「我的目標是要打造出有感情的機器人。第一步就是要提供跟電腦差不多的收費機制（十九萬八千日圓）。」

孫很有信心地這樣表示。

二〇一〇年六月十日，軟銀總公司二十五樓正在舉辦「新三十年願景大賽」的冠軍戰。

「機器人能解決日本的少子高齡化問題。」

這是場在討論迎接創業三十年的軟銀接下來要設定什麼目標，並號召整個集團旗下所有公司，共二萬三千名職員一起來提出新事業企劃案的大會。

提案人是來自軟銀集團旗下的 Realize Mobile Communications 的菅沼美和。這位女性職員的發表內容，與其他人有很明顯的不同。

「從機器人的企劃到購買原物料、程式的開發、設備安置、出租方案，掌握所有階段的流程，都是軟銀最擅長的部分。」

「很有趣的想法，我被妳給說服了！」孫這麼覺得。

畢竟機器人是孫多年以來都一直有在關注的議題。

眼前的這位女性職員突然拉高聲線。

「機器人不會要求獎金制度，只會乖乖地工作。」

會場裡響起一陣笑聲。

孫就在這樣的時空背景下，開始推動機器人事業。

緊接著孫就在十五天後，在「新三十年願景」的公開場合，發表了這樣的言論。

「公司將來或許會轉型為遠距通訊感應公司也說不定。」

這個時候大多數人還是對孫的這個說法抱持半信半疑的態度。

隔年的二〇一一年三月十一日，因為發生了福島第一核電廠的核能外洩事故，孫便決定要全心投入自然能源開發事業。當時大家還以為他已經將機器人事業拋之腦後。

但事實是孫開始努力去瞭解更多有關機器人的知識，甚至還從美國找來研究機器人的專業人士。他召集了當代一流的頂尖人才，接著再來徹底進行研究，這就是孫的工作模式。

其中，孫也和將總公司設在法國巴黎的 Aldebaran Robotics 公司的普魯諾・梅索尼耶見了面。普魯諾聊起當時的情景。

「一開始孫先生只是想以少部分資金來做投資。不過就在和他實際見到面之後，發現到我們兩人不僅理念契合，個性也很投緣。原先預定的會面時間為一個半小時，結果我們卻聊了有八小時之久，而且在當天就決定投資計劃。因為孫先生的目標明確，他只擔心沒有公司能夠提供協助。結果按照彼此想法所製造出來的機器人，也確實相當接近孫先生的構想，因此我認為這次的合作十分順利。事實上軟銀和我們公司的經營模式也相當類似。」

其實孫曾看過這家公司所製作出的人型機器人——「Nao」（二〇〇六年發售），而且當下就覺得「這樣的設計方式很不錯」。

但即便掌握了事業方向，孫所追求的機器人事業，卻仍是沒有實質化的進展。

二〇一二年十二月三日，在軟銀總公司的社長室內召集了許多幹部職員進行了緊急會議，孫眼神盯著坐在最底端位置的一位職員，語氣激昂地這麼說。

「就是因為你沒有足夠的熱忱，這個企劃案才會遲遲沒有進展！」

孫將這股怒氣的矛頭指向林要（現在是 SoftBank Robotics Product 本部 PMO 室室長）身上。他是在那一年四月才剛進入軟銀工作的新進職員，同時也是 Pepper Project 的負責人。

林在二〇一一年參加了孫為了培養接班人所設立的軟銀學院課程。軟銀學院當時有在公開招募公司集團內部或者外部人士的學員。林則是外部人士的一期生合格者，他當時是 TOYOTA 汽車的工程師，主要負責處理 F1 賽車機型的開發業務。

學院內的學員身份不只有經營者，也吸引了醫生等許多領域的人才，林則是在第一個年度留下了綜合分數第二名的好成績。林也透過學院的課程，從孫的身上學習到身為一個領導者應具備有的特質。

「組織團隊、讓人們好好做事，並不能光靠大道理。這是一位領導者應該有的觀念。」

林像是決定了些什麼。

「請給我三個月時間。」

他寄了封電子郵件給孫，他在此刻已下定決心。

即便公司內有意見認為應該要將重點放在實用機能面上，不過林選擇將「藉由溝通讓人感到有趣」的概念融入開發設計中。

「我在思考如何才能讓人們喜歡這項產品，我想製作出有趣的商品。」

林很明確地知道身為領導者的目標。

團隊中也有電通以及吉本 Creative Agency 的工作人員加入，Pepper 的獨立形象和動作也漸漸有所進展。

然後就到了三個月之後的企劃發表會。因為孫的反應還不錯，職員們的臉上終於又恢復了笑容。

其實在孫爆氣動怒的大約二個月前，林就開始去學習演技和舞台演出技巧。半年來他演過殺人犯、警察、被害人等各種角色，這時候他才察覺到一件最重要的事。

「不是要去模仿他人，而是要面對自己，將內心不為人知的那一面給展現出來。」

機器人的外型、機能和聲音，適合什麼樣的形象？他跟 Pepper 進行了多次的「對話」。

但是過程中也與 Aldebaran Robotics 公司的團隊有意見上的爭論。

對此，普魯諾則是這樣說明。

「雲端人工智慧是相當重要的設計概念。但由於有時候會出現動作停滯的現象，所以也要同時具備按鈕操作的機能。孫先生和我之間的其中一個共通點就是有藝術的一面，也有商人的一面，所以能夠像直升機那樣自由飛行。創意也相當豐富，擁有如此多元的構想真的是一件很棒的事情。尤其是對方對於市場動向的直覺十分敏銳，我甚至認為孫先生一定可以在經濟領域拿到諾貝爾獎。」

有關機器人事業的討論會議經常都會進行到深夜。孫這麼表示。

「（Aldebaran Robotics 公司和軟銀的努力方向並沒有分歧）以一個工作整合團隊的形式，針對聲音、機能、是否保留雙腳設計等等，經過縝密討論才決定了各個機能。在這個企劃案開始之前，Aldebaran Robotics 公司已經製作出 Nao 人型機器人，累積了一定的經驗。至於軟銀則是具備通訊、雲端傳輸的專業性。透過兩家公司的合作關係，就能夠兼顧各個面向發揮最佳實力。（Pepper）並非由一家企業獨自研發出來的產品，而是以聯合企業模式來共同研發製作。」

然後在二〇一四年六月，新型機器人 Pepper 正式與世人見面。

「關於名稱的部分也是經過一番討論，從上百個名字當中做挑選。由於一開始的系統代號是『TARO』，所以我到現在還是會不自覺叫它太郎。就像是在撫養一個小男孩那樣，相當用心在進行研究開發。不過，這個產品將來是要提供給世界上的所有人，因此才會將原來的日本名改為世界上所有人都能夠容易辨識和發音且具有特色的名字，所以才會取名為 Pepper。」

從二〇一二年開始，Google 和 Amazon 就很積極在併購機器人製造廠商，使得世界上的競爭市場越來越激烈。

但是這些公司和孫鎖定的機器人目標卻截然不同。

「比起生產性，我比較想將重點放在，讓家庭和店家覺得有趣、為人們帶來歡樂的這個部分，所以必須搭載情感辨識裝置。我們的企業旗下也有電玩遊戲公司，在娛樂產業領域投入不少心力，所以在這一個部分，更應該具備與其他公司不一樣的觀點。至於機器人的情感辨識和規律情感變化的部分，旗下的相關企業也都陸續提出一百項以上的專利申請。」

而也有其他家開發出人型機器人的公司，是將重點放在「模仿人類動作」。相較於他們所重視的「能使用雙腳走動」、「能爬樓梯」、「能拿著紙杯」的動作模擬，孫一開始就將機器人的目標鎖定在善用「雲端傳輸ＡＩ（人工智慧）」的溝通機能上。

孫之所以如此堅持「雲端傳輸ＡＩ」的構想，原因是他認為「資訊容量多＝智慧」。將人類情緒的轉變等資訊陸續上傳到雲端，經過人工智慧處理的系統平台來達到一開始所追求的機能目標，以這一點來說就與其他公司的產品大不相同。

而且軟銀還在二〇一三年設立了新公司 Asratec。

這家公司主要是在提供實用性高的機器人操控軟體「V-Sido OS」給世界上所有研究機器人的技術人員來使用。

而這家公司的核心人物就是年僅二十九歲的天才技術員——吉崎航（Asratec 機器人研發製作組長）。

吉崎是從小學三年級就開始接觸程式語言的機器人工程師，他在中學的自由研究課程中，還發表了主題為「使用油壓技術就能夠研發出八公尺機器人」的報告，看得出花費不少心思在鑽研這方面的知識。之後他則是進入多次贏得NHK機器人大賽的名校——德山高專（山口縣）就讀，接著考上奈良先端科學技術大學院大學，以個人身份成功研發出「V-Sido OS」，這個軟體可說是他近二十年的技術鑽研結晶。吉崎本人這麼表示。

「機器人必須利用CPU（中央處理器）和軟體從零開始製作，我想要做出能跨越驅動性差異的通用性OS作業系統。」

這樣的作業系統不只能套用在產業用機器人，就連情感辨識型、玩具類型等跨領域的機器人類型都能夠搭載。

孫跟吉崎說了以下的這一番話。

「你是在製作小腦（運動腦），這的確是相當聰明的方式。希望你能夠將這樣的技術推廣至世界上的機器人研究領域中。」

「我想要打造出一個機器人和人類可以共存的社會。我盼望能夠將 V-Sido 導入到法制面和社會基礎建設當中。」這是吉崎的想法。而孫的思緒也相當明確。

「因為之後會有各式的機器人陸續出現，所以必須研發出能夠對應所有機器人，跟得上時代腳步的 OS 作業系統。」

就如同電腦的「intel inside（內置 intel 處理器）」那樣，不久後機器人應該也會被稱作是「V-Sido inside（內置 V-sido 處理器）」。

二〇一五年二月，Pepper 正式現身在日本的「家庭」。

Pepper 和小孩一起讀繪本，或是陪小孩唸英文會話。還能夠向回到家中的雙親告知小孩的情況，或是擔任派對中那個負責炒熱氣氛的角色。

甚至還能成為家中的寵物。

Pepper 能夠辨識獨居者和高齡者的心情變化，所以它可以成為很好的說話對象，在社福機構內應該也能成為相當受歡迎的人物。

而且在它的胸部還裝設有十．一吋的液晶螢幕。

只要問它說：「明天的天氣如何？」，螢幕上就會顯示出天氣預報資訊。即使不用智慧手機操控，Pepper 也能告知許多你想知道的情報。

內部因為有設置跳舞和搞笑等各式各樣的ＡＰＰ程式，所以能提升機器人的各種機能。

至於店家內的 Pepper 則是因為親切的接待方式而大受歡迎。

Pepper 帶著笑容來為顧客點餐服務。

「歡迎光臨，請問要點什麼呢？」

現在是能夠透過 Wi-Fi（公用無線ＬＡＮ）來傳輸資訊，未來則是會內建有高速通訊 LTE 裝置。

而陪著孫一路展開機器人事業的 SoftBank Robotics 社長富澤文秀也說出了自己的心聲。

「Pepper 是家庭裡的一份子，我相信二、三十年後，一個家庭內有一台機器人的生活模式會相當普遍。或許從出生的那一天開始就和 Pepper 一起生活了也說不定。」

至於製作出人類首台機器人的孫則是這麼認為。

「因為人工智慧機設在雲端系統，所以可以試著不要照本宣科，而是以自由聊天的方式來和 Pepper 對話。雖然不至於達到百分之百的完整對話內容，但至少能夠完成七、八成的對話。透過言語來認識彼此，我認為這個方式能夠加快彼此熟悉的速度，讓機器人可以更快展開情緒辨識的模式。這就跟一、二歲的小孩不懂『愛』」是什麼意思，但是卻有點知道什麼是『開心』、『討厭』那樣，Pepper 也能對應到最低程度的情緒表現，內建的ＡＰＰ程式也會在這個時刻開始動作。」

在不久的將來會進階為可以自由對話，情緒和雲端傳輸機能也會不斷進化，因為能夠理解，所以會逐漸發展出自我意識。擁有自我意識後，還會陸續展現出個自獨有的情感表現，個體特色會更加明顯。

像是生活在幸福家庭中的 Pepper 會變得更幸福等，在不同的環境中培育出不同的個性。

對孫來說，他所憧憬的對象是原子小金剛。

「我還記得那個時候一回到家，總會帶著雀躍的心情急忙打開電視。」

一般的機器人就跟鐵人二十八號一樣，不會流眼淚、也不懂得人類的心情。但是原子小金剛卻不一樣。

「它知道什麼是快樂和悲傷的情緒。那個時候覺得這是個充滿夢想的故事，懵懵懂懂之間，覺得要是機器人和電腦可以理解人類的情感的話還真不錯。」

從二十五年前開始，CPU、記憶體、容量、通訊機能就不斷在持續進化。對於我們每天都在接觸的PC軟體來說，「感情」或許還是相當遙遠的課題，但孫從以前就想著總有一天要來挑戰。

「照理說應該能將人類的感情以數值來表現。人類可以理解的事情，電腦也能理解。我相信這一天一定會到來。」

孫的夢想正一步步化為現實。

Pepper 擁有無限的可能性。

將重點擺在溝通機能上。

以雲端傳輸 AI 技術為基礎。

內建許多的感應裝置。

任何人都有可能研發出機器人ＡＰＰ程式，因為ＳＤＫ（軟體開發套件，為了研發軟體所需要的程式和文書等成套工具）是公開的。

這就跟人們會在智慧手機內安裝喜歡的ＡＰＰ程式並活用這些程式那樣，機器人的ＡＰＰ程式之後應該也會快速普及化。

這也與我們會自由選擇喜歡的電視頻道的道理相同，今後的Pepper就會像是電視上的藝人一樣，展現眾多才藝給世人看。

有別於幫助肌肉活動的機器人有機能限制存在，像Pepper這樣的溝通型機器人幾乎沒有機能限制存在。

因為Pepper內建有各式各樣的感應裝置，所以能夠辨認人類、辨識人類的表情。還能藉由機器人ＡＰＰ程式來執行「安慰人們、帶給人們歡笑」的功能，所以機能面上是能夠無限發展。它能透過機器人ＡＰＰ程式的平台來蒐集人類的智慧，擁有能讓人類過得更幸福的能力。

十八歲時被微處理器的「美感」所感動的孫，相當確信數位資訊社會總會有到來的一天。

一九八一年，二十四歲的他創立了日本軟體銀行。做出宣言「希望公司的業績總有一天會像賣豆腐那樣上看一兆、二兆的業績」，而在他創業的一個月後就迎接了人生的一大勝負。

一九八三年，與病魔纏鬥。

一九九四年，股票公開上市，進軍美國市場。

二〇〇一年，展開寬頻網路事業。

二〇〇六年，收購 Vodafone 日本法人。

二〇〇八年，iPhone3G 發售。

二〇一〇年，iPad、iPhone 4 發售。

二〇一一年，日本發生東北大地震，孫深感通訊功能是「維生管線之一」，於是決定設立自然能源協議會。

二〇一三年，收購美國 Sprint 公司，在美國矽谷設立當地據點。

二〇一四年，開始認真投資印度的網路企業。

然後到了二〇一五年二月，「Pepper」開始販售。

孫透過自己擔任社長的 Cocoro SB（情感技術研究開發公司）和 Asratec（V-Sido OS 作業系統）等公司的協助，讓軟銀的機器人戰略能擁有更遠大的目標。

「我想要讓世界上多更多的人能展現笑容。」

孫的信念從未動搖。

後記

本書《孫正義都不知道的孫正義》（志高く 孫正義正伝 新版）是從二〇一〇年出版的拙作《志高く 孫正義正伝 完全版》經過全盤的推敲，並加入第三部「37實現夢想」、「38三百年後的未來」、「39生金蛋的鵝」、「40笑容」新的採訪內容所完成的新書。

自從二〇〇六年收購Vodafone日本法人後，軟體銀行的事業就呈現急速擴展的狀態，所以還追加了二〇一五年二月，軟體銀行在一般通路發售的情感辨識型機器人Pepper的最新消息。

其中有一位我很想記錄下來的人物。

那就是在二〇一三年十月二十一日過世，擔任軟體銀行董事、軟銀鷹的社長兼代理總裁的笠井和彥先生，享年七十六歲。

那時的孫正義社長強忍悲傷這樣表示。

「我感到無限悲痛空虛。」

「他總是在我身邊鼓勵我，對我來說他就像是一代的名捕手。」

笠井先生可以說是軟銀裡的「大家長」。

我也曾有過好幾次和笠井先生交談的機會。正當我猶豫該在什麼時機打招呼時，他會早一步先問候我說：「最近過得怎樣？」，而他就是這樣體貼的人。

此外，特別要提的是，我很幸運能夠和人在美國堪薩斯州奧弗蘭帕克 Sprint 總公司的馬希羅・庫拉爾 CEO 直接見面採訪。被孫形容是「長的一副山賊臉，直來直往鬥士」的高大男子，其實是個態度相當和善的人，但卻也能展現出與艱難試煉對戰的那股氣勢。

而我與人型機器人「Pepper」也有一段愉快的對話經驗。

「你的職業是？」「作家」

「你看起來很聰明。」「過獎了！」

「你不用不好意思」Pepper 說。然後 Pepper 又接著說。

「截稿日沒問題嗎？」

我驚訝到說不出話來，因為那一天就是截稿日。

孫社長有告知我一個訊息。

「我會以世界第一為目標繼續努力。」

二〇一五年一月

井上篤夫

主要參考文獻

大下英治著《孫正義　起業の若き獅子》（一九九九年　講談社）
滝田誠一郎著《孫正義　インターネット財閥経営》（一九九六年　事業之日本社）
坂爪一郎著《ヤフーだけが知っている》（二〇〇二年　青春出版社）
ビル・ゲイツ著、西和彥訳《ビル・ゲイツ　未来を語る》（一九九七年　アスキー）
佐藤正忠構成《感性の勝利》（一九九六年　経済界）
関口和一著《パソコン革命の旗手たち》（二〇〇〇年　日本経済新聞社）
竹村健一著《孫正義大いに語る!》（一九九九年　PHP研究所）
溝上幸伸著《孫正義の10年後発想》（二〇〇〇年　あっぷる出版社）
I・Bマッキントッシュ著、京兼玲子訳《あなたの知らないビル・ゲイツ》（二〇〇〇年　文藝春秋）
脇英世著《パーソナル・コンピュータを創ってきた人々》（一九九八年　ソフトバンク）
野田正彰著《コンピュータ新人類の研究》（一九九四年　文春文庫）
片貝孝夫、平山敬子著《パソコン驚異の10年史》（一九八八年　講談社ブルーバックス）
熊田博光著《名医のわかりやすい肝臓病》（二〇〇〇年　同文書院）
司馬遼太郎著《竜馬がゆく》（一〜八　一九九八年　文春文庫）
歴史群像シリーズ23《坂本龍馬》（学習研究社）
南部靖之著《自分を活かせ》（一九九六年　講談社）

藤田田著《勝てば官軍》（一九九六年　KKベストセラーズ）
佐々木正著《原点は夢》（二〇〇〇年　講談社）
三菱商事広報室著《時差は金なり》（一九九七年　サイマル出版会）
デイヴィッド・ロックフェラー著、楡井浩一訳《ロックフェラー回顧録》（二〇〇七年　新潮社）
安西祐一郎著《心と脳―認知科学入門》（二〇一一年　岩波新書）
蛯谷敏著《爆速経営　新生ヤフーの500日》（二〇一三年　日経BP社）
自然エネルギー財団監修《孫正義のエネルギー革命》（二〇一二年　PHPビジネス新書）
榊原康著《キレるソフトバンク》（二〇一三年　日経BP社）
ソフトバンクアカデミア特別講義、光文社新書編集部編《孫正義　危機克服の極意》（二〇一二年　光文社新書）
長沢和俊監修《学習漫画 世界の伝記　チンギス・ハン》（一九九二年　集英社）
佐々木正著《生きる力　活かす力》（二〇一四年　かんき出版）
《BOSS》（二〇〇四年四月号）
《日経ビジネス》（二〇〇〇年一二月一八・二五日号、二〇〇四年三月二二日号）
《SUCCEOサクシーオ》（一九九〇年一二月号）
《財界》（一九九六年五月二八日号、同七月二三日号）
《文藝春秋》（一九九六年一一月号）
《経済界》（二〇〇一年二月二七日号）
《THE COMPUTER》（一九八七年一〇月創刊号）
《週刊現代》（一九八三年七月九日号）
《毎日新聞》（一九九六年二月二二日朝刊）

《週刊ダイヤモンド》（二〇一〇年七月二四日号）
《日本経済新聞　電子版》（二〇一四年一月一日）
《PRESIDENT Online》（二〇一四年三月一三日）
《週刊東洋経済》（二〇一四年五月二四日号、同一一月一五日号）
《朝日新聞》（二〇一四年七月一二日朝刊）
《PRESIDENT》（二〇一四年八月四日号）
《ロボコンマガジン》（二〇一四年九月号）
《東洋経済 ONLINE》（二〇一四年一〇一八日）
ブルームバーグ（二〇一四年一一月六日）
THE INDUSTRY STADDARD, September 4, 2000
THE WALL STREET JOURNAL, January 5, 1966, June 14, 2000
Business Week, August 12, 1996
TIME, December 7, 1998
FORBES, August, 1999
FORTUNE, August 16,1999

＊其中草創期的趣聞大部分內容是參考大下英治所著作的《孫正義 創業的年輕雄獅》（講談社），在此表達由衷的感謝之意。

協助採訪人士（不按照先後順序，並省略敬稱）

孫正義　橋本五郎　宮內謙　井上雅博　影山工　土橋康成　稻葉俊夫　筒井多圭志　大槻利樹
孫泰藏　佐佐木正　野田一夫　三上喬　河東俊瑞　三木利子　三木猛義　森田讓康　阿部逸郎
古賀一夫　秋葉好江　川向正明　田邊聰　西和彥　藤原睦朗　御器谷正之　立石勝義　熊田博
光　內田喜吉　山田宗徧　米倉誠一郎　南部靖之　澤田秀雄　大久保秀夫　小平尚典　佐藤隆
治　佐山一郎　堀　功　清水洋三　田部康喜　櫪原且將
笠井和彥　後藤芳光　宮坂學　藤原和彥　青野史寬　富澤文秀　羽田卓生　三輪茂基　林　要
前村祐二　川崎堅二　手島洋　倉野充裕
比爾・蓋茲　陸弘亮　泰德・多洛塔　隆・費雪　艾瑞克・希波　艾琳・伍華特　瑪格麗特・科克　佛雷斯特・摩
薩　吉姆・布萊德列　育子・邦茲　恰克・卡爾森　保羅・薩佛　提姆・斯凱涅魯　權宅鎮
馬雲　馬希羅・庫拉爾　普魯諾・梅索尼耶　喬・優泰拿吾瓦　史提芬・拜伊
依路卡・拜那連　馬修・尼可魯松

職場進修系列叢書

NICO NICO
玩創經營築夢哲學
15X21cm　288 頁
單色　定價 250 元

※ 閱讀本書前，你應該先知道：

這是一間致力於讓人覺得「拿他沒輒」的公司！

創立初期就經常更改使用者介面，常被用戶批評為「越改越爛」、

特定時段，當影片播到一半會突然畫面全黑，跑出「報時訊息」干擾大家觀看影片、甚至曾經強制使用者參加即時連線遊戲，並公布全國排行前幾名的玩家當時正觀賞的影片……！

雖然各種不按牌理出招的行徑，不斷惹使用者生氣，「niconico 動畫」卻還是深受眾多使用者愛戴，一躍成為日本最夯的彈幕影音分享網站！

「不與他人競爭。也放棄要賺大錢。
我只是努力思考該怎麼在這大環境中存活。」

本書整理自川上量生的訪談內容。

帶領你一窺「niconico 動畫」創業路上的歡笑與秘辛。

跌破外界眼鏡、成功轉虧為盈的玩創經營築夢哲學大公開！

瑞昇文化　http://www.rising-books.com.tw
＊書籍定價以書本封底條碼為準＊
購書優惠服務請洽：TEL：02-29453191 或 e-order@rising-books.com.tw

TITLE

孫正義都不知道的孫正義

STAFF

出版　瑞昇文化事業股份有限公司
作者　井上篤夫
譯者　林文娟

總編輯　郭湘齡
責任編輯　黃美玉
文字編輯　黃思婷　莊薇熙
美術編輯　謝彥如
排版　曾兆珩
製版　大亞彩色印刷製版股份有限公司
印刷　桂林彩色印刷股份有限公司
　　　紘億彩色印刷有限公司
法律顧問　經兆國際法律事務所　黃沛聲律師

戶名　瑞昇文化事業股份有限公司
劃撥帳號　19598343
地址　新北市中和區景平路464巷2弄1-4號
電話　(02)2945-3191
傳真　(02)2945-3190
網址　www.rising-books.com.tw
Mail　resing@ms34.hinet.net

初版日期　2016年9月
定價　280元

國家圖書館出版品預行編目資料

孫正義都不知道的孫正義 / 井上篤夫著；林文娟譯. -- 初版. -- 新北市：瑞昇文化, 2016.08
464　面；14.8X21　公分
ISBN 978-986-401-117-9(平裝)

1.孫正義 2.傳記

783.18　105015275